黄苏同志的牺牲是有意义的

我们时刻准备牺牲，我们的牺牲是换得全国全世界工农的解放。我们的牺牲，是有意义的。黄苏同志是中央委员，他的牺牲是有意义的。

——毛泽东

星火燎原编辑部：《解放军将领传（四）》，北京：解放军出版社，1987年，第396页。

他是一位很好的同志

在这次战斗中，四团代政委黄甦同志英勇牺牲了。他是省港罢工的纠察队长，参加过广州起义当敢死队队长，任过八军团政委，是“六大”选出的中央委员。军委本已决定：或者将他调到一个新单位去任政委，或者到中央去工作。他本人也知道马上就要离任，可是他坚决要求等打完这一仗再去就任新职。他是一位很好的同志，这次不幸中弹，为革命过早地献出了自己的生命。

——聂荣臻

聂荣臻：《聂荣臻回忆录》，北京：战士出版社，1983年，第299页。

他的精神是长存的

黄甦同志在直罗镇的战斗中牺牲，不能复见了，但是黄甦同志的英勇精神、刚强气概，仍辉映在我们眼前。他的精神是长存的！我们应当学习黄甦同志的革命精神，继续黄甦同志血迹前进，完成他所未完成的事业，为抗日反蒋战争的胜利，为反帝土地革命在全中国的胜利而斗争到底！

——邓发

中共中央西北局：《追悼我们的黄甦同志》，《斗争》，1935年第78期，第2—5页。

久经战争考验的指挥员

“红大”的学员是由中央革命军事委员会总政治部从红军各部队调学的。来校学习的都是跟随毛泽东久经战争考验的指挥员，他们都是在红军建设上有功绩、在多次反“围剿”中有作战经验，受到毛泽东军事思想影响的干部。这些同志来“红大”深造，都能做到理论联系实际，认真总结历次反“围剿”的经验教训，从理论上加以认识和提高。“红大”学制为3个多月，每期学员100多名。在“红大”第1、第2期学习过的，有宋任穷、程子华、彭雪枫、黄苏、宋时轮、刘道生、周子昆、郭天民、曹里怀、周建屏、吴克华、唐亮、杨梅生、陈外欧、蔡顺礼、刘兴隆、帅荣等。

——张宗逊

中国人民解放军历史资料丛书编审委员会：《院校·回忆史料》，北京：解放军出版社，1995年，第60页。

处处表现出成熟政治工作者的风范

他对同志热情，对工作负责，作战十分勇敢，处处表现出成熟的政治工作者的风范。他的牺牲的确是我军的一大损失。当天我们召开了全团干部会，会上我要求大家化悲痛为力量，以更大的胜利来悼念黄甦同志。

——陈正湘

石同湘：《光辉的足迹：华夏名将陈正湘》，北京：华艺出版社，2000年，第63页。

赤卫队的指挥员勇敢非常

李源和黄苏同志都是香港罢工工人，李是工人纠察队的大队指导员，黄是纠察队的小队长。起义时，两人都是一个区的赤卫队的指挥员，勇敢非常。起义失败后，李源被任为省委书记。几年后，黄苏经过长征到达陕北，担任一个师的政治委员。最后他们都在战斗中牺牲了。但是，烈士的血并没有白流，他们追求的理想今天已经开花结果。

——陈郁

广东革命历史博物馆：《广州起义资料（下）》，北京：人民出版社，1985年，第22页。

既能打仗又和蔼可亲的人

红八军团政委黄甦是个既能打仗但平日里又和蔼可亲的人。记得有一次我在给直属团起草军团命令后交给黄政委看，黄政委看后对我说：小张啊，你写的太复杂了。当时我看到他严肃的样子，心里有些紧张。黄政委看了我一眼，微笑的对我说：你不要紧张嘛，你念了几年书啊。我说在家乡念过四年小学，文化程度不高。黄政委笑着又说：这不能怪你，没有学过公文格式。接着他思考了一下，细心的一字一句的教我公文书写格式，公文写好后他笑着对我说：你有一些文化，在部队里要发挥好的作用，但年轻人要好好学，不懂的要多问，将来就会有大的进步。

——张宜步

张宜步《红八军团组建始终》，张培舟整理，原文为手写稿。原件现藏于闽西革命历史博物馆。

中国人民解放军档案馆藏黄甦相关档案

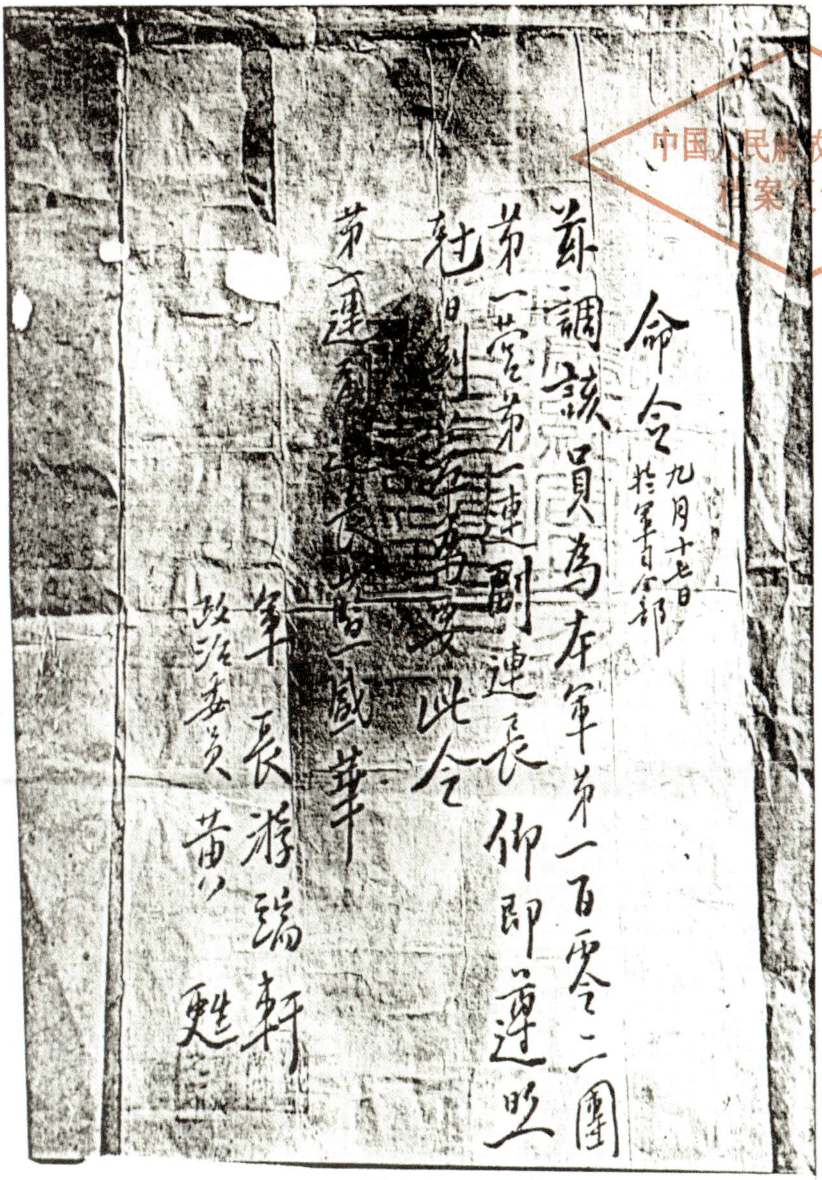
命令 九月十七日 於軍司令部
茲調該員為本軍第一百零二團
第一營第一連副連長仰即遵照
赴[illegible]此令
第一連副連長[illegible]盛華
軍長 游瑞軒
政治委員 黃甦

《闽西红军新第十二军第一〇二团一营一连副连长的任职命令》

進剿於[illegible]後四時我主力得手去蓋之敵動搖時三軍已到乃行出擊因敵先佔高山

及部隊運動遲慢不能乘敵人動搖以猛撲消滅之故勝利不大三軍加上追擊、敵已脫逃亦無所獲。

七、屬軍傷亡消耗繳獲俘擄見戰斗結束報告表

八、三軍此次戰役其英勇殺敵精神固所難得但三軍十日早撤退既未報告又未留部隊監視敵人左翼全無部隊（屬軍到下午一時見張參謀長方知三軍下落）使屬軍負累不知與敵遭遇幾陷於危急能得當拒止敵人向我軍左翼戰鬥雖損失大被敵尚未消滅亦不幸中之幸尤可慮者三軍撤後左翼完全無部隊假使屬軍遲到一二時敵人乘虛直插到独立六師以至五軍司令部指揮部陣地後則不但部隊消滅而整個戰綫亦將受大影响此種撤退實危及全局

6 部隊在此次作戰中一般情緒甚好惟技術上缺点太大中下級指揮員臨敵倉惶不能掌握部隊使用部隊致遺誤殲敵時机而自身負傷大現已全部集

合急待整理特此報告并祈 鈞座核示此致

布禮

軍長羅炳輝

十二軍政治委員黃[illegible]

[illegible]七月十四日 於[illegible]

《水口战役经过详情报告》

朱總司令：

茲將屬軍十日水口戰役經過詳情報告如下

1.九日午後奉 鈞座手諭，部隊向水口前進增援五軍團，於當日午後八時許到達白象背，一路停止，職等在先頭親到黃塘附近找董總指揮、蕭政委未遇，不明情況，直至十二時以後才遇五軍團周參謀長、江西軍區陳總指揮及葉總參謀部長，得詳悉前綫情形，認為必須立即增援前綫，即將部隊於十日午前二時許進到丘面，預備隊位置停止，因前綫穩定未加入火線（總部電令遲到）

2.十日晨（軍團依總指揮到達前綫作戰計劃已定，決以屬軍增援左翼，推進三軍截擊南雄增援敵人，消滅之。九時開始運動部隊，約十時許到達三軍九日陣地附近（有三軍傳令兵帶路）未見三軍蹤跡，以為三軍尚在極左翼，仍繼續前進，直至水寨附近發現敵已展開向我前進，而我則出於意期遭遇（因不知三軍已撤）一百零七團長何大明處置就緒，不能迅速展開部隊佔領敵陣地，先制壓敵人反豪，被動地位受制於敵，獨立第二旅陳韋部於二團一團接觸即開始火力壓制，向我軍猛撲，其時因情況不明，軍部指揮員均身臨最前綫，不能立即指揮陣地部隊，不免少生紛亂，一百零七團陣地受敵三面側射，殺傷甚大，而生動搖，待部隊展開一百零八團佔領左翼較優勢陣地抗拒敵人，使一百零七團退出不利陣地，乃將戰線穩

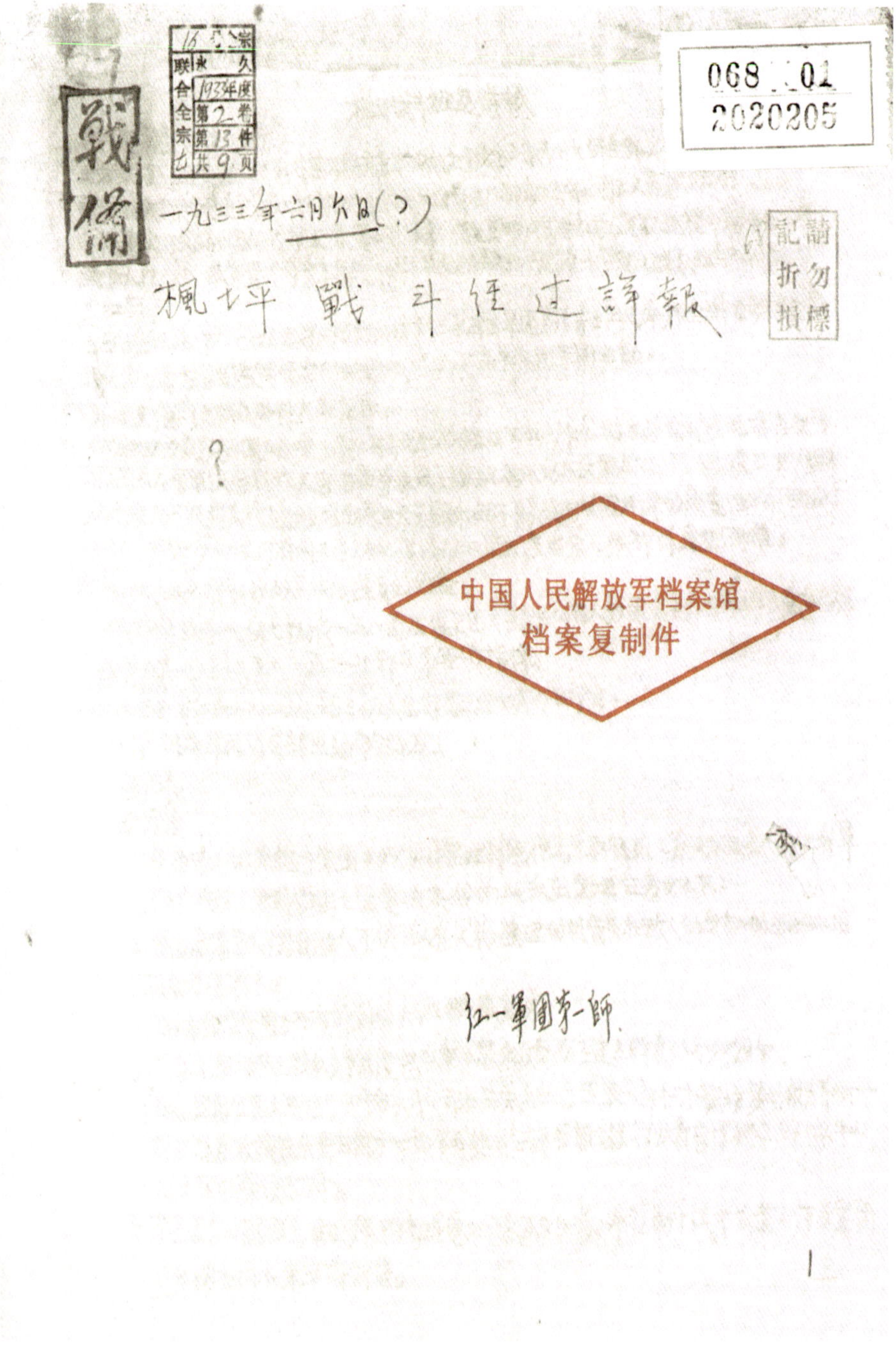
068 .01
2020205

戰備

永久
1933年度
第2卷
第13件
共9页

請勿折損標記

一九三三年六月六日(?)

楓坪戰斗經过詳報

中国人民解放军档案馆
档案复制件

红一軍團第一師

《枫坪战斗经过详报》

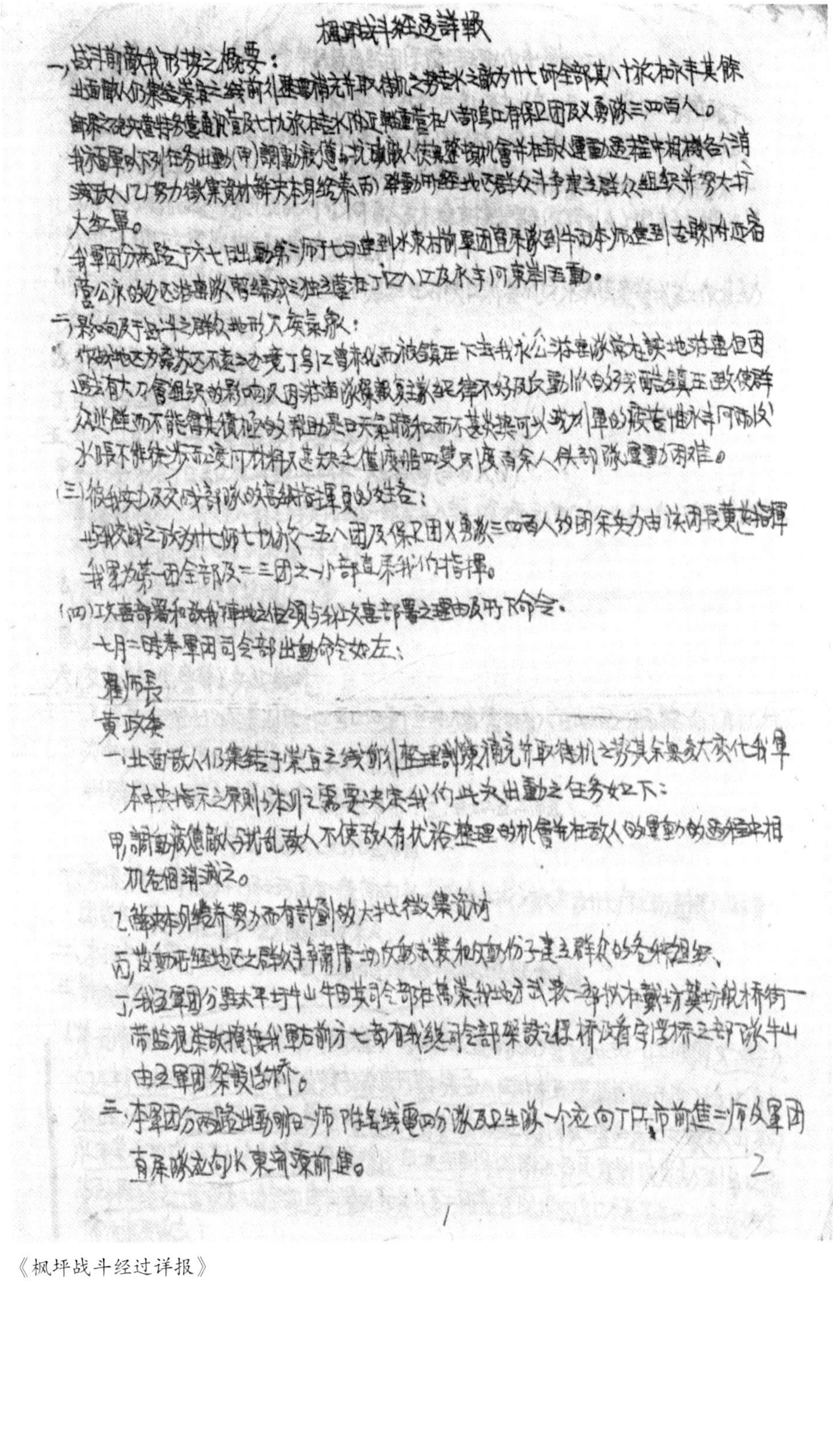

楓坪战斗經過詳報

一、战斗前敵我形势之概要：

北面敵人仍集結崇義之線[illegible]補充并取待机之势老水之敵为廿七师全部其八十旅[illegible]永丰其餘

[illegible]之[illegible]及七十九旅在老水附近輜重营在八部[illegible]有保卫团及义勇队三四百人。

我[illegible]軍以下列任务出動(甲)調動疲憊与扰乱敵人使其[illegible]机會并在敵人運動過程中相机各个消

滅敵人(乙)努力徵集資材解決本月給養(丙)發動所經地区群众斗争建立群众组织并努大打

大红軍。

我軍团分兩路于六七日出動第三师于七日進到水東村前軍团直系隊到牛[illegible]本师進到[illegible]附近宿

營公永的地区游击隊暫編成之独立營在[illegible]及永丰河東岸活動。

二、影响及于战斗之群众地形天候氣象：

作战地区为赣苏区不远之边境[illegible]曾赤化而被镇压下去我永公游击隊常在該地游击但因

過去有大刀會組织的影响及因游击隊紀律不好及反動派白色恐怖镇压致使群

众逃避而不能得其積極的帮助是日天氣晴和而不甚炎热可以减少軍的疲劳惟永丰河两岸

水漲不能徒步而渡河材料又甚缺乏僅废船四隻只渡百余人使部隊運動困难。

(三)彼我实力及交战部隊的高级指揮员的姓名：

此次交战之敵为廿七师七十九旅之一五八团及保卫团义勇隊三四百人約团余实力由該团長黄[illegible]指揮

我軍为第一团全部及二三团之一小部直系我们指揮。

(四)攻击部署和敵我陣地之位置与我攻击部署之理由及所下命令。

七月二日奉軍团司令部出動命令如左：

瞿师長

黄政委

一、北面敵人仍集結于崇宜之線頻行整理訓練補充并取待机之势其余集永大交化我軍

本中央指示之原則与本月之需要决定我们此次出動之任务如下：

甲、調動疲憊敵人与扰乱敵人不使敵人有从容整理的机會并在敵人的運動的過程中相

机各個消滅之。

乙、解决本月給養努力而有計劃的大批徵集資材

丙、發動所經地区之群众斗争肅清一切反動武装和反動份子建立群众的各种组织、

丁、我五軍团分驻太平圩牛山牛田其司令部在[illegible]一部[illegible]藕坊[illegible]一

带監視崇敵掩護我軍右前方七南有我總司令部架設之浮桥派有守浮桥之部隊牛山

由五軍团架設浮桥。

二、本軍团分兩路出動明日一师附无线電四分隊及卫生隊一个应向丁江市前進三师及軍团

直系隊应向水東[illegible]前進。

2

/

《枫坪战斗经过详报》

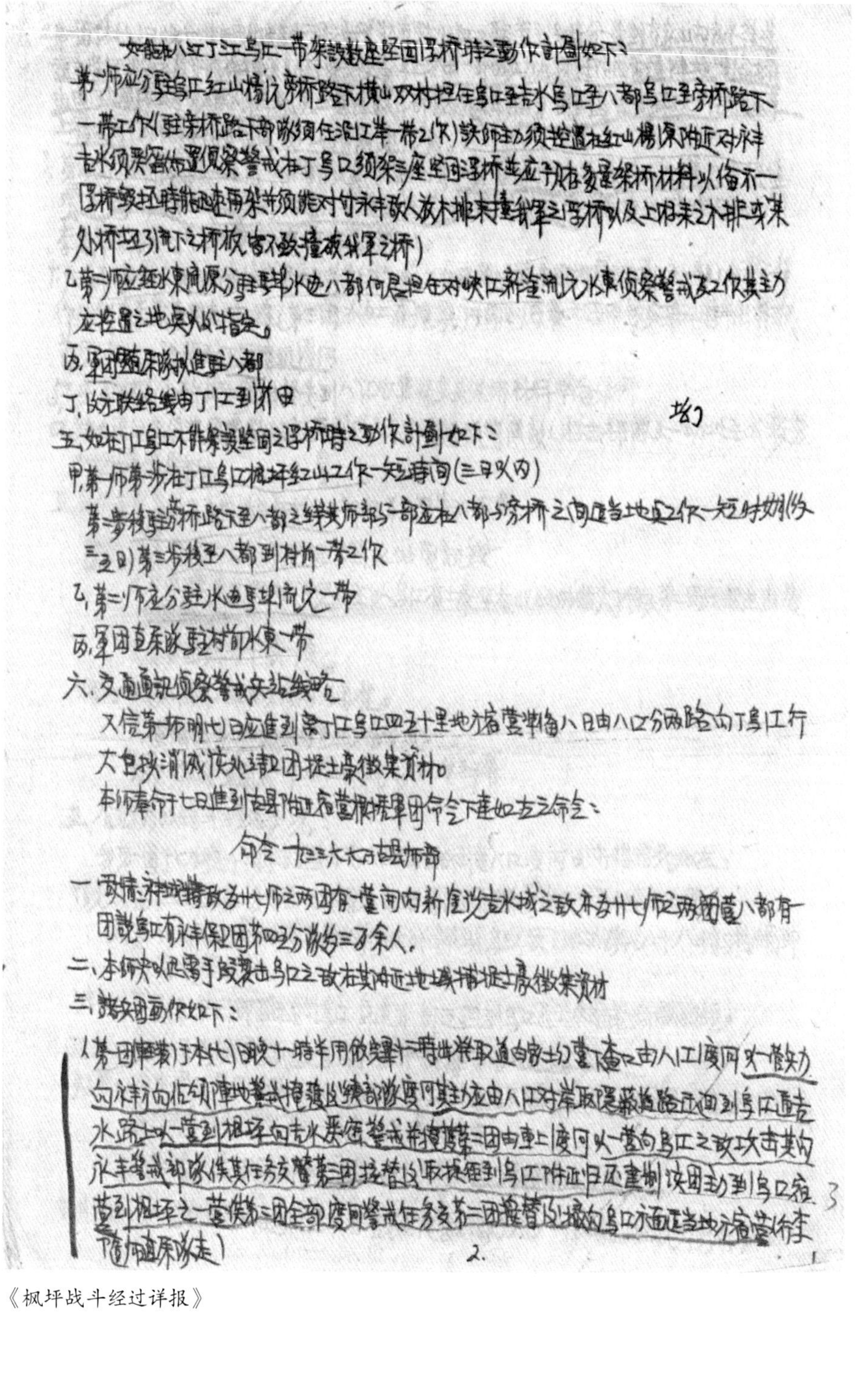
如能在八江丁江乌江一带架设数座坚固浮桥时之动作计划如下：
第一师应分驻乌江红山杨沅旁桥路下横山双村担任乌江至吉水乌江至八都乌江至旁桥路下一带工作（驻旁桥路下部队须任沿江岸一带工作）该师主力须控置在红山杨源附近对永丰吉水须严密布置侦察警戒在丁乌江须架三座坚固浮桥并应预存多量架桥材料以备不一浮桥毁坏时能迅速再架并须能对付永丰敌人放木排来撞我军之浮桥以及上游来之木排或某处桥坏引流下之桥板（务不致撞破我军之桥）
乙第二师应驻水东风原分驻驿埠水西八都何晨担任对峡江新淦流元水东侦察警戒工作其主力应控置之地点以后指定。
丙军团随直属队拟进驻八都
丁设立联络线由丁江到滩田
五、如在丁江乌江不能架设坚固之浮桥时之动作计划如下：
甲第一师第一步在丁江乌江枫坪红山工作一短时间（三日以内）第二步移驻旁桥路下至八都之线其师部与一部应在八都与旁桥之间适当地点工作一短时期（约三五日）第三步移至八都到村前一带工作
乙第二师应分驻水西驿埠流元一带
丙军团直属队驻村前水东一带
六、交通通讯侦察警戒兵站线略
又信第一师明（七）日应进到离丁江乌江四五十里地方宿营准备八日由八江分两路向丁乌江行大包抄消灭该处靖卫团捉土豪征集资材。
本师奉命于七日进到古县附近宿营根据军团命令下达如左之命令：
命令 九三六七于古县师部
一、敌情之神[illegible]敌第廿七师之两团有一营间内新淦沙吉水城之敌系第廿七师之两团留营八都有一团说乌江有永丰保卫团第四区分队约三百余人。
二、本师决以迅雷手段袭击乌江之敌在其附近地域捕捉土豪征集资材
三、部署及行动如下：
（第一团（欠[illegible]）于本（七）日晚十一时半用仗急行军十二时出发取道白家土幻营下渣口由八江渡河以一营兵力向永丰方向佔领阵地警戒掩护该团部队渡河主力应由八江对岸取隐蔽道路迅速到乌江通吉水路上以一营到枫坪向吉水严密警戒并掩护第三团由垄上渡河以一营向乌江之敌攻击其向永丰警戒部队俟其任务交替第三团接替后取捷径到乌江附近归还建制该团主力到乌江宿营到枫坪之一营俟第三团全部渡河警戒任务交第三团接替后撤向乌江方面适当地方宿营（行李随师直属队走） 3
2.   1

《枫坪战斗经过详报》

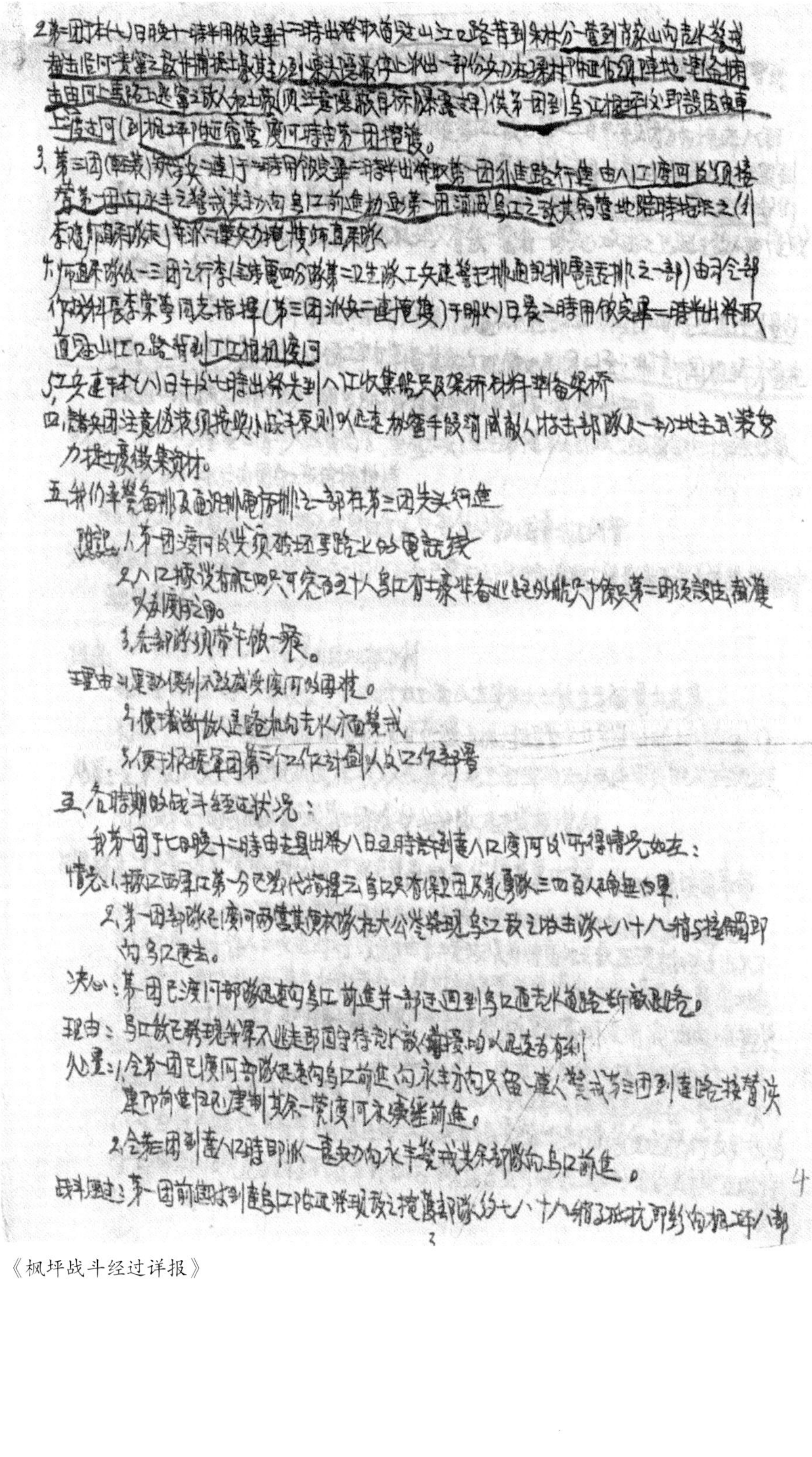

2.第二团于本(八)日晚十一时半用极迅速十二时出发取道走山江口路前到朱林分一营到肖家山向老木孔警戒截击沿河逃窜之敌并捕捉土豪其主力到柬头隐蔽停止派出一部份兵力在朱林附近占领阵地遇敌捕击由河上马路逃窜之敌人和土豪(须注意隐蔽目标以不暴露企图)俟第一团到乌江枫坪以那设法由东岸上渡过河(到枫坪附近宿营)渡河时由第一团掩护。

3.第三团(欠一营)派步兵一连于一时用极迅速二时半出发取第一团之道路行进由八江渡河后须接替第一团向永丰之警戒其主力向乌江前进协助第一团消灭乌江之敌其余营地临时指示之(团本队随师直属队走)并派二营兵力掩护师直属队

4.师直属队及一三团之行李(包括电台分队第二卫生队工兵连警卫排通讯排电话排之一部)由司令部作战科长李棠萼同志指挥(第三团派兵一连掩护)于明(八)日晨二时用极迅速二时半出发取道走山江口路前到江口枫坪渡河

5.工兵连于本(八)日午后七时出发先到八江收集船只及架桥材料准备架桥

四、各兵团注意伪装须按照小战斗原则以迅速动作手段消灭敌人游击部队及一切地主武装努力捉土豪征集资材。

五、我们率警备排及通讯排电话排之一部在第三团先头行进

附记：1.第一团渡河后先须破坏马路上的电话线

2.八江据说有船四只可容百五十人乌江有土豪准备逃跑的船只但须第一团设法看准以便渡河之用。

3.各部队须带午饭一餐。

理由：1.既可便利不致减少渡河的困难。

2.便于截断敌人退路和向老木孔方面警戒

3.便于根据军团第一作战计划以及江作部署

五、各时期的战斗经过状况：

我第一团于七日晚十二时由走马出发八日五时许到达八江渡河以所得情况如左：

情况：1.据江西岸江第一分区政代指挥云乌江只有保卫团及警察队三四百人确无白军。

2.第一团部队已渡河两营其便衣队在大公堂发现乌江敌之游击队七八十人稍与接触即向乌江逃去。

决心：第一团已渡河部队迅速向乌江前进并一部迂回到乌江通老木孔道路断敌退路。

理由：乌江敌已发现我军不迅速部署恐待它(敌)增援时以迅速为有利

处置：1.令第一团已渡河部队迅速向乌江前进向永丰方向只留一连人警戒第三团到达后接替后即向乌江归建制其余一营渡河后亦继续前进。

2.令第三团到达八江时即派一连兵力向永丰警戒其余部队向乌江前进。

战斗经过：第一团前卫到达乌江附近发现敌之掩护部队约七八十人稍有抵抗即纷向枫坪八都 4

2

《枫坪战斗经过详报》

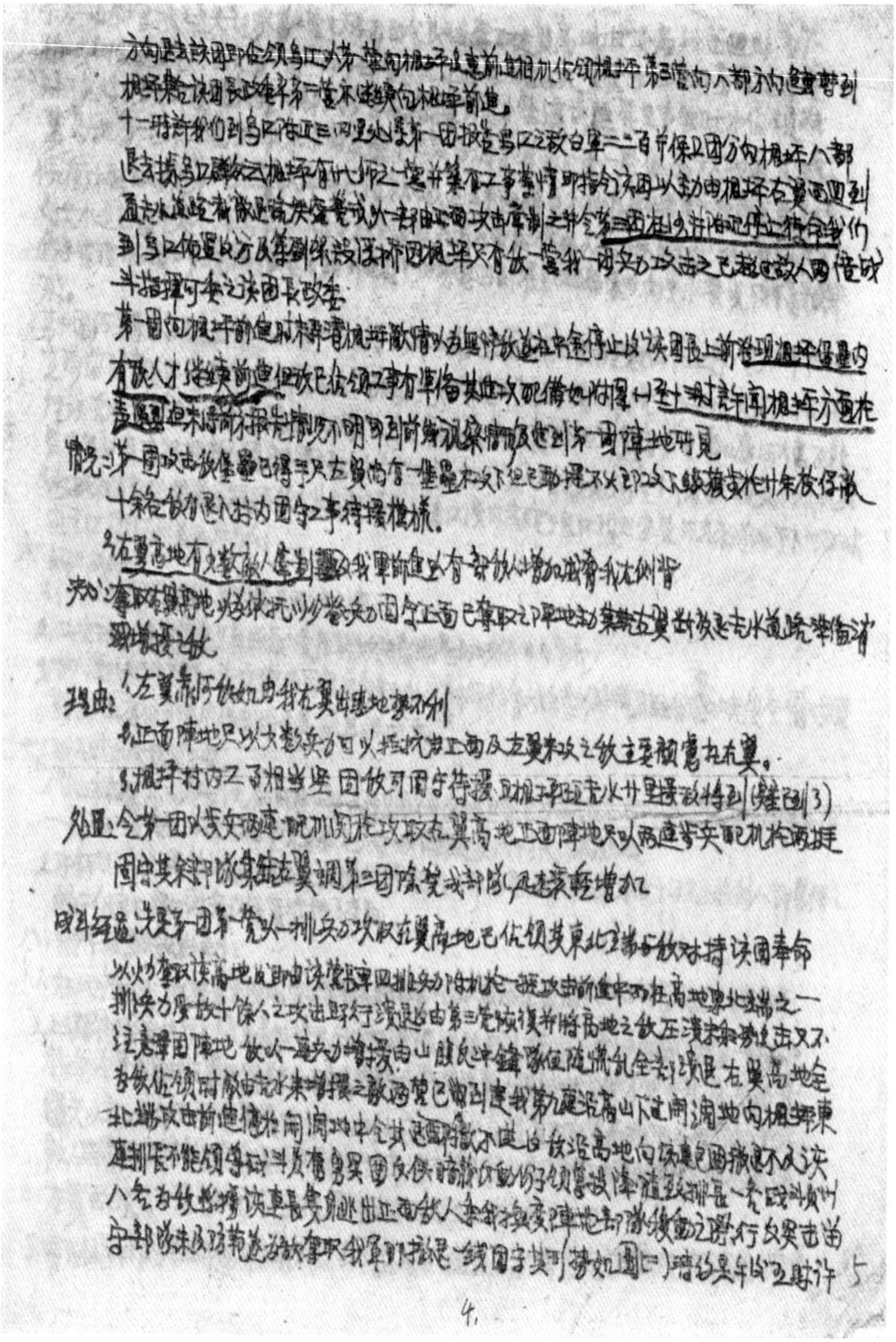
方向退去该团即占领乌江以第一营向枫坪追击前进相机占领枫坪第三营向八都方向追击暂到
枫坪集合该团长政委率第二营不继续向枫坪前进。
十二时许我们到乌江得五三四里处据第一团报告乌江之敌白军二二百余保卫团分向枫坪八都
退去据乌江群众云枫坪有敌八师之一营并筑有工事当情即指令该团以主力由枫坪右翼迂回到
通苏坑道路截敌退路决定以一连由正面攻击牵制之并令第三团相机进入枫坪停止待命我们
到乌江布置设防及筹划[illegible]因枫坪只有敌一营我一团兵力攻击之已超过敌人两倍战
斗指挥可委之该团长政委
第一团向枫坪前进时未详查枫坪敌情以为与[illegible]故途中途停止故该团长上前发现枫坪堡垒内
有敌人才继续前进但敌已占领工事有准备其进攻配备如附图（一）至十二时许闻枫坪方面枪
声激烈但未得前方报告情况不明即到前线视察情况及走到第一团阵地所见
情况：1.第一团攻击敌堡垒已得手只左翼尚有一堡垒未攻下但已动摇不久即可攻下缴获步枪廿余枝俘敌
十余名敌有退入村内固守之事待援模样。
2.左翼高地有少数敌人[illegible]以我军前进必有一部敌人增加威胁我左侧背
决心：夺取右翼高地以[illegible]兵力固守正面已夺取之阵地主力集结左翼出敌退走水道路准备消
灭增援之敌
理由：1.左翼系何敌如果我右翼出击地势不利
2.正面阵地只以少数兵力可以抵抗出正面及左翼来攻之敌主要顾虑在右翼。
3.枫坪村内工事相当坚固敌可固守待援且枫坪距苏坑廿里援敌将到（参看图3）
处置：令第一团以一连兵力配机关枪攻取右翼高地正面阵地只以两连步兵配机枪固担
固守其余部队集结左翼调第二团除警戒部队外速集结增加
战斗经过：先是第一团第一营以一排兵力攻取右翼高地已占领其东北之端与敌对持该团奉命
以火力夺取该高地后即由该营长率四排兵力附机枪一挺攻击前进中不在高地东北端之一
排兵力受敌十余人之攻击即行溃退后由第三营恢复并将高地之敌压溃未能穷追击又不
注意巩固阵地敌以一连兵力增援由山腹包围我[illegible]该营队伍慌乱全部溃退右翼高地全
为敌占领时敌由苏坑来增援之敌两营已达到连我第九连沿高山下之开阔地向枫坪东
北端攻击前进停于开阔地中令其速回时敌不过[illegible]敌沿高地向该连包围撤退不及该
连排长不能领导战斗员[illegible]
八名为敌[illegible]该连长竟自逃出正面敌人[illegible]阵地[illegible]部队[illegible]
守部队未及防范[illegible]夺取我军阵地退一线固守其[illegible]（参如图二）[illegible]约[illegible]午[illegible]五时许 5
4.

《枫坪战斗经过详报》

时第三团来增援之先头部队第二营已赶到即令其迅速夺取右翼高地以瞰高地迂回到壶水
路上断敌退路同时令第一团听师部号音由正面协同总攻该营因山地不易直达而迂
绕继村的续部队到来经师部以号音再指挥前进才继续前进迟至黄昏时才占领右
翼高地第一团在正面动作亦非常迟慢亦在黄昏时才夺回正面一带堡垒故即乘黄昏时
候有计划的撤退第一团在夺取阵地以后尚未知敌退去未乘胜追入村内第三团第二营由右翼高地
向壶水追击因是黑夜路径不熟未直达致敌安然退去只截获卫兵八十余名三团（缺一营）追击前
进至窑里占领工事掩护撤退不能前进晚已全部撤回到张家山平备并向壶水警戒战斗遂告结
束。
第二团师直属队及兵站部于七日晚十二时八日早二时先后由古县出发经马山江于八日上午十二时
直属队到丁江停止第二团到利村（即朱村）以后以一营向壶水追击敌人退路下午二时壶水来援之敌
经该营以机枪隔河向其射击时由阵前进之敌因河岸隐蔽地前进因该营阵地离河太远不能
两岸在高处协同监视枫坪敌人团全之事项亦以集结主力消灭敌人增援兵力即令该团留一连兵力附机枪
由丁江渡河到乌江归队。集结于乌江附近后营师直属部队于下午四时

六、战斗成绩：
1、俘获缴获详战的人员武器另见统计表
2、此次战斗冀敌营长义勇队长一名伤毙敌连长排长及士兵四五十名
3、敌人遭此打击以后退入壶水城内固守永新的交通线粮食缺乏甚形恐慌且经我有
动敌人上有相当作用俾我游击区域扩大。

七、战斗结束后敌我形势：
1、敌廿七师七十九旅师直属队及保卫团义勇队均退守壶水城内在太平山加修工事，此外并有
一部约一营在八都之渊塘营市在九日向峡江窜逃其八十旅仍在永丰城
2、本师击溃枫坪敌以后九日即在乌江机开张家山工作发动群众搜集资材十日主力移到八都努保之
线工作乌江留一团兵力保护渡桥及交通

八、战斗经验和教训：
1、在此次战斗一般都有刻苦耐劳英勇奋斗精神第一团攻击敌坚固阵地的技术是有了相当进步
2、上级干部坚决执行上级首长的指示合乎战术原则的战斗指挥非常缺乏我们给第一团每次
指令均着重由右翼迂回进行敌退却道路才能消灭敌人同时我援侧亦能保障但该团首
长先以主力向正面堡垒进攻在地形上依托于水无须夺取右翼高地可以受该处少数
敌人威胁假使该敌于其增援队到时凭该高地由我右翼出击则陷于大不利地位因急须迂
右翼致溃退之敌安然逃脱其指挥阵地亦不适当在敌交叉火力之下
3、中下级干部掌握部队缺乏机断的沉着的交代差是以第一团队伍很紊乱没有很好的掌握 6

5.

《枫坪战斗经过详报》

敌人以少数兵力出击即引动摇慌乱，同时动作犹疑迟慢，部队的运动也是很迟缓，在占领乌口不能迅速追至枫坪乘敌不备而袭取之，在敌人溃退后又没有很迅速的跟踪追击，失去消灭敌人的机会。

4. 坚决英勇尚不够，战斗情绪尚未达到最高度，在敌出击时队伍动摇，其第九连在被敌包围时如能坚决奋勇突围，尚可脱险，该连长一个连长排长在危急时机没有英勇的精神与牺牲的决心坚决领导和鼓励战士英勇突围，仅图个人幸免，私甘为俘，并使卅余战士为敌俘虏，至于该连长指挥失当，既不知选择突击道路，又不防敌之反突击，致遭无谓损失。

5. 第一团在最先作战部署不适当，以致改变部署主力于槽内左翼而对守阵地部队的任务没有交代清楚，致被少数敌人袭部队移动而发生混乱。

6. 此次小战斗损伤百廿余人，伤亡人数达八十余人，负伤的多在下部，证明在敌出击队伍慌乱，遭受敌机枪火力所杀伤，在技术上还是非常不够。

7. 通讯连络不好，在整个战斗中很少将战斗情况适时报告，尤其是第一纵不注意侦察情报，又没有报告第一团第三营向八都直接转到枫坪来，也没有报告向团部联络自行加入了战斗。

上呈

军团长 林
政治委员 聂

第一师 师长 罗炳辉
政治委员 黄甦 黄甦

7

《枫坪战斗经过详报》

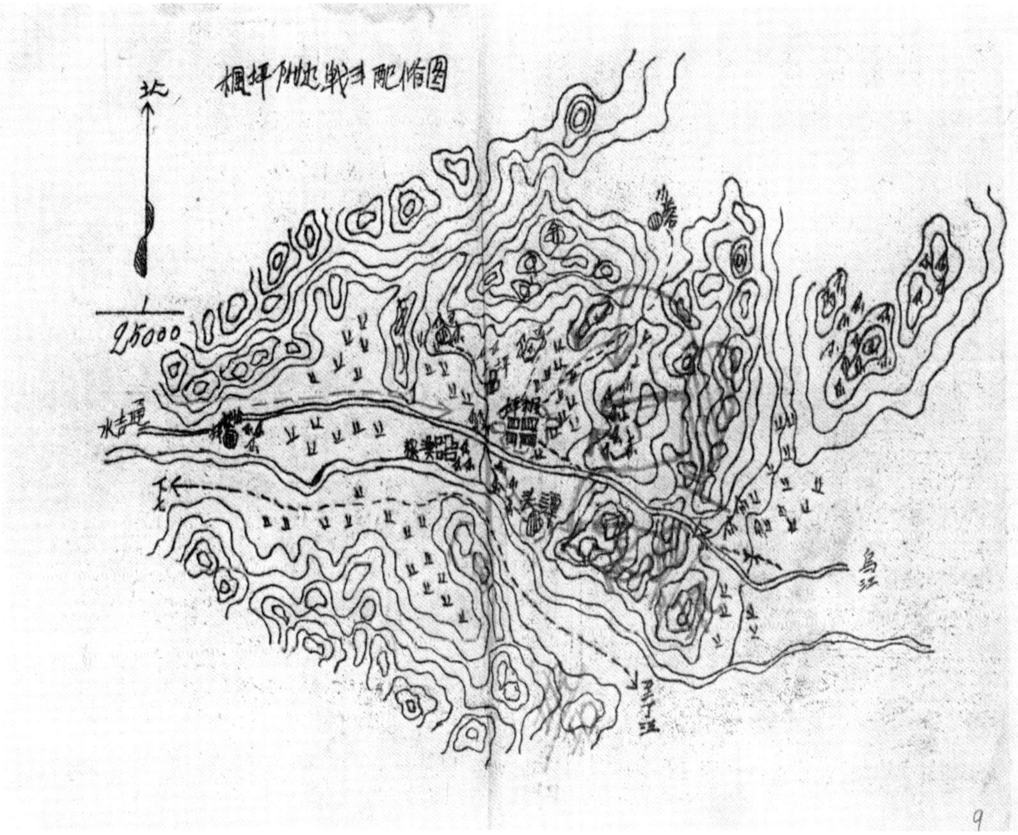

枫坪附近战斗配备图

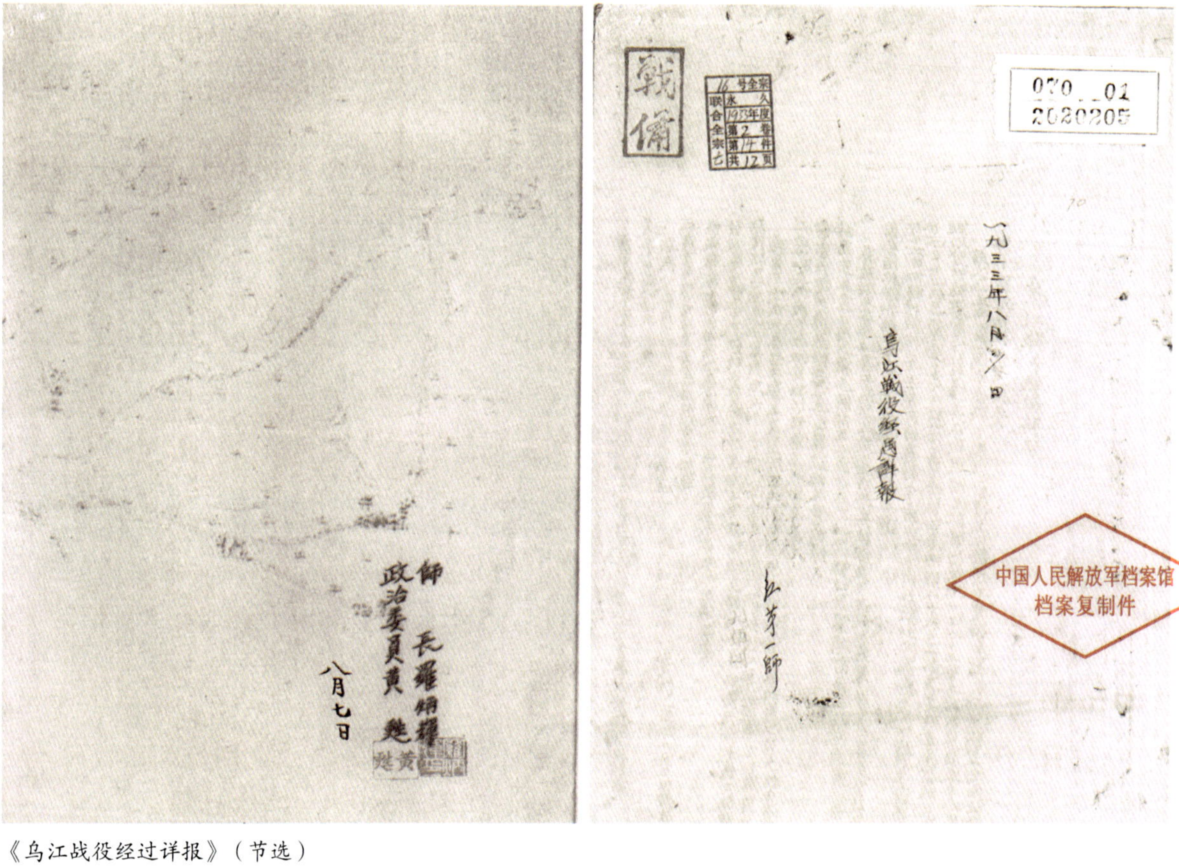

師　長羅炳輝
政治委員黃　甦
八月七日
戰備
070 01
2020205
一九三三年八月
烏江戰役經過詳報
中国人民解放军档案馆
档案复制件

《乌江战役经过详报》（节选）

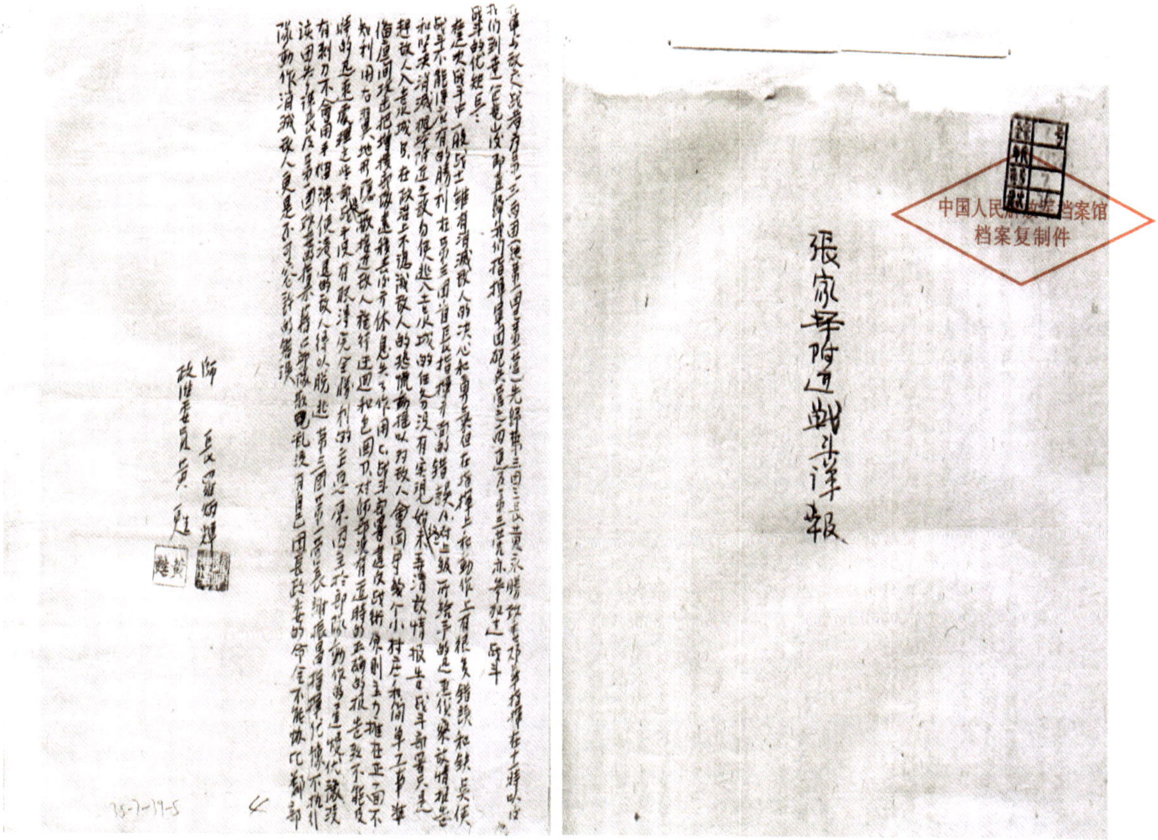

《张家坪附近战斗详报》（节选）

1.此次战斗最值得称赞的一般战士们能英勇的发扬坚强攻击精神，指挥员注意观察火力组织与运动的联系，能够接近敌人给以突然袭击来迅速夺取敌人阵地，个别的营连注意阵地侦察及以火力压制敌人反冲锋。
2.在战斗中还有很多战术上的严重缺点和错误，(a)警戒疏忽，不注意选择位置致被敌人袭占重要阵地几致整个团及高级指挥机关遭受袭击，(b)干部对紧急事件的处置动作非常迟缓，(c)一般的干部在冲锋时不能掌握部队在敌阵地前迟疑不前遭致敌反冲锋及火力的损伤，(d)在敌火力退出战斗不能有计划的用火力掩护撤退部队混乱以致蒙很大损伤（一团三营在下南）(e)曾放行单的侦卫部队放弃责任致使伤员受土匪的袭击，(f)战斗中通信联络不好，(g)非战斗部队的管理教育薄弱，一遇发生紧急时部队慌乱。

～完～

第一师 师长 李聚奎
政委 黄 甦

附记：1.附战斗详报表一份
2.战斗地形略图未附

7 8

《关于云盖山大雄关沙岗上等地战斗经过详报》（节选）

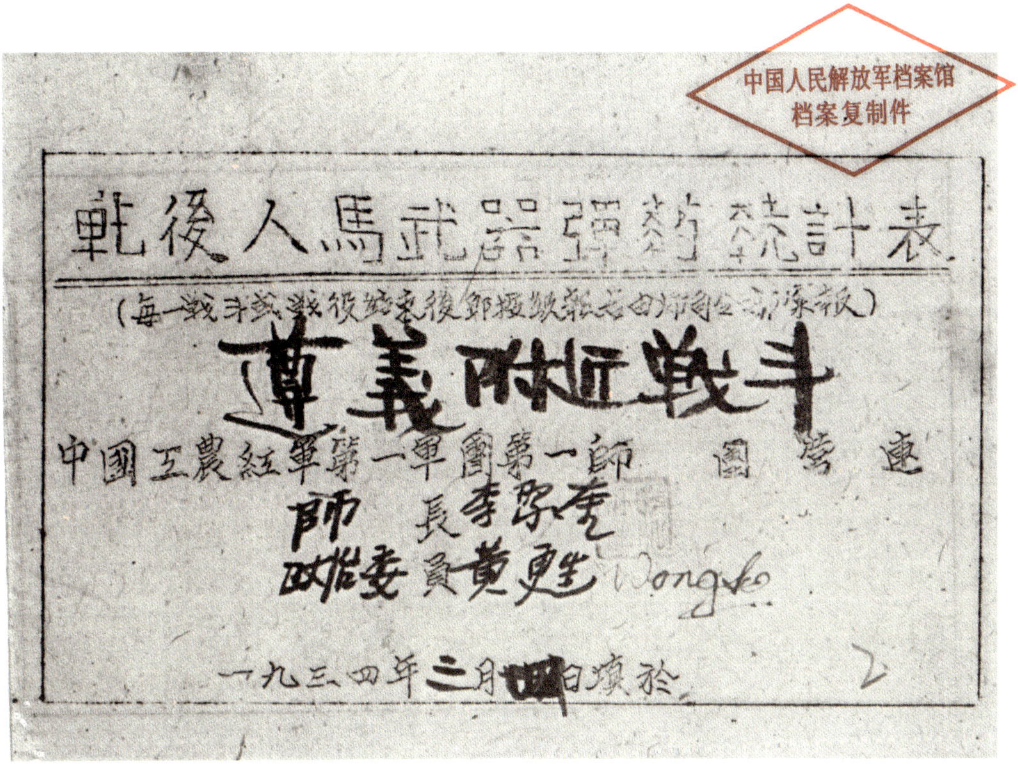

戰後人馬武器彈葯統計表

遵義附近戰斗

中國工農紅軍第一軍團第一師　團　營　連

師　長李聚奎

政治委員黃甦　Wong So

一九三四年二月　日填於

《遵义附近战斗战后人马武器弹药统计表》

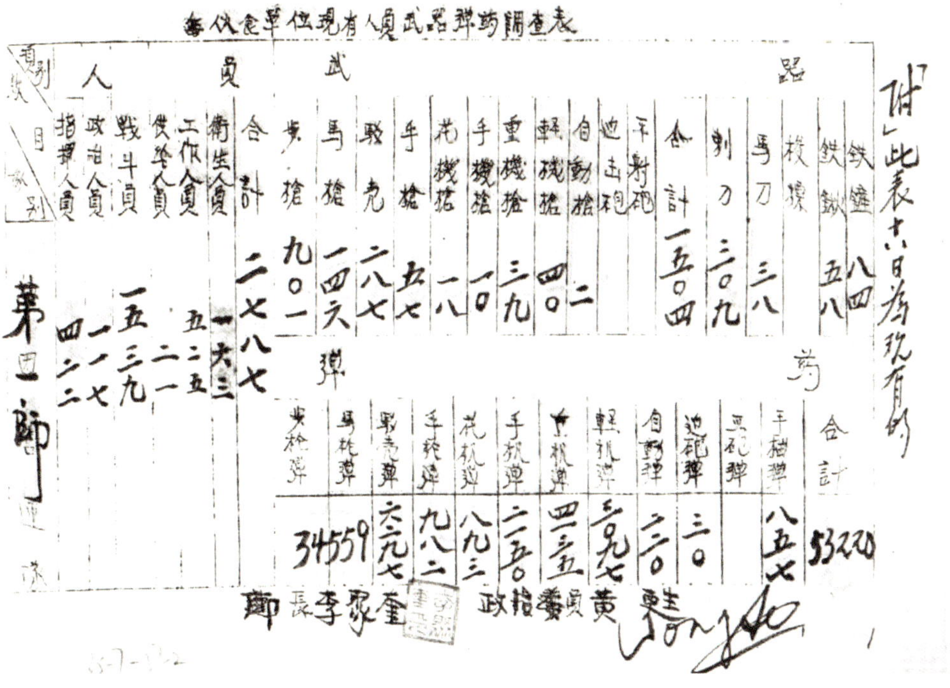
夾伙食單位現有人員武器彈葯調查表

人員

欄別	指揮人員	政治人員	戰斗員	供給人員	工作人員	衛生人員	合計
第四師	四二二	一一七	一五三九	二一一	五二五	一六三	二七八七

武器

步槍	馬槍	駁殼	手槍	花機槍	手機槍	重機槍	輕機槍	自動槍	迫击砲	平射砲	合計	刺刀	馬刀	梭鏢	鉄鍬	鉄鏟
九〇一	一四六	二八七	五七	一八	一〇	三九	四〇	二			一五〇四	三〇九	三八		五八	八四

彈葯

步枪彈	馬枪彈	駁殼彈	手枪彈	花机彈	手机彈	重机彈	輕机彈	自動彈	迫砲彈	平砲彈	手榴彈	合計
34559		六九七	九八二	八九三	二〇〇	四三五	三九七	二〇〇	三〇		八五七	53220

附：此表十八日為現有的

師長李聚奎　政治委員黃甦　Wong So

《夹江伙食单位现有人员武器弹药调查表》

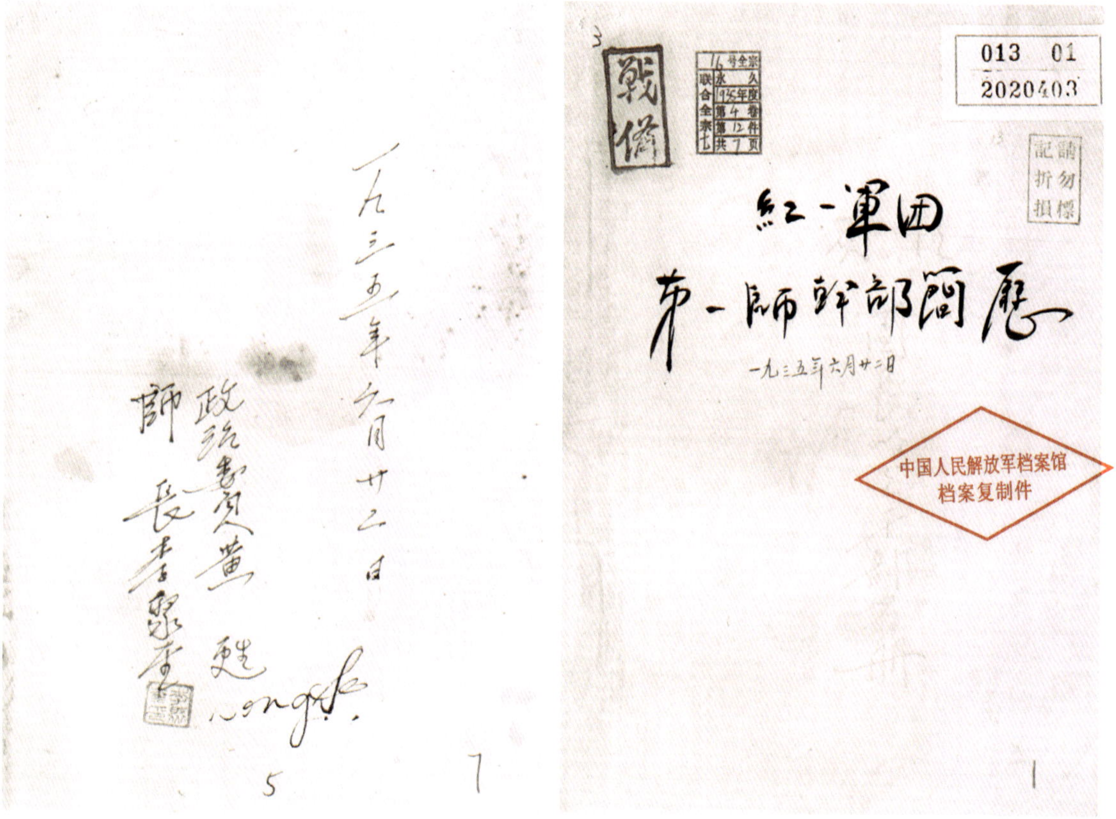

《红军第一军团第一师干部简历》档案（节选）

中央档案馆藏黄甦相关档案

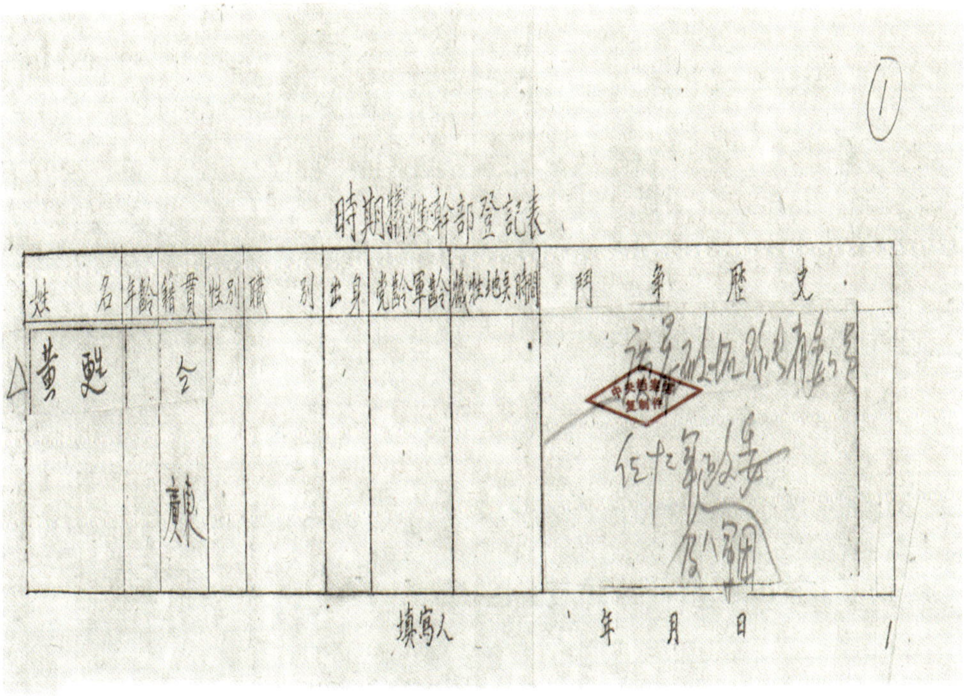

①

時期犧牲幹部登記表

姓名	年齡	籍貫	性別	職別	出身	黨齡軍齡	犧牲地點時間	鬥爭歷史
黄甦		仝 廣東						[illegible] 任七軍政委 及八軍團

填寫人　　年　　月　　日

1

牺牲干部登记表上记录着“黄甦”

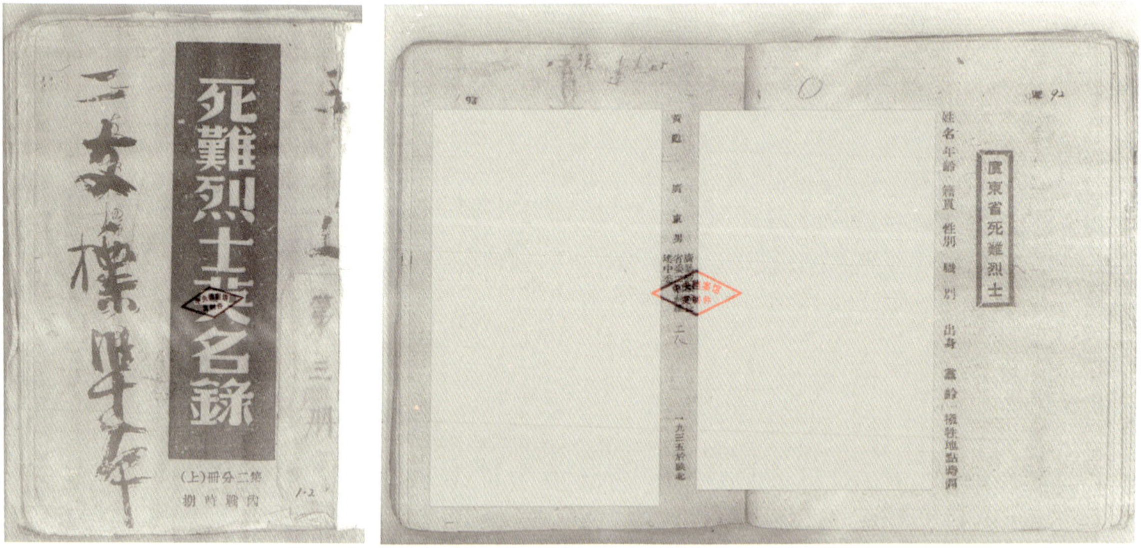

1945 年中共中央组织部编印的《死难烈士英名录》收录了黄甦

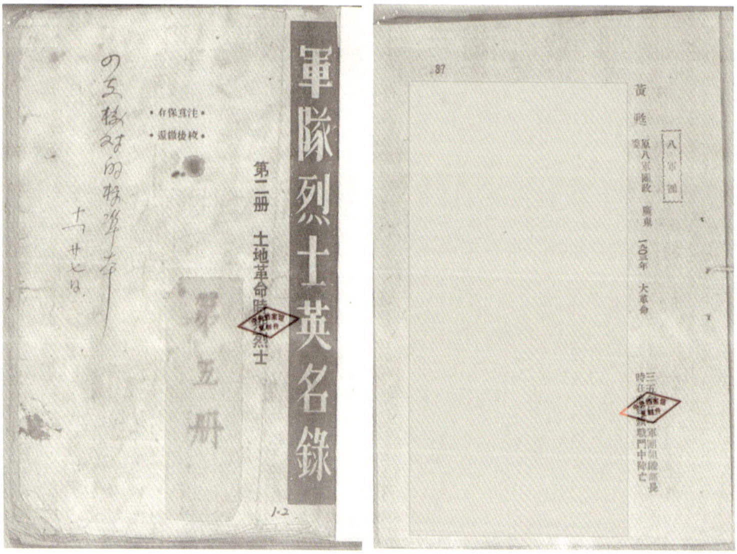

1945 年中共中央组织部与中共中央军委总政治部合编的《军队烈士英名录》收录了黄甦

佛山黄甦

一位红军高级将领的革命史录

中共佛山市委党史研究室
佛山市政协文教体卫和文史委员会　编著
佛山市新闻传媒中心

南方日报出版社
NANFANG DAILY PRESS
中国·广州

图书在版编目（CIP）数据

佛山黄甦：一位红军高级将领的革命史录 / 中共佛山市委党史研究室，佛山市政协文教体卫和文史委员会，佛山市新闻传媒中心编著. -- 广州：南方日报出版社，2025. 5. -- ISBN 978-7-5491-3015-3

Ⅰ. K827=52

中国国家版本馆CIP数据核字第2025Y710C0号

FOSHAN HUANGSU

佛山黄甦

编　　者： 中共佛山市委党史研究室
佛山市政协文教体卫和文史委员会
佛山市新闻传媒中心
出 版 人： 周山丹
责任编辑： 蔡　芹　巫殷昕
封面设计： 邓晓童
责任校对： 熊丽思
责任技编： 王　兰
出版发行： 南方日报出版社
地　　址： 广州市广州大道中289号
经　　销： 全国新华书店
印　　刷： 广州市新怡印务股份有限公司
成品尺寸： 185mm × 245mm
印　　张： 23　　插页：2
字　　数： 344千字
版　　次： 2025年5月第1版
印　　次： 2025年5月第1次印刷
定　　价： 128.00元

投稿热线：（020）87360640　读者热线：（020）87363865
发现印装质量问题，影响阅读，请与承印厂联系调换。

中共广东省委党史研究室党史规划课题

本书编委会

序一
黄甦——一位值得我们敬仰和缅怀的革命先烈

陈　力

提起黄甦这个名字，很多人可能会感到很陌生，不要说二三十岁的年轻人，可能五六十岁甚至年纪更大一些的人也不一定清楚。黄甦是谁？他为什么值得我们敬仰和缅怀？如果你想知道答案，请翻开这本《佛山黄甦——一位红军高级将领的革命史录》。只要认真阅读，你的疑问就会迎刃而解，你想要的答案就会呈现在眼前。

黄甦，中国工农红军高级指挥员。1903年出生在广东南海一个贫苦家庭，幼年丧母，在苦难中度过童年。15岁被迫到香港打工，受尽欺压，体会到社会的不平等，内心萌生了反抗的种子。

1925年，黄甦勇敢投身中国共产党领导的省港工人大罢工，同年10月加入中国共产党。1927年12月，黄甦参加广州起义，担任广州工人赤卫队联队队长和敢死队队长。广州起义失败后，黄甦在香港、广东等地从事地下工作。

1930年冬，黄甦到达闽西苏区[①]，先后担任红军新第十二军政治委员、红一方面军第一军团第一师政治委员等职，参加了中央苏区历次反“围剿”斗争。他是中共六届四中全会补选的中央委员，中共苏区中央局军委委员和中华苏维埃共和国第一、第二届中央执

①闽西苏区与赣南苏区后连成一片，形成中央苏区。

行委员会委员。

1934年9月黄甦任红八军团政治委员，后率部参加长征。1935年1月起先后担任红一军团第一师政治委员和红军陕甘支队第一纵队第二、第五大队政治委员。到达陕北后，任红一军团第二师第四团代理政治委员。1935年11月，在直罗镇战役中牺牲。

由于黄甦牺牲较早，有关他的材料相对较少，也很零散，这可能也是后人对他知之甚少的重要原因。作为黄甦的家乡人，中共佛山市委党史研究室的同志们决心改变这种现状，要让黄甦的英名和他英勇革命的一生被世人所知。他们和佛山市政协文教体卫和文史委员会及佛山市新闻传媒中心的同志共同组成课题组，先后到省内外图书馆、档案馆广泛搜集资料，并前往北京，在中央档案馆、中国人民解放军档案馆、军事科学院图书馆和中央党史和文献研究院等单位，从浩如烟海的史料中爬梳剔抉，尽力找出有关黄甦的点滴史迹。通过不懈努力，他们完成了这本《佛山黄甦——一位红军高级将领的革命史录》，用相对充分的史实勾勒出黄甦一生的斗争轨迹，为深入研究和广泛宣传黄甦烈士的革命业绩和不朽精神提供了重要基础。

翻阅这本书，我们可以看到，黄甦是一位信念坚定的革命者。他加入中国共产党仅一年多，轰轰烈烈的大革命就因为国民党反动派的背叛而告失败。30多万共产党人和革命群众倒在反动派的屠刀下，神州大地一片血雨腥风。一些意志不坚定的人，因而脱离了革命队伍。但黄甦却毫不动摇，以坚定的革命信念，毅然勇敢地参加了反击国民党反动派的广州起义；广州起义失败后，他不顾危险，坚持在广东、香港从事党的地下秘密工作；参加红军后，他不惧敌强，率部英勇奋战在反"围剿"的战场上；在战略转移的征程中，他不惧艰险，跟着党走完二万五千里长征路。自从宣誓加入中国共产党，他就把自己的一生献给了党、献给了革命事业。无论环境多么危险，无论道路多么曲折，他都坚定不移地跟着党，勇往直前。

翻阅这本书，我们可以看到，黄甦是一位兢兢业业的革命者。他入党时间较早，有丰富的斗争经历，无论党把他放在哪个岗位上，他都尽心尽力为党工作，从不考虑个人安危得失。广州起义失败后，组织上安排他在香港和广东从事地下工作，担任香港摩托车职工会的中共党团书记、中共香港市委组织部长等职，负责香港的城市、工人运动和发动民众的工作。当时，白色恐怖十分严重，他不顾个人安危，全力以赴，努力打开斗争局面。时任全国总工会党团书记的李立三在给中央的报告中评价："香港的党部很好，……支部工作亦好，都能开会，缴党费，在群众中活动等……尤其是海员支部很好，许多同志对党的政策都能了解，并且能发表意见（最近的工人斗争很多）。"能够在重重困难中取得这样的工作成绩，黄甦等人应该是付出了巨大的努力。之后，担任中共广东省委委员、常委的黄甦根据组织安排，以巡视员身份去发展北江地区的农民运动。他不辞辛劳，深入乡村发动群众，扩大党的组织。在领导曲江、乐昌、仁化等县农民斗争的同时，他恢复建立了清远、英德的党组织，并在始兴建立了新的党支部。中共广东省委在《干部分子调查表》上对黄甦的评价是："现在担任北江巡视员……工作能力甚好。"进入闽西苏区担任新第十二军政治委员后，他针对部队特点大力加强思想政治工作，增强部队的凝聚力和战斗力，使新第十二军出色完成了上级赋予的各项战斗任务。时任中革军委副主席周恩来曾专门在《红色中华》报上发表《红军十二军占领杭武的意义》一文予以表彰。文中说：红十二军"自从去年开到闽西以后，所向无敌，他开到什么地方，什么地方的军阀团匪便望风而逃，这次攻下了武平、上杭，更证明十二军有铁一般的坚固，火一般的威声，他已成为巩固闽西苏区积极向外发展的一支主力队伍……"。政治工作是红军的生命线，黄甦在红军中先后担任过从军团到大队和团的各级政治委员，在每个岗位上，他都呕心沥血努力工作，为红军的巩固和发展作出重要的贡献。

翻阅这本书，我们可以看到，黄甦是一位品格高尚的革命者。他虽然有较高职务，却平易近人，对同志和下属亲切和蔼。曾任海军东海舰队后勤部长、海军舟山基地副司令的张宜步少将回忆起一件往事：当年他曾奉命起草一份军团部给直属团的命令，写完后上报给军团政治委员黄甦。黄甦认为写得太复杂了，张宜步听了很是紧张。黄甦见状，微笑地让他不要紧张，并耐心地一字一句教他如何书写公文。得知张宜步上过四年学，黄甦说：你有一些文化，在部队里要发挥好的作用。年轻人要好好学，不懂要多问，将来就会有大进步。亲切的态度和谆谆的教诲，使张宜步如沐春风，终生难忘。黄甦胸怀大局，从不计较个人职务高低。只要革命需要，他能上能下，毫不犹豫。中央红军四渡赤水时，为摆脱国民党军围追堵截，部队精简整编，很多干部降级使用。当时李聚奎、黄甦分别是红一师的师长、政治委员。毛泽东问：你们当团长、团政委行不行？并专门对黄甦说：你可是当过军团政委啊。黄甦坚定表示，只要毛泽东来领导红军，他就是当普通士兵也心甘情愿。直罗镇战役前，红四团政治委员杨成武因病入院。红四团是红一方面军的主力团之一，将在直罗镇战役中担任主攻任务。大战在即，不能没有政治委员，黄甦从大局出发，代理红四团政治委员。这是黄甦生前担任的最后一个职务，远低于他之前担任过的许多职务，却充分显示了一个革命者的无私胸襟和高风亮节。

翻阅这本书，我们可以看到，黄甦是一位英勇无畏的革命者。自从投身革命后，黄甦始终奋战在斗争第一线，多次历险，多次负伤，但他置生死于度外，从不畏惧，从不退缩。1927年6月，广东党组织领导2万工人举行声势浩大的示威游行，纪念省港大罢工两周年。黄甦是香港示威游行的一路指挥，途中被外国巡捕捉住。他乘敌不备，机智逃脱，避免了一场牢狱之灾。广州起义中，他担任工人赤卫队的敢死队队长，配合起义军主力冲锋陷阵，攻坚克难。1930年10月，他到九龙检查工作时遭特务追捕，他与敌人顽强搏斗，身受重伤，幸得同志搭救才侥幸脱险。由于伤势严重，经过一个多月的治疗才得以恢复。1933年中央苏区第四次反“围剿”时，黄甦作为红十二军政治委员，与军长张宗逊共同率部参加了草台岗战斗，负责牵制东陂之敌。经过激战，红军全歼敌1个多师。连同之前黄陂战斗的胜利，红军共计歼敌近3个师，俘敌1万余人，缴获各种枪1万余支，炮40余门，粉碎了国民党军的第四次“围剿”，创造了红军战史上大兵团伏击歼敌的经典战例。黄甦在草台岗战斗中不惧枪林弹雨，亲临前线指挥，又一次负伤，被送往红军后方医院治疗。多次受伤遇险，并没有使黄甦胆怯后退。1935年11月，刚刚结束长征到达陕北的红一方面军，为了粉碎国民党军对陕甘苏区的第三次“围剿”，发起直罗镇战役。黄甦作为红四团的代理政治委员，与团长陈正湘率部担任主攻任务。他一如既往地身先士卒，靠前指挥。直罗镇战役取得歼敌1个师又1个团的胜利，为党中央把中国革命大本营放在西北举行了奠基礼，但黄甦却在此战中不幸牺牲，过早陨落。其实，党中央在战前已经决定调黄甦到陕南去任师政治委员，他完全可以不参加此战。但黄甦深知此战的重要性，坚决要求打完这一仗再走。最终，他为巩固陕甘苏区和建立西北革命大本营献出了自己的一腔热血和宝贵生命。毛泽东高度评价：“我们时刻准备牺牲，我们的牺牲是换得全国全世界工农的解放。我们的牺牲，是有意义的。黄甦同志是中央委员，他的牺牲是有意义的。”

黄甦的一生，是为党和革命事业英勇奋战、无私奉献的一生。他的品格可歌可泣，他的精神光照日月，值得我们永远缅怀、敬仰和学习。相信看过《佛山黄甦——一位红军高级将领的革命史录》

一书的读者，都会有这样的感受；相信《佛山黄甦——一位红军高级将领的革命史录》一书的出版，对于在全社会更好地弘扬革命传统，加强爱国主义教育，将起到积极的促进作用。

向包括黄甦在内的所有为中国人民解放事业而奋斗牺牲的革命先辈致以崇高的敬意，你们永远活在我们心中。

（作者系中国人民解放军军事科学院原军事历史研究所正师级研究员）

序二
溯源红色基因　践行初心使命

周紫霄

天地英雄气，千秋尚凛然。

习近平总书记指出，一个有希望的民族不能没有英雄，一个有前途的国家不能没有先锋。佛山籍红军高级将领黄甦就是诞生在那个血雨腥风、风雷激荡的伟大年代的一位英雄和先锋。

黄甦1903年出生于佛山一个贫苦的粤剧艺人家庭，早年到香港做工，后投身大革命的洪流，参加了省港大罢工、广州起义，历经艰苦卓绝的香港地下斗争、中央苏区反“围剿”以及二万五千里长征，直至在延安英勇牺牲于党中央落脚陕北的“奠基礼”战斗——直罗镇战役中，年仅32岁。毛泽东在总结直罗镇战役情况时说：“我们时刻准备牺牲，我们的牺牲是换得全国全世界工农的解放。我们的牺牲，是有意义的。黄甦同志是中央委员，他的牺牲是有意义的。”

黄甦坚持真理、坚守理想，是一名坚定的革命者。他在五卅运动后的大革命高潮中选择马克思主义，加入中国共产党，从一个香港产业工人迅速成长为工人运动的骨干分子。他一往无前，百折不挠，经历了广州四一五反革命政变、广州起义失败后革命的低潮，经历了残酷的隐蔽战线斗争，在白色恐怖下始终秉持崇高信仰，坚守共产主义理想和方向，经受了严峻的考验。

黄甦智勇双全、能征善战，是一名英勇的红军虎将。他历任中国工农红军闽西新十二军政委、第十二军第三十四师政委、第一军团第一师政委、第八军团政委等，为红军政治工作的发展作出重要贡献。他军政兼优，既是优秀的政治工作领导者，又是优秀的军事指挥员。一生戎马倥偬、身经百战，足迹遍布粤、闽、赣、湘、黔、川、甘、陕等地，参加和指挥血战湘江、突破乌江、强渡大渡河、飞夺泸定桥等战役战斗，为党中央、中央红军胜利完成长征作出了重要贡献。

黄甦胸怀全局、勇于担当，是一名忠诚的领导干部。他担任过第六届中央委员、广东省委常委、香港市委组织部长，两次当选为中华苏维埃共和国中央执行委员，在中央、省委各级党、政、军部门都工作过，党指向哪里就打到哪里，赴汤蹈火、舍生忘死。直罗镇战役前夕，当时担任红一军团组织部长的黄甦已经接到赴任陕南红军政委的调令，但他坚决“打完这一仗再走”，代理红二师第四团政委率部担任主攻时中弹壮烈牺牲。

黄甦的一生，是革命的一生，战斗的一生，是为中国人民谋幸福、为中华民族谋复兴无私奉献的一生。他短暂而辉煌的革命人生，生动诠释了共产党人坚定信念、践行宗旨、不怕牺牲、敢于斗争的高尚品质和崇高精神。他是佛山人民的优秀儿子，他的革命精神，永远值得家乡人民铭记、传承和弘扬。

丹心留史迹，直笔著信史。为了追忆黄甦烈士的革命事迹，赓续红色血脉，中共佛山市委党史研究室践行“存史、资政、育人”的职责使命，联合佛山市政协文教体卫和文史委员会、佛山市新闻传媒中心组织开展黄甦革命史料征集与研究工作。从2023年3月起，沿着黄甦烈士的革命足迹，在广东韶关，福建龙岩（永定、上杭、长汀），江西赣州（瑞金、于都、兴国），贵州黔东南，陕西延安（吴起、富县），以及他最终的牺牲地——直罗镇，深入开展田野考察，在他曾经战斗过的每个地方，悉心寻找革命后代及知情人进行史实考证。同时派调研组赴北京、广州、延安、龙岩、赣州、黔东南等地档案馆、博物馆及党史研究机构查阅、搜集、整理与黄甦烈士相关的一手资料，历经系统严谨的考证、甄核、遴选，《佛山黄甦——一位红军高级将领的革命史录》得以问世。该书史料翔实，门类丰富，以详尽的实证资料客观、全面展示黄甦烈士的光辉革命人生，是一部缅怀革命英烈、砥砺初心使命、汲取奋进力量的党员党性教育红色教材，也是一部爱国主义教育和革命传统教育的精品读物。

红色记忆历久弥新，英烈精神传承永续。可以告慰黄甦烈士的是，他和无数革命先烈一起为之奋斗、为之血洒的中国大地日新月异，他的家乡佛山已发生翻天覆地的变化，2023年佛山经济总量1.3万多亿，以占全国万分之四的土地面积，贡献了超过全国1%的地区生产总值，成为全国继深圳、苏州、上海后的第四个“工业3万亿”城市。新时代新征程，我们要学习和弘扬黄甦烈士忠于理想、坚定信念的政治本色，永葆对党的无限忠诚，坚定共产主义远大理想和中国特色社会主义共同理想，深刻领悟“两个确立”的决定性意义，增强“四个意识”、坚定“四个自信”、做到“两个维护”。我们要学习和弘扬黄甦烈士不怕牺牲、敢于斗争的英雄气概，坚定践行“三个务必”，保持斗争精神，敢于直面风险挑战，以坚韧不拔的意志和无私无畏的勇气战胜前进道路上的一切艰难险阻。我们要学习和弘扬黄甦烈士顾全大局、勇于担当的革命精神，永葆革命事业心和责任感，把初心使命变成党员干部锐意进取、开拓创新的实际行动，不断开辟改革发展新局面。

不动者厚地，不息者高天。无穷者日月，长在者山川。对黄甦及千千万万的革命烈士，我们永远致以无限崇敬！

（作者系中共佛山市委常委、组织部长）

前　言

黄甦，又名黄苏、王甦（苏），1903年出生于广东南海县佛山镇。幼年丧母，家境贫寒。十四五岁赴香港谋生，先后做过杂工和电灯工人。1925年投身省港大罢工，历任罢工工人纠察队小队长、支队长等职。同年10月加入中国共产党。1927年12月参加广州起义，任工人赤卫队敢死队队长。起义失败后，辗转香港和广东从事地下工作，先后担任香港摩托车职工会中共党团书记、中共广东省委北江巡视员、中共香港市委组织部长、中共广东省委常委、职工运动委员会书记以及南方局军区委员等职。1930年11月进入闽西苏区，历任红军新编第十二军政治委员、红十二军第三十四师政治委员、红一方面军第十二军政治委员、红一军团第一师政治委员等重要职务。期间，黄甦还当选为中华苏维埃共和国第一、第二届中央执行委员，福建省苏维埃执行委员，参与中央苏区历次反"围剿"斗争，为红军的发展壮大和中央苏区建设做出了重要贡献。1931年1月，在中共六届四中全会上，黄甦被补选为中央委员。1934年9月长征前夕，奉命组建红八军团并担任军团政治委员兼第二十一师政治委员，后率部参加长征。1934年12月湘江战役后，再次担任红一军团第一师政治委员，参与指挥强渡乌江、遵义战役、强渡大渡河等重要战役战斗。中央红军改编为陕甘支队后，先后担任陕甘支队第一纵队第二、第五大队政治委员。到达陕北后，担任红一军团组织部长。直罗镇战役前夕任红一军团第二师第四团代理政治委员，1935年11月21日在直罗镇战役中英勇牺牲。

黄甦牺牲后，党和人民没有忘记他，与他生死与共的战友没有忘记他。1935年12月中共中央《斗争》第78期发表了邓发《追悼我们的黄甦同志》一文，该文简要勾勒了黄甦的生平事迹，其内容因出自长期共事的战友之手而具有较高可信度，但却缺乏具体细节，甚至遗漏了黄甦的年龄、籍贯等关键信息，为后续研究留下了诸多困惑。在1945年中共七大召开前夕，中共中央组织部编印的《死难烈士英名录》和中共中央组织部与中共中央军委总政治部合编的《军队烈士英名录》两部重要文献，首次以官方档案材料为依据，对黄甦的生平履历进行了较为权威的记载，明确了其出生年份为1903年，籍贯为广东，并简要概括了其参加广州暴动、担任中共广东省委常委、第二届全国苏维埃中央执行委员、红八军团政委以及红一军团组织部长等重要经历，最终牺牲于直罗镇战斗。此次记载是首次发现的党组织对黄甦生平履历的记录，具有权威性，也奠定了后续研究的基础，但由于篇幅所限，内容依然简略，而且两部英名录长期没有公开发行，黄甦的生平一度隐没。

改革开放后，黄甦烈士相关的资料征集和生平研究得到持续的拓展和深化。1985年8月由中国人民解放军总政治部百科编辑室编印的内部资料《中国人民解放军人物传》中，广东省军区军事志办公室研究员曾国方撰写的“黄甦”条目，在沿袭早期记载的基础上，将黄甦的出生年份写为1908年，并增补了其曾任中共广东省委候补常务委员和中共中央委员的信息，同时较为详细地描述了其参加省港大罢工、在中央苏区和长征时期的经历，丰富了此前较为单薄的生平叙述。1987年1月，曾国方在《南粤英烈传（第三辑）》中发表了《黄甦》一文，结合口述史料和将帅回忆录，对黄甦的生平事迹进行了更为详尽的补充和完善，并考证其出生于广东南海县佛山镇一个贫苦的粤剧艺人家庭。此后，中国人民解放军后勤学院王健英教授、北京师范大学何立波教授等学者也做过相关研究，撰写过黄甦烈士的传记文章，但这些关于黄甦烈士的研究和文章大多沿袭了曾国方的叙述框架，也没有改变烈士事迹知晓度较低、英烈精神的影响力不够强等长期存在的不足。

遵循习近平总书记“把红色资源利用好、把红色传统发扬好、把红色基因传承好”的殷殷教导，为进一步挖掘佛山红色资源、擦亮革命英雄城市底色，适应新时代强化党史党性教育和革命传统教育，传承红色基因，赓续红色血脉的要求，2023年3月，中共佛山市委党史研究室、佛山市政协文史委、佛山市新闻传媒中心共同启动“黄甦革命史料征集与研究”项目，同年，中共广东省委党史研究室将该项目确定为广东党史研究规划课题。两年多来，课题组开展了实地考察调研和史料征集、专题研究、纪录片制作等“1+3”系列工作，沿着黄甦出生、战斗、牺牲的人生轨迹，先后奔赴陕西延安（吴起、富县），福建龙岩（永定、上杭、长汀），江西赣州（瑞金、于都、兴国），贵州黔东南州以及省内的韶关等地现场调研20多次，采访知情人，开展专家座谈，走访革命遗址等，详尽收集黄甦的生平线索。在此基础上，边调研、边收集、边研究、边宣传，系统挖掘、整理黄甦烈士文献史料，全面研究、宣传黄甦烈士生平事迹。

课题组坚持线上线下双管齐下，广泛搜集和查阅了中央档案馆、中国人民解放军档案馆、广东省档案馆等国家和地方档案馆的馆藏档案文献，以及《工人之路》《红色中华》《斗争》等革命时期的重要报刊。同时，对中共中央、中共广东省委、解放军组织史资料，以及广东、福建、江西、贵州、陕西等省的革命历史资料进行了系统汇集研究；此外，还参阅了与黄甦共事过的革命领袖、战友以及部下的回忆录、日记、年谱等珍贵文献，并广泛参考了各类党史、军史文献，形成“面+点”两个方面研究成果。从“面”上看，即全面梳理黄甦的人生事迹，编撰《黄甦年谱》，更为客观、准确地还原黄甦革命生涯，基本厘清其学习、战斗、任职的有关情况，极大地丰富了黄甦生平细节和内涵。从“点”上看，即重点关注和考证黄甦的出生年份、中央委员身份等关键信息，经过多方考证和反复论证，最终确定黄甦出生于1903年；在1931年1月中共六届四中全会上，经中共中央政治局和共产国际的推荐，补选为中央委员；在1935年牺牲前夕担任红一方面军政治部组织部长等史实。上述部分研究成果已陆续在《福建党史月刊》《岭南文史》等刊发。

课题组坚持以深入的黄甦生平研究推动史料收集筛选、辨析甄别，征集整理出一大批与黄甦烈士相关的档案文献史料，择取精要，辑入《黄甦年谱》，汇集编纂成《佛山黄甦——一位红军高级将领的革命史录》一书，为以后进一步深入开展黄甦生平研究奠定了扎实的史料基础、提供了客观的线索指引。在搜寻载录的黄甦档案史料时，我们收集到日本外务省编纂的《共产党员名簿关系（香港、广东、广西地方关系）》中有关时任中共广东省委常委兼香港区委书记黄甦的记载，在中央档案馆发现黄甦相关档案如《死难烈士英名录》《军队烈士英名录》等共21件，在中国人民解放军档案馆发现9件有黄甦署名的档案，其中的8件有其钤印或签名，“Wong So”的签名与《共产党员名簿关系（香港、广东、广西地方关系）》一致，这也是此前从未披露的新发现。

课题组坚持征集、研究、宣传一体推进的工作特色，制作《踏过革命的河，寻找黄甦》专题纪录片，以“双线”并进的形式，即一条主线顺时序再现黄甦烈士波澜壮阔的革命人生，一条副线逆时序记录新时期党史工作者不辞艰辛探寻黄甦史迹的历程，生动展示黄甦烈士坚如磐石的理想信仰和不怕牺牲、无私奉献的革命精神。同时，积极开展黄甦烈士系列纪念活动，打造书籍、报刊、电视台和网络立体宣传矩阵，营造崇尚英雄、缅怀先烈的浓厚氛围。

热血染山河，浩气弥千古。黄甦烈士永远不会被忘记。由于历史年代久远、知者故去、资料散佚缺失等，全面、立体、多维地还原一个黄甦烈士形象十分困难。对一些难点、重点研究，譬如黄甦烈士的祖籍地，即使有口口相传的“三亲”史料的佐证，因为未能找到缜密的史料证明，难以作出最后的结论，也为今后对黄甦的研究留下空间。新时代新征程，黄甦烈士史料征集和研究工作依然是一项长期的工程，红色资源的挖掘、保护和利用永远在路上，期待后继的党史工作者、专家学者和党史爱好者以更为严谨的学术态度，守正创新，上下求索，接续奋斗，将黄甦生平研究和革命精神的弘扬推向一个更加崭新的阶段！

编辑说明

黄甦，南海县佛山镇人，早年投身省港大罢工与广州起义，后赴闽西革命根据地，在红军中担任要职，参与中央革命根据地历次反“围剿”作战。长征时期，先后出任红八军团政委、红一军团第一师政委，历经诸多关键战役。1935年，他在直罗镇战役中主动参战，不幸中弹牺牲，为革命事业作出贡献。为缅怀先烈、弘扬革命精神，编者对黄甦革命活动开展了深入细致的研究，进行了黄甦史料汇编，并编写了这本史录。

在对黄甦相关资料的整理过程中，存在其名字的不同表述，其又名黄苏，亦有说法称其为王甦（苏）。此次编纂依据黄甦本人印章所刻“黄甦”为准进行统一处理。若原文收录的文章中为“黄苏”，则保留原写法，其余情况皆统一使用“黄甦”。

本书分为四部分。第一部分收录关于黄甦的小传，第二部分收录黄甦著名的报告文稿、黄甦参与的相关的电报电文，第三部分是与黄甦共事的领导、战友以及部下回忆、怀念黄甦的文章，第四部分是本书编写组编写的黄甦年谱。各部分的文章、资料，均按写作或发表时间先后排列。有关黄甦的论述，均保持原貌，未作改动。为便于阅读参考，对资料中一些错别字或缺漏字作了订正。文字残缺不清，无法订正的，用□标明。错别字经改正的，用〔 〕标明，原字仍保留。新增补的字，用〈 〉标明，以示编者所加。至于一些明显的错字，改正不再加说明。资料中有些内容过于空洞，或与主题无关的，酌予删略，均在文内加以说明。原有题目尽量保留，如原件无题目或原题目不能确切反映该资料内容的，则另立题目，并加注说明。凡属编者所加注释，均在脚注标识编者注。

目录 CONTENTS

第一章 黄甦小传

第二章 档案文献

★鏖战苏区

★决战长征

第三章 回忆见证

第四章　黄甦年谱

第一章

黄甦小传

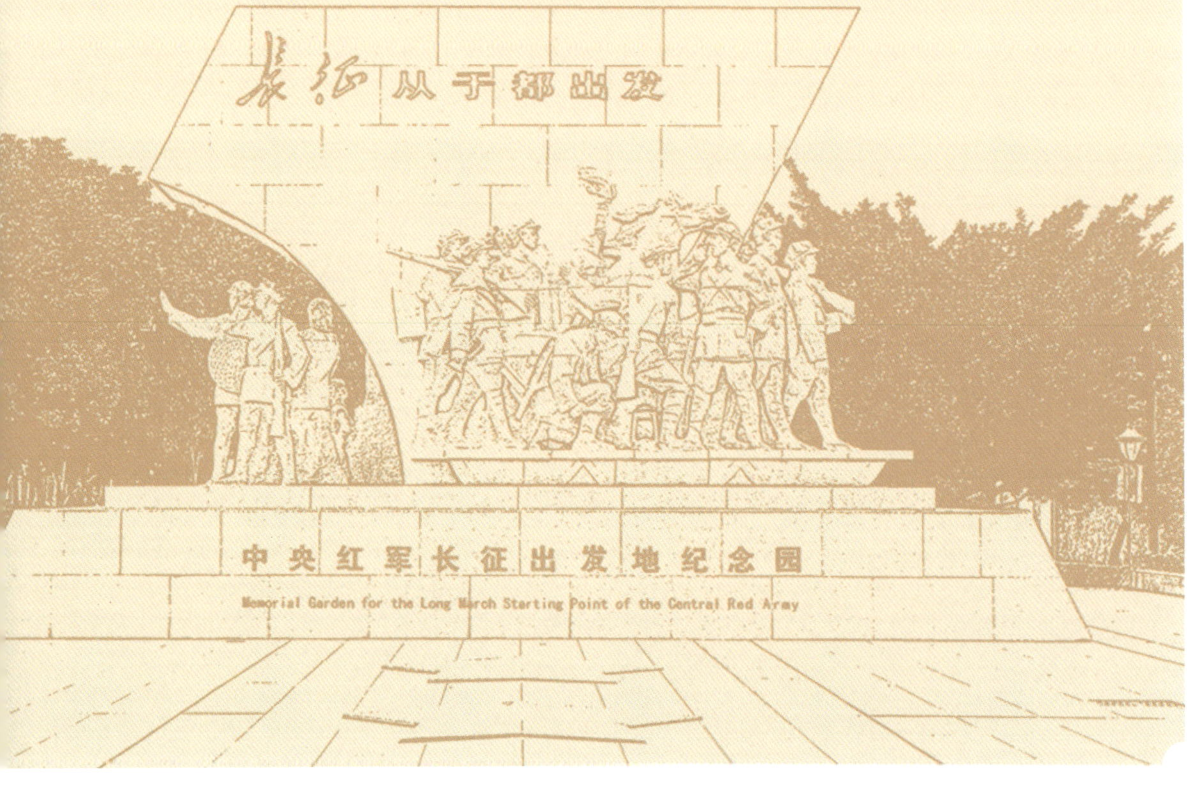
长征 从于都出发
中央红军长征出发地纪念园
Memorial Garden for the Long March Starting Point of the Central Red Army

黄甦

黄甦（1903—1935），曾用名王甦，广东南海人。1925年参加省港工人大罢工，任罢工委员会工人纠察队支队长。同年10月加入中国共产党。1927年12月参加广州起义，任工人赤卫队联队队长、敢死队队长。起义失败后，在香港、广东从事地下工作，历任香港摩托车职工会中共党团书记，中共香港市委组织部部长，中共广东省委候补常委兼职工运动委员会书记等职。1930年冬进入闽西苏区。后任红军新编第十二军政治委员，红十二军第三十四师政治委员，福建省苏维埃执行委员，中华苏维埃共和国第一、第二届中央执行委员，红方面军第十二军红一军团第一师政治委员，红八军团政治委员兼第二十一师政治委员。1934年1月在中共六届五中全会上被补选为第六届中央候补委员。参加了中央苏区历次反“围剿”斗争和中央红军长征。后任红一军团第一师政治委员，红军陕甘支队第一纵队第二、第五大队政治委员。到达陕北后任红一军团第二师第四团代理政治委员。1935年11月21日在直罗镇战役中牺牲。

中国工农红军第一方面军史编审委员会：《中国工农红军第一方面军人物志》，北京：解放军出版社，1995年，第581—582页。

黄甦[①]

曾国方[②]

黄甦一九〇八年生于广东省南海县佛山镇（今佛山市）一个贫苦粤剧艺人家里。黄甦幼年丧母，靠父亲卖艺所得来维持生活。他在苦难中度过了童年时代。

一九二三年，十五岁的黄甦到香港给一个洋老板当杂工。他由于受不了洋老板虐待而愤然离去，后来得到一位老电器工的帮助，学习检修电泡，成为一名出色的电器工人。

一九二五年，“五卅”惨案发生后，为了反击英帝国主义在上海屠杀中国工人和学生的暴行，全国总工会和广东区委于六月上旬派邓中夏到香港发动大罢工。香港的工人在苏兆征、杨殷等的组织领导下，觉悟逐步在提高，黄甦是工人运动的骨干分子。当他听到举行总罢工的消息后，热血沸腾，决心同帝国主义斗争到底，积极投身罢工运动。黄甦夜以继日地做宣传发动工作，以滚雪球的方式，在短短的半月里，发动了一批工人参加罢工斗争。六月十九日，在邓中夏、苏兆征、杨殷等直接领导下，香港几十个行业廿多万工人举行罢工，香港陷于瘫痪。工人们有组织地陆续返回广州。七月五日罢工委员会纠察队成立，黄甦参加了纠察队工作，执行封锁港口，缉拿私运，严惩走狗，防范工贼破坏的任务。他积极参加组织军政训练工作，使队员们的军事技术、政治素质不断提高，斗志十分旺盛。他是罢工纠察队五名干将之一，在群众中有很高威信，邓中夏在一次讲话中，称这五名干将为“五虎将”。在尖锐复

① 原文段落较长，为便于阅读，按内容划分作分段处理。——编者注。

② 原广东省军区军事志办公室研究员。

杂的罢工斗争中，黄甦锻炼得更加坚强成熟了。九月，他被选送到军政学习班[①]学习，十月，光荣地参加了中国共产党。十一月，模范纠察队成立，黄甦任该队队长。他在工作过程中，披星戴月，顶风冒雨，并做调查研究，宣传政策，及时建议表彰先进，惩办违法乱纪分子，从而有力地加强了纠察队自身的建设，使之在罢工运动中发挥了重要作用。

一九二七年，广州的国民党反动派发动了“四·一五”反革命政变，大肆逮捕屠杀共产党人和工农群众。省港罢工委员会和各种革命团体被取消，办事机构被封闭。中共广东区委在“四·一五”前夕，已令杨殷组织秘密赤卫队，建立各工会的赤卫队基干队伍。黄甦在杨殷的直接指挥下，与反动军警、特务、工贼进行了多种形式的斗争。虽然一次又一次遭到残酷镇压，但赤卫队骨干队伍锻炼得更加坚强了，他们后来成为广州起义中一支重要的工人武装力量。在广州起义中，黄甦任赤卫队的敢死队队长。十二月十一日凌晨三时，黄甦率队破坏电灯电话，有力地配合了起义，但由于敌我力量悬殊，广州起义只坚持三天，便失败了。黄甦率队同敌人斗争到最后一刻，然后才转移到香港。

黄甦到达香港，即与省委取得联系。很快被分配到摩托车职工总会任书记，并直接负责汽车、电厂、灯泡、煤气、洋务等单位的工运工作。不久，他调任香港市委组织部长。一九二八年四月十三日，在中共广东省委第一次扩大会议上当选为省委委员，次年三月，任省委常委。这期间，他在党内先后任省委审查委员、职委、巡视员、军委委员等职。在当时的党中央和广东省委“左”的指导思想指导下，黄甦多次奉令组织游行示威，飞行集会，但遭到重大损失，许多党团员惨遭杀害。从血淋淋的教训中，黄甦认识到“左”倾盲动主义给党和革命事业带来危害，于是自觉进行抵制，把大型活动改为以公开合法身份和隐蔽地下

① 应为军政训练班，根据冯资荣，何培香：《邓中夏年谱》，北京：中国文史出版社，2014年，第26页。——编者注。

工作相结合，扎扎实实地做好宣传组织工作，教育党、团员在一般情况下，不要到第一线暴露身份，而是做深入发动群众工作。

黄甦在香港工作期间，经常在敌特数重跟踪堵截下，化险为夷，安然脱险。一九三〇年十月一天下午，黄甦到九龙望角区省委发行科检查工作。发行科设在一个商店的四楼上。几小时前，这个机关被敌人破坏了。此刻，两个便衣特务正潜伏在里面。黄甦同往常一样，直趋机关大门，见大门半掩，便推门而入。就在这一瞬间，潜伏的一个家伙一把紧紧抓住黄甦的衣领，黄甦稍一定神，料已出事，机警地把身子顺势往前猛靠，那家伙倒退了一步，黄甦用尽全身力气，挥动双拳来个猛虎掏心，对手四脚朝天倒下。潜在门后另一个家伙，见来人勇猛强悍，不敢靠近，忙从门后抓起一条粗大门闩击来。黄甦一转身，跑到楼梯口，从四楼跳到三楼二楼，一直跳到地下[①]，那根门闩也擦身而下，他用左手一挡，门闩落地。黄甦迅速整理一下衣着，潜进小巷一个木工房（地下工作联络点），隐蔽起来。香港市委组织部长梁广闻讯赶来，见他头部流血，踝骨也肿起来了，马上叫来一辆三轮车，把他接回住处治疗。这时中央要求广东省委输送一批战斗骨干给闽西根据地。黄甦于十二月离开香港到达闽西。

一九三〇年十一月，红二十一军与红二十军合编为新红十二军，共二千六百余人。左权任军长，施简任政委。一个月后，施简调到中央苏区机关工作，黄甦接任政委。黄甦在中央苏区工作期间，先后当选为中华苏维埃共和国中央执行委员、福建省工农苏维埃执委，在中共六届四中全会上补选为中央委员。当黄甦接任新红十二军政委时，闽西苏区刚刚在纠正立三“左”倾错误。此时蒋介石调集七个师十万兵力向中央苏区发动第一次“围剿”，盘踞闽西的军阀张贞，积极配合蒋介石，疯狂

①据邓发回忆，应为从三楼跳到二楼，见本节第210页。——编者注。

向我根据地进攻。黄甦临危受命，在极端险恶的条件下，与军长左权，积极进行反“围剿”战争的各项准备工作，通过整编整训提高了军队的素质，指挥军队接连打了几次小胜仗。

一九三一年二月，在龙岩的大池、小池战斗中，歼敌数百，击溃张贞部第二九二团。但于一九三一年四月[①]，中共闽粤赣特委召开的虎岗会议，接受了王明“左”倾指导思想，提出了战略上死守，战术上硬攻的“誓死保卫龙岩、虎岗，准备与敌人打硬仗”的方针。部队奉令强攻龙岩、坎市、上杭等地，均告失败，伤亡惨重。在军事失利的同时，闽西根据地大搞以肃清社会民主党为中心的肃反运动，党的建设、军队建设、政权建设、土地革命均遭严重破坏，后果严重。不仅虎岗被占，岩、杭、永中心根据地相继沦陷，根据地核心区域由原来的四十八个区缩小到二十二个区。黄甦对党和人民革命事业赤胆忠心，面对“左”倾冒险主义带来的损失，非常痛心，非常焦虑。一天，他对军长游端轩（左权于五月调离）说，如果我们不改变原来的作战原则，仍然对优势敌人死打硬攻，这点队伍，恐怕很快就要拼光。只有坚决遵照毛泽东的作战原则，才能粉碎敌人的“围剿”。多日来军长游端轩一直在考虑这个问题，经过黄甦一点明，高兴地站起来，紧紧握住黄甦的双手说，我的好政委，我们想到一块了。这时，特委也采纳了他们的意见。于是召开团以上干部会，总结经验，研究新的作战方法。黄甦在发言时，特别强调不能为一城一地的得失去硬拼，要根据敌我情况，有时化整为零，有时聚零为整；要避实就虚，出敌不意，攻敌不备；要采用扎口子、打埋伏、奇袭、奔袭等多种战法，选择有利战机，痛击敌军。由于采取了新的作战方针，部队渡过了极端困难时期。到了六月，部队逐步向连城、长汀、清流、宁化发展，初步扭转闽西的被动局面。

---

① 应为3月20日，根据闽粤赣边区党史编审领导小组：《中共闽粤赣边区史》，北京：中共党史出版社，1999年，第94页。——编者注。

一九三一年十月，老红十二军与新红十二军在长汀胜利会师。十一月[①]，部队进行整编，新十二军全部编入老红十二军，不久黄甦任三十四师政委。一九三二年十一月中旬，十二军调到江西前线。不久，黄甦复任十二军政委，率部参加第四次反“围剿”作战。一九三三年六月，红军进行了一次大的整编。一军团原属下的七、九、十一师，加上红十二军，改编为第一、第二两个大师。八月份，李聚奎接任一师师长[②]，黄甦接任政委。在第五次反“围剿”作战，一军团同敌人对阵的主要是红一师，黄甦经常率部转战于敌人堡垒与重兵之间，有时为了争夺碉堡群，反复拉锯，得而复失，失而复得，不知打过多少硬仗恶仗。

一九三四年春，长期驰骋在硝烟弥漫战场上的黄甦，调到红军大学学习。在这里，他刻苦攻读马列著作，并能紧密联系实际，阐述原理，抒发己见。一次，他对学校训练部高级科科长周士第说，一九二六年的中山舰事件，如果按照毛主席的意见办，就不会出现目前的第五次“围剿”了，也就不存在蒋介石当什么总司令，他仍然是上海一个大流氓。他还说过，有人说蒋介石学习希特勒，这个看法不全面。蒋介石在一九二六年制造中山舰事件，而希特勒于一九三三年才炮制火烧国会事件。蒋介石制造事端反共比希特勒早了八年，从这个问题上看，应该说希特勒学习蒋介石。

黄甦从红大毕业后不久，奉令组建红八军团。八月[③]，红八军团在兴国集贤圩组成。军团长周昆，军团政委黄甦，参谋长张云逸[④]，政治部主任罗荣桓。军团下辖二十一、二十三两个师，共七千人。二十一师

① 应为10月，根据中国工农红军第一方面军史编审委员会：《中国工农红军第一方面军史（附册）》，北京：解放军出版社，1993年，第57页。——编者注。

② 1933年8月，红一师师长应为罗炳辉，李聚奎于10月29日代理红一师师长。——编者注。

③ 应为9月，根据中国工农红军第一方面军史编审委员会：《中国工农红军第一方面军史（附册）》，北京：解放军出版社，1993年，第107页。——编者注。

④ 应为唐浚，后为张云逸，根据中国工农红军第一方面军史编审委员会：《中国工农红军第一方面军史（附册）》，北京：解放军出版社，1993年，第57页。——编者注。

原来配属江西军区，还打过几仗，至于二十三师，完全属于新建，全部是新兵。十月十七日，红八军团奉令撤离兴国县古龙岗区，进行战略转移。黄甦率部跟随三军团之后，从右翼掩护中央纵队前进。十一月下旬，他们越过粤汉路，突破敌人三道封锁线，来到湘桂边境。并在道县过潇水后，随九军团向江华方向前进。二十八日，军委突然电令八军团到灌阳县水车地区与三军团六师取得联络。由于追兵紧跟在后，去水车还要绕道，乃返回道县。午夜，八军团来到预定会师地点——水车，可六师已奉命赶往湘江。同八军团不期而遇的却是全军后卫五军团三十四师。于是八军团无形中成了全军的后卫。当时敌军云集，前堵后追，部队陷入重围。战斗紧张时，敌我已搅在一起。此时黄甦镇定自若，指挥部队且战且走，紧急时刻还指挥警卫人员、机关干部直接参加战斗。部队终于跳出敌人包围圈，于十二月一日下午抢在敌人前面，到达湘江边的麻子渡。八军团渡过滔滔湘江后只剩下两千人[①]。

红军长征途中在通道召开了会议，中央接受毛泽东正确主张，放弃到湘西与二、六军团会师计划，改向敌人力量薄弱的贵州进军，于十二月十五日夺取贵州东部的黎平县城。中央政治局在黎平召开会议，作出《关于在川黔边界建立根据地的决定》。部分红军进行整编，八军团撤销，部队并入五军团。黄甦仍回一军团一师任政委。当时红一师正奉令迅速袭占施秉、余庆，直奔龙溪，强渡乌江。十二月十六日，黄甦在新柳赶上红一师。师长李聚奎，代政委赖传珠，政治部主任谭政等详细介绍了部队行军路线，战斗任务，指战员思想，作战能力等情况。为了进行有针对性的思想教育工作，黄甦随三团行动，摸索情况，研究问题。十二月三十一日[②]，一师占领余庆县城后召开了全师连以上干部会议。

---

① 关于剩下多少人，各种说法不一。——编者注。

② 应为12月28日，根据中国工农红军第一方面军史编审委员会：《中国工农红军第一方面军史》，北京：解放军出版社，1993年，第511页。——编者注。

李聚奎作了出征以来的军政情况总结报告，黄甦传达中央政治局黎平会议、猴场会议精神，指出红军渡过乌江后的任务是占领遵义，建立川黔边界根据地，首先建立以遵义为中心的黔北苏区。并针对部队思想情况，做了许多解释工作，最后下达了在元月三日强渡乌江天险的战斗任务。

乌江是贵州省内的大江，横贯全省，流入四川。这里江岸陡峭，水流湍急，惊涛拍岸，历来被称作“天险”。军阀侯之担在蒋介石的指令下，派亲信林秀山旅把守。这家伙把江南岸的船全部掳走，在北岸修筑工事把守，妄图把红军阻挡在南岸。作为先遣队的红一师，昼夜兼程，奇袭龙溪，按时赶到乌江边，并根据总参谋长刘伯承“佯攻渡口，主攻小道，利用好时机抓紧架桥”的指示，紧张而又有秩序地进行强渡准备。一月三日晚，担任一梯队的一团，决定让一营二连首批强渡。为使强渡一举成功，黄甦从全师挑选三十六名熟悉水性的水手试渡。经过激战，十三人渡过了江，巧妙地潜伏在陡峭悬岩下。次日下午三时，有力配合二连占领登陆点，控制前沿阵地。工兵连迅速架起了浮桥，按一、三、二团顺序，渡过了江，追歼逃敌。一九三五年元月七日，红军占领了遵义城，党中央在这里召开具有伟大历史意义的政治局扩大会议。[①]一月中旬，一师进驻遵义东关，进行休整。

遵义会议以后，确立了毛泽东在党中央和红军的领导地位，红军内部形势已有根本好转，但敌情仍十分严重。蒋介石调集了一百五十多个团，共四十余万人，开始合围中央红军。在这紧急关头，毛泽东果断放弃在黔北建立根据地的计划，决定北去与四方面军会合，建立川西北根据地。一九三五年一月二十三日，李聚奎、黄甦率红一师作为先头部队，从松坎出发，沿川贵公路北上，拟在泸州、宜宾之间过长江。一月

① 遵义会议的时间是1月15日—17日。——编者注。

二十七日进抵赤水县属的黄坡〔陂〕洞、复兴场。被川军章安平、达凤岗两个旅阻击。经激战后，黄甦向师长建议，立即撤出战斗，折回元厚，于二十九日，一渡赤水。在赤水河畔，毛泽东给李聚奎、黄甦、谭政传达了遵义会议精神，并赞扬红一师英勇善战。黄甦等率部渡过赤水河后到达川南古蔺地区。因敌情有重大变化，军委决定暂缓北渡长江。改在川、滇、黔边地区机动作战。二月九日，部队折向云南托〔扎〕西待令，在这里休整几天，然后挥师东进，乘虚直插贵州，于二月十八日，在太平渡二渡赤水。二十日部队进驻桐梓县高桥一带休整①，准备再度攻占遵义。在这里黄甦给全师营以上干部传达了遵义会议精神。全军精神为之振奋，大家纷纷争当突击队。遵义战役结束后，蒋介石重操故伎，妄图以堡垒战术和重点进攻相结合，采取南守北攻方针，压迫红军于遵义就歼。毛泽东将计就计，故意在遵义徘徊，诱敌围集。待其包围圈将成未成之际，黄甦奉令率部和其他主力一道，突然北上，于三月十六日在怀仁茅台三渡赤水。再入川南，摆出北渡长江姿态。又把敌人引向赤水河以西。红军乘敌调兵之际，立即回师东进，重返贵州，于三月二十一日四渡赤水。这时几十万敌军被甩在赤水河西岸，黄甦奉令率部调头南下，穿过鸭溪、枫香坝之间敌碉堡封锁圈，渡过乌江，向贵阳虚晃一枪，进军云南，巧渡金沙江，穿过凉山彝族区，直奔大渡河。

抢渡大渡河，事关重大，任务艰巨。军委决定，由红一师组成先遣支队。总参谋长刘伯承任司令员，聂荣臻任政委。一师一团为渡江先锋团，黄甦派巡视员肖〔萧〕锋、吴富善、金行生随行，以加强思想政治工作。五月二十四日，一团到达安顺场，一营占领了新民街渡口。李聚奎、黄甦跟随刘伯承和聂荣臻相继赶到，观察地形，听取汇报。最后决定，从一营二连挑选连长熊尚林为首的十七名勇士首批强渡。大渡河宽

① 应为24日，根据周均伦：《聂荣臻年谱》，北京：人民出版社，1999年，第137页。——编者注。

约百米，深约三十米，流速约每秒四米，是红军渡过的水流最湍急的河流。泅渡、架桥都不可能，唯一的希望寄托在缴获的那一条小船上。黄甦端起大碗，为战士们敬酒说，强渡大渡河，夺取泸定桥，关系着数万红军的生命、革命的成败，祝勇士们奋勇前进，旗开得胜。第二天黎明，杨得志团长一声令下，阵地上所有平射炮、迫击炮、轻重机枪，像暴风雨一般，飞向对岸。十七勇士像离弦的箭，驾着木船，猛向对岸划去。经过半小时的殊死搏斗，胜利登上东岸，占领了渡口工事。一团于二十五日完全控制了渡口。当二、三团拟相继渡河时，毛泽东、周恩来、朱德等也来了。鉴于渡船少，水流急，架桥不可能。决定兵分两路，夹河北进夺取泸定桥。由刘伯承、聂荣臻率领红一师和干部团为右路，渡河后沿东岸北进，从后面袭击泸定桥，截击敌人增援部队；左路以二师四团为先锋，后随整个中央红军，沿西岸北进，抢夺泸定桥。泸定桥离安顺场三百二十里，是四川通往西藏的咽喉。

过了大渡河，李聚奎、黄甦率领二、三团，沿着刀削斧劈小道疾驰，两天走了三百二十里，途中还打了两仗，击溃敌人两个旅，活捉敌江防团长肖绍成。在行军途中，黄甦的马驮的是伤病员的背包，〈他〉自己跟随战士行进。有时赶在队伍前面，组织宣传队，呼喊战斗口号，“足可断，头可抛，一定拿下泸定桥”。有时又在队伍后面，帮助战士扛枪拉炮，搀扶伤病员前进。廿八日夜间，一名警卫战士不慎掉进深沟，黄甦马上跳了下去，把战士救上来。廿九日凌晨，黄甦随三团赶到泸定桥城郊[①]的安乐坝，歼敌一营，随即攻进泸定城。次日配合西岸四团，迅速夺取了泸定桥。接着，黄甦率部从二郎山旁翻过行人绝迹、野兽成群的万山老林，后经天全、芦山、宝山，于六月中旬，翻过终年积雪的夹金山；八月越过荒无人烟、水草丛生纵横几百里的沼泽草

① 应为泸定城郊。——编者注。

地。九月到达俄界。为了粉碎张国焘分裂党和红军的阴谋，红军在这里进行整编。把一、三军团编为中国工农红军陕甘支队，黄甦先任二大队后任五大队政委①。

直罗镇战役前夕，中央军委已决定黄甦到陕南七十三师任政委②。因为战斗就要开始了，他坚决要求打完这一仗再去就任。他带领二师四团担任主攻。于十一月二十一日拂晓，向敌人重兵扼守的要害部位冲击，敌人顽强抵抗，逐山进行争夺。当黄甦率部夺取第五个山头时，不幸壮烈牺牲，年仅二十七岁。指战员踏着烈士的鲜血，迅速占领了直罗镇。全歼敌一〇九师及一〇六师一个团，活捉了敌师长牛元峰。这次胜利，彻底粉碎了敌人对陕北的第三次“围剿”，为党中央和红军在西北建立和发展苏维埃根据地，领导全国抗战，举行了一个隆重的奠基礼。黄甦为奠基礼贡献出了宝贵生命！十一月三十日，红一方面军在东村召开营以上军政干部会，总结这次战役胜利的经验时，聂荣臻介绍了黄甦身先士卒英勇奋击的事迹及其斗争历史。毛泽东在最后总结发言时说：黄甦同志是中央委员，他的牺牲是有意义的。

中共广东省委党史研究委员会办公室，广东省中共党史人物研究会，广东省民政厅：《南粤英烈传》第三辑，广州：广东人民出版社，1987年，第222—232页。

① 根据《中国工农红军第一方面军史（附册）》（中国工农红军第一方面军史编审委员会，北京：解放军出版社，1993年，第276页）记载，二大队和五大队政委均不是黄甦。关于黄甦先后任二大队、五大队政委的说法，最早见于本文，此后大多数关于黄甦的传记均沿用此说法。目前发现有林彪发给第二大队李英华、黄甦的电文，推测黄甦或担任过第二大队政委，见本书185页；而黄甦担任陕甘支队第五大队政委的原始出处尚未找到。——编者注。

② 暂无确切的原始出处，存疑。——编者注。

黄甦（1908—1935）

宋登

黄甦，生于广东省南海县佛山镇（今佛山市）一个贫苦的粤剧艺人家庭。5岁丧母。少年时即到香港以做杂工、电工为生，饱受资本家剥削压迫之苦。

1925年6月，省港大罢工爆发。年仅17岁的黄甦担任了工人纠察队队长，执行封锁港口、缉捕走私、惩治帝国主义走狗、工贼的任务。他机慧勇敢，斗争坚决，是苏兆征、邓中夏等领导称赞的"五虎将"之一。这年10月，他加入了中国共产党。

大革命失败后，1927年12月，张太雷、叶挺、叶剑英等领导了广州起义。黄甦担任了广州工人赤卫总队第五联队联队长。他带领赤卫队员率先破坏了敌人的通信联络设施，战斗发起后又协同教导团攻占敌军据点，表现十分勇敢顽强。起义失败后，党组织派他到香港从事工人运动。在三年的工运斗争中，他先后担任摩托车职工总会书记、中共香港市委组织部长、中共广东省委常委及军委委员等职。

1930年10月，黄甦在外出检查地下报刊发行工作时遭敌人追捕。他赤手空拳，殊死搏斗，身负重伤，侥幸脱险。12月，适逢党中央从广东选调干部。22岁的黄甦受命奔赴闽西革命根据地，从此走上了武装夺取政权的战场。

黄甦初到闽西，即被任命为红十二军政委。他和军长左权一起，接连指挥了龙岩大、小池战斗，歼灭"围剿"之敌数百名。

1931年4月，在"左"倾盲动主义和"肃反"的危害下，反"围剿"战斗接连失利，红军兵员锐减，闽西根据地也损失过半。黄甦和代军长游端轩不顾个人安危，联名向中共闽粤赣边特委书记邓发写信，指责"左"的危害，强烈要求执行毛泽东灵活机动的战略方针。在特委的支持下，红十二军力挽颓势，主动向北出击，开辟了武夷山区新的根据地。在第四次和第五次反“围剿”斗争中，黄甦率部打了许多硬仗、恶仗，显示了卓越的政治水平和军事才能。1934年1月，在中共六届五中全会上，黄甦被补选为中央候补委员[①]。

1934年9月，黄甦任新成立的红八军团政委。10月，红八军团与红五军团三十四师负责殿后，掩护主力红军长征。在横渡湘江时，殿后部队陷入敌军重围。黄甦等率部血战，突围出险，但八军团损失5000余人，使他悲痛不已。年底，受军委指示，八军团撤销番号，并入五军团。黄甦调往红一军团红一师任政委。红一师是先头部队，担负的任务重，面临的艰险多。在中央和军委首长的指导下，黄甦和师长李聚奎、政治部主任谭政等一起，分析敌情，观察地形，构思战斗部署，进行战斗动员，挑选精干战士，直接指挥了巧渡乌江、强渡大渡河、飞夺泸定桥等举世闻名的战斗。红一师像尖刀一样横扫拦截之敌，斩关夺隘，所向披靡，为一方面军的长征，开辟了胜利的道路。

1935年6至8月，黄甦和李聚奎等率部翻越大雪山，走过茫茫草地，历尽千辛万苦，于9月进抵甘肃省南部。9月22日，中央将红一方面军改称为中国工农红军陕甘支队，彭德怀任司令员，毛泽东兼任政委。黄甦被任命为二大队政委（后改任五大队政委）[②]。吴起镇“切尾巴”战斗后，11月初，陕甘支队恢复了红一方面军番号，中央军委决定调黄甦到坚持陕南斗争的红军中工作，任红二十五军第七十四师政委[③]。此时，

① 经考证，应为“补选为中央委员”。——编者注。

② 根据《中国工农红军第一方面军史（附册）》（中国工农红军第一方面军史编审委员会，北京：解放军出版社，1993年，第276页）记载，二大队和五大队政委均不是黄甦。关于黄甦先后任二大队、五大队政委的说法，最早见于曾国方《黄甦》一文，此后大多数关于黄甦的传记均沿用此说法。目前发现有林彪发给第二大队李英华、黄甦的电文，推测黄甦或担任过第二大队政委，见本书185页；而黄甦担任陕甘支队第五大队政委的原始出处尚未找到。——编者注。

③ 暂无确切的原始出处，存疑。——编者注。

正值中共中央在部署歼灭敌第一百零六师、第一百零九师的直罗镇战役，筹备落脚陕北的“奠基礼”。黄甦非常振奋，请求打完这一仗再去赴任，得到批准，让他代理正在病中的红二师四团政委杨成武的职务，担负主攻任务。战斗打响后，黄甦身先士卒，率领红二团攻占了敌军阵地。正当他指挥部队冲杀、追歼逃敌时，不幸中弹牺牲，献出了28岁的年轻生命。

在直罗镇战役结束后的红一方面军营级以上干部大会上，毛泽东、聂荣臻等领导同志对于黄甦这位青年虎将的壮烈牺牲，表示了深切的痛惜之情。

李振民，张守宪：《陕西近现代名人录（续集）》，西安：西北大学出版社，1991年，第283—285页。

黄甦（1908—1935）

王健英[①]

中共中央委员。出生于广东省南海县佛山镇（今佛山市）一户贫苦的艺人家庭。又称黄苏。5岁丧母，自幼过着饥寒交迫的生活。15岁到香港当杂工谋生。后经一位老电工的帮助，学习电器修理，当了电器工人。他积极参加工人运动，加入工会组织。1925年上海五卅惨案发生后，他投身于香港工人反对英帝国主义的斗争，走街串巷，贴标语，发传单。6月19日参加省港大罢工，7月5日成立罢工委员会工人纠察队，担任第九支队支队长[②]。他带领纠察队员参加封锁港口，缉拿私运，严惩走狗，打击工贼破坏行动，使香港变成“死港”，对省港大罢工斗争起了推动作用。他在邓中夏直接领导教育下，阶级觉悟迅速提高，斗争积极勇敢，成为当时纠察队中“五虎将”之一。由于年纪小、个头矮，工人们亲切称他为“我们的小老虎”。9月入罢工委员会军政学习班受训。10月加入中国共产党。1926年冬省港大罢工结束后，继续从事工人运动。1927年广州四一五反革命政变后，他参加了杨殷、周文雍组建的秘密工人赤卫队，坚持地下斗争。

大革命失败后，在广州参与组织训练工人赤卫队。1927年12月11日，他参加广州起义，担任工人赤卫总队敢死队队长。他带领敢死队员冲在战斗最激烈的战场，切断广州公安局电话线，从侧翼发起猛攻，配合教导团顺利攻占公安局。起义失败后，他转移至香港，继续坚持地下斗争，担任中共香港摩托车职工总会党团书记。1928年春，担任中共香

① 原解放军后勤学院历史学教授，享受国务院政府特殊津贴专家。

② 黄甦任支队长应在1926年3月。——编者注。

港市委组织部部长。4月13日，出席中共广东省委第一次扩大会议，他被选为中共广东省委正式委员。参与领导恢复发展香港党的组织，开展秘密的工人运动。同年11月6日广东省委调整成员，他改任省委审查委员，并主持省委审查委员会工作。此后以省委巡视员身份赴北江巡视检查指导工作。1930年①3月31日，他被中共中央指定为中共广东省委常务委员，主持职工运动工作。同年12月改任省委候补常务委员，不久代表广东省委到中路特委巡视工作。1930年8月初，省委改组后，他仍任中共广东省委候补常务委员，担任省委职工运动委员会书记，同时任中共中央南方局工委委员和南方军区军委工农委员，并任省委军委委员，参与领导南方工人运动。

1930年10月17日，中共中央决定成立苏维埃区域革命军事委员会，指定他为委员。11月被中共中央南方局派到闽西革命根据地，他协助邓发主持召开中共闽粤赣边党的第一次代表大会，成立了中共闽粤赣边区特委和闽粤赣边区革命军事委员会。不久他担任闽西红十二军政治委员。1931年1月7日，在上海召开的中共六届四中全会上，他被补选为中共中央委员（并未与会）。同年春，他同军长左权率红十二军攻克连城，向龙岩大池、小池进军，击溃国民党军一个团。同年夏，他同新任军长游端轩率全军机动灵活地打击进犯敌军，配合红一方面军进行第二次反“围剿”作战。9月率部重新攻克汀州城，同红一军团红十二军会师。10月闽西红十二军缩编为福建军区兼红十二军第三十四师，他担任师政治委员。同年11月被选为中华苏维埃共和国中央执行委员。1932年春，他率红三十四师参加攻占武平、上杭等县城，巩固扩大了闽西革命根据地。3月21日成立福建省苏维埃政府，他被选为执行委员。同年10

① 应为1929年，根据中共广东省委组织部，中共广东省委党史研究室，广东省档案馆：《中国共产党广东省组织史资料（上册）》，北京：中共党史出版社，1994年，第144页。——编者注。

月重新成立红一方面军红十二军，他仍任政治委员，同军长张宗逊指挥全军在连城击溃敌军一个团。1933年3月，他率全军参加中央革命根据地第四次反“围剿”作战，协同红五军团在草台冈徐庄攻击敌军左侧，获得胜利。同年秋，调任红军统一整编后的红一军团第一师政治委员，不久率部参加第五次反“围剿”作战。同年12月改任红二师红四团政委。1934年1月出席在瑞金召开的六届五中全会。随后在中华苏维埃第二次全国代表大会上，再次当选为中华苏维埃共和国中央执行委员。不久调入中国工农红军大学学习。

1934年9月，他奉命组建成立中国工农红军第八军团，担任政治委员并兼第二十一师政治委员。10月中旬率刚组建的军团参加中央红军长征。开始协同红三军团为右翼，掩护军委纵队前进，连续冲破国民党军第一、第二、第三道封锁线。此后，奉命率军团改为左翼队。11月下旬，他同军团长率军团经过一天一夜急行军，赶至湘江东岸，担任掩护全军过江任务。面对国民党重兵猛烈攻击，他同军团长周昆指挥军团坚守阵地，浴血苦战，予敌以很大杀伤，但部队也遭到严重损失。12月1日，他率军团余部冲过湘江，赶上大队。不久红八军团撤编，他被重新调回红一军团第一师担任政治委员。他立即赴任，同师长李聚奎率红一师攻占贵州余庆县城。1935年1月2日率部强渡乌江，为夺取遵义城打开通路。中共中央遵义会议以后，他同师长率红一师参加四渡赤水战役，巧渡金沙江。5月下旬，他加强对部队的党的民族政策教育，顺利通过大凉山彝族地区。5月25日，他参与动员指挥红一团强渡大渡河成功，率全师沿崎岖山路急行军赶至泸定城郊，策应红四团飞渡泸定桥。6月同红四方面军会合后，他坚决反对张国焘分裂党和红军的行为，积极拥护中共中央北上抗日的方针。9月红一方面军主力改称红军陕甘支队，他先后担任第二大队、第五大队政治委员①。10月率部胜利完成二万五千里长征，抵达陕甘革命根据地。

1935年11月初，中共中央及军委决定任命他为陕南红七十四师政治委员②。当时正值直罗镇战役前夕，他接到任职通知后，向组织提出打完这一仗再去新岗位。军委领导同意了他的请求，调他任红二师红四团代理政治委员（当时四团团长王〔黄〕开湘刚刚病故，政委杨成武正患病），他率全团担任主攻。11月21日，他指挥部队突破敌军前沿阵地，继续追歼逃敌，在战斗中不幸中弹，英勇牺牲。11月30日，在红一方面军召开的营以上军政干部会议上，红一军团政委聂荣臻含泪介绍了烈士的生平和牺牲经过。毛泽东在会上深情地说："他的牺牲是有意义的。"

黄甦是中国共产党的优秀党员，久经考验的忠诚坚定的共产主义战士，工人出身的中央领导成员，红军杰出的高级政治工作者。他无私无畏，斗争英勇，历经艰苦和长征生死考验，以身作则，奋战在最前线。他把自己的年轻生命，奉献给了中国人民的解放事业。《解放军烈士传》第一卷收入他的传记《肝胆照人》。《中华著名烈士》第十四卷收有黄甦烈士小传。

王健英：《第六届中央领导成员和中央机关高级领导人》，北京：中共党史出版社，2016年，第133—136页。

① 根据《中国工农红军第一方面军史（附册）》（中国工农红军第一方面军史编审委员会，北京：解放军出版社，1993年，第276页）记载，二大队和五大队政委均不是黄甦。关于黄甦先后任二大队、五大队政委的说法，最早见于曾国方《黄甦》一文，此后大多数关于黄甦的传记均沿用此说法。目前发现有林彪发给第二大队李英华、黄甦的电文，推测黄甦或担任过第二大队政委，见本书185页；而黄甦担任陕甘支队第五大队政委的原始出处尚未找到。——编者注。

② 暂无确切的原始出处，存疑。——编者注。

黄苏：过早陨落的红八军团政委

何立波[①]

黄苏，又名黄甦，中国工农红军高级指挥员，第二次国内革命战争时期曾任红十二军政委、红三十四师政委、红八军团政委，中华苏维埃共和国中央政府[②]第一、第二届中央执行委员，在六届四中全会补选为中央委员。1935年1月，他任红一军团第一师政治委员，与师长李聚奎率部参加强渡乌江、攻占遵义、四渡赤水、强渡大渡河和策应第二师四团夺占泸定桥等战役战斗，战功显赫。1935年11月，中央军委决定黄苏任红七十三师政委[③]。尚未到职，11月21日，黄苏就在直罗镇战斗中壮烈牺牲，年仅27岁。

被邓中夏誉为香港罢工斗争的“五虎将”之一

黄苏，1908年生于广东省南海县佛山镇（今佛山市）一个贫苦粤剧艺人家里。他的父亲是社会最底层的粤剧艺人，一家四口，终日挣扎在生死线上。1913年，母亲病故。年少的黄苏开始担起母亲的职责，照料弟弟，操持家务。1923年，15岁的黄苏前往香港，给一个洋老板当杂工。1925年，五卅惨案发生后，为了反击英帝国主义在上海屠杀我国游行的工人和学生的暴行，全国总工会和中共广东区委于6月中旬派邓中夏到香港发动大罢工。香港工人在邓中夏、苏兆征等人的启发教育下，阶级觉悟逐步提高。一天，邓中夏在香港工人骨干会上详细介绍五卅惨案后，愤怒地说：“几年来，我们受着帝国主义的压迫剥削，实在忍无

① 北京师范大学教授。
② 应为临时中央政府。——编者注。
③ 暂无确切的原始出处，存疑。——编者注。

可忍了。这次，为了向老牌帝国主义进行强烈抗议，我们要进行一次全面大罢工。”一席话让黄苏下定决心投身罢工运动。

此后，黄苏走街串巷，贴标语，送传单，挨家逐户宣传大罢工的意义，动员组织工人参加罢工斗争。1925年6月19日，在邓中夏、苏兆征、杨殷〈的〉直接领导和海员工会的带动下，香港几十个行业20多万工人行动了起来。工人们有组织地陆续返回广州，香港瘫痪了。7月5日，罢工委员会纠察队成立，黄苏任队长。黄苏认真执行封锁港口、缉拿私运、严惩走狗、防范工贼破坏的任务。他积极组织军政训练，使队员们的军事技术政治素质不断提高，斗志十分旺盛。黄苏率领队员们以简陋的武器，一次又一次地平息了敌人的破坏和捣乱行动。邓中夏在一次讲话中，亲切地将纠察队中5名表现突出的队员称为“五虎将”。黄苏在“五虎将”中，号称“小老虎”。他年纪小，个头不太高，但身体很结实，腰圆体壮，臂力过人，一双炯炯有神的眼睛，闪烁着智慧和毅力。一瞪眼，一挥手，一跺脚，真有点虎气，敌人无不怕他三分，工人们亲昵地叫他“我们的小老虎”。在尖锐复杂的罢工斗争中，黄苏锻炼得坚强而成熟了。9月，他被选送到纠察特别训练班①学习，10月，光荣地参加了中国共产党。11月，模范纠察队成立，不久，黄苏任该队队长。纠察队分布在东起汕头、西至北海的沿海各港口。他披星戴月，顶风冒雨，对日夜执行封锁港口任务的纠察队进行慰问，宣传政策，并及时建议表彰先进，惩办违法乱纪分子，从而加强了纠察队的建设，推动了罢工运动的开展。

1927年国民党右派叛变革命后，大批逮捕屠杀共产党人、工农群众。省港罢工委员会和各种革命团体被取消，办事机构被封闭。中共广东区委在四一五政变前夕，已令杨殷组织秘密赤卫队，建立各工会的赤

① 应为军政训练班，根据冯资荣，何培香：《邓中夏年谱》，北京：中国文史出版社，2014年，第26页。——编者注。

卫队基干队伍。在杨殷直接指挥下，黄苏率队与军警特务工贼进行了多种形式的斗争。虽然斗争一次又一次遭到残酷镇压，但赤卫队骨干队伍锻炼得更加坚强了，后来成为广州起义一支重要武装力量。在12月的广州起义中，黄苏任赤卫队的敢死队队长，率队同敌人斗争到最后一刻，才转移到香港。

到香港后，黄苏任中共香港市委组织部长。1928年4月，他在中共广东省委第一次扩大会议上当选为省委委员，1929年3月任省委常委。当时，在中共中央和广东省委“左”的思想指导下，黄苏多次奉令组织游行示威、飞行集会，但都遭到重大损失，许多党团员惨遭杀害。从血淋淋的教训中，黄苏认识到“左”倾盲动给党和革命事业带来的危害，于是自觉进行抵制，把大型活动改为公开与隐蔽相结合的形式进行，并教育党员、团员在一般情况下，不要到第一线暴露身份，从而避免了很多不必要的损失。

能上能下，军政委师政委都能当

1929年12月，黄苏奉命到中央苏区工作，曾两次当选中华苏维埃共和国中央执行委员，1931年1月在中共六届四中全会上当选[①]中央委员。1930年底，黄苏到闽西后担任新红十二军政委。此时，蒋介石调集7个师10万兵力向中央苏区发动第一次“围剿”。盘踞闽西的军阀张贞，疯狂向中央苏区进攻。在极端险恶的条件下，黄苏与军长左权积极进行反“围剿”的各项准备工作，亲自抓提高部队士气、坚定必胜信念的教育工作。通过整编整训和周密的作战准备，部队士气提高了，接连打了几次小胜仗。1931年2月，在龙岩的大池、小池战斗中，击溃张贞部的

① 应为补选。——编者注。

二九二团。由于受“左”倾思想的影响，1931年4月[1]，中共闽粤赣特委召开的虎岗会议提出了“誓死保卫龙岗、虎岗，准备与敌人打硬仗”的方针。红十二军奉令强攻龙岩、坎市、上杭等地，均告失败，伤亡惨重。在军事失利的同时，在闽西根据地还大搞以肃清社会民主党为中心的“肃反”运动。党的建设、军队建设、政权建设、土地革命，均遭严重破坏，造成严重后果。不仅虎岗被占，岩、杭、永中心根据地也相继沦陷。闽西根据地核心区域由原来的48个区，缩小到22个区。

对此黄苏非常痛心和焦虑，他对军长游端轩（左权于1931年5月调离）说：“如果我们不改变原来的作战原则，仍然对优势敌人死打硬攻，这点队伍恐怕很快就要被拼光。只有坚决遵照毛泽东的作战原则，才能粉碎敌人的‘围剿’。”多日来，游端轩也一直在考虑这个问题，听到黄苏这一席话，他高兴地握住黄苏的双手，说：“我的好政委，我们想到一块儿了。”他们立即召开团以上干部会，总结经验，研究新的作战方法。在发言时，黄苏特别强调不能为一城一地的得失去硬拼，而要根据敌我情况，有时化整为零，有时变零为整；要避实就虚，出敌不意，攻敌不备；以扎口子，打埋伏，奇袭、奔袭等战法，痛击敌军。

到了1931年6月，部队逐步向连城、长汀、清流、宁化发展，初步扭转了闽西的严重局面。10月，老红十二军与新红十二军在长汀会师。11月[2]，部队整编，新红十二军全部编入老红十二军。不久，黄苏任三十四师政委。对职务的升降，党性强的黄苏毫不计较。1932年11月，红十二军被调到江西前线。不久，黄苏复任红十二军政委，率部参加第四次反“围剿”作战。1933年6月，红军进行整编，红一军团第

① 应为3月20日，根据闽粤赣边区党史编审领导小组：《中共闽粤赣边区史》，北京中共党史出版社，1999年，第94页。——编者注。

② 应为10月，根据中国工农红军第一方面军史编审委员会：《中国工农红军第一方面军史（附册）》，北京：解放军出版社，1993年，第57页。——编者注。

七、九、十一师，加上红二十二军，被改编为第一、二两个师。1933年8月，李聚奎接任一师师长，黄苏接任政委。在第五次反“围剿”作战中，红一军团同敌人对阵的主要是红一师，黄苏经常率部辗转在敌人堡垒与重兵之间，打过很多硬仗、恶仗。

红八军团政委黄苏与他的好政治部主任罗荣桓

1934年春，黄苏被调到红军大学学习。从红大毕业后，黄苏奉命组建红八军团。1934年8月[①]，红八军团在江西兴国集贤圩组建，军团长周昆，军团政委黄苏，参谋长张云逸[②]，政治部主任罗荣桓。军团下辖第二十一、二十三师2个师，共7000人。红二十一师原来配属江西军区，曾打过几仗。红二十三师完全新建，全部都是新兵。10月17日，红八军团奉命撤离兴国县，进行战略转移。黄苏等率部跟随红三军团之后，从右翼掩护中央纵队前进。如何带领这支没有经过锻炼的队伍行军作战，进行战略转移，黄苏一直在思考这个难题。此时，上级给黄苏配了一位优秀的政治部主任罗荣桓，让他宽慰很多。

当部队突破敌人第一道封锁线渡过信丰河继续西行时，干部战士出现很多思想问题。在一次政工干部汇报会上，罗荣桓从实际出发，讲了如何开展政治思想工作的意见。大意是现在政治工作不是讲大课，讲大道理，更不是靠哄靠骗，而是要靠党支部的堡垒作用，靠干部以身作则，靠宣传鼓动。现在深入白区行军，有时吃不上，有时睡不了觉，几乎天天要打仗，得不到休整的机会，困难很多。有些困难可以克服，有些硬是克服不了。怎么办？那就要号召大家忍受。对这种困难，你不承

① 应为9月，根据中国工农红军第一方面军史编审委员会：《中国工农红军第一方面军史（附册）》，北京：解放军出版社，1993年，第107页。——编者注。

② 应为唐浚，后为张云逸，根据中国工农红军第一方面军史编审委员会：《中国工农红军第一方面军史（附册）》，北京：解放军出版社，1993年，第57页。——编者注。

认，人家不服气；你要承认它，然后号召大家忍受，首先是靠党员、干部来忍受，再把群众带动起来。黄苏高度赞扬罗荣桓的讲话，要求全体干部按这个意见扎扎实实地进行思想政治工作。黄苏还说，一些干部对一年来的斗争有意见，这是完全可以理解的。目前的事实说明了这一点，不承认这点，那是闭着眼睛说瞎话。但是谁说红军失败了，不行了，那也是胡说八道。因为我们党还在，红军还在，中国这么大，东方不亮西方亮。跟着党，跟着红军，哪里好粉碎敌人的“围剿”，我们就走到哪里去。我们一定能克服困难，红八军团一定能战胜敌人。

红八军团这支新部队，靠着党的领导，靠着实事求是的思想政治工作，于1934年11月下旬越过粤汉路，突破敌人三道封锁线，来到湘桂边境。28日，中央军委突然电令红八军团到灌阳县水车地区与三军团六师取得联络。午夜，红八军团到达预定会师地点水车。这时，六师已奉命赶往湘西①。同红八军团不期而遇的是全军后卫红五军团三十四师。于是，红八军团无形中也成了后卫。当时敌军云集，前堵后追，部队陷入重围。战斗紧张时，敌我已搅在一起。黄苏临危镇定自若，指挥部队，左冲右突，终于跳出敌人包围圈，于12月1日下午，抢在敌人前面到达湘江边的麻子渡。渡过滔滔湘江之后，整个红八军团只剩下2000人②。

和李聚奎一道率领红一师强渡乌江立奇功

1934年12月15日，红军夺取贵州东部的黎平县城后，部分红军进行整编，红八军团被撤销，部队并入红五军团，黄苏任红一军团一师政委。当时红一师正奉令迅速袭占施秉、余庆，直奔龙溪，强渡乌江。12月16日，黄苏在新柳赶上红一师。师长李聚奎、代政委赖传珠、政治部主任谭政向他详细介绍了部队行军路线、战斗任务、作战能力及当前部

① 应为湘江。——编者注。

② 关于剩下多少人，各种说法不一。——编者注。

队的悲观失望情绪和游击主义习气的状况。他们一起着重研究了如何加强思想政治工作，决心最大限度提高指战员的战斗情绪、坚强战斗意志和胜利信心。

为加强教育的针对性，黄苏随一师三团行动，摸索情况，研究问题。一年来，由于博古、李德的瞎指挥，丢了中央苏区，红军被迫转战万里，几次战斗，损失较大。大家见老政委回来了，把憋在肚子里的闷气，都宣泄出来了。有的追根寻底地问，你心中有底吗，我们到底要走到哪里去？有的说，自从离开中央苏区，像孩子离开了娘，整天四处奔波，从江西、广东、湖南、广西，现在又来到贵州，脚板都快磨穿了，两条腿也不听使唤了，还往哪里走？黄苏带着这些问题，回到师部，一路上一直思考如何回答。

12月31日，红一师占领余庆县城，在县城万寿宫召开了全师连以上干部会议。李聚奎作了出征以来的军政情况总结报告，黄苏传达了中央政治局黎平会议、猴场会议精神，提出红军渡过乌江后的任务是占领遵义，建立川黔边界根据地，首先建立以遵义为中心的黔北苏区。他针对部队思想状况，在会上做了许多解释工作，最后郑重指出，新苏区的建立，只有在艰苦的斗争中，才能创造出来。

当时摆在红一师指战员眼前的第一件事，是要在1935年1月3日前渡过乌江，粉碎敌人利用乌江天险夹击红军的阴谋。乌江横贯贵州全省，流入四川。这里江岸陡峭，水流湍急，惊涛拍岸，历来被称作“天险”。贵州军阀在蒋介石的指令下，把守乌江渡口，把乌江南岸的船全部掳走，在北岸修筑工事把守，妄图把红军阻挡在南岸。作为先遣队的红一师，昼夜兼程，奇袭龙溪，按时赶到乌江边，并根据总参谋长刘伯承“佯攻渡口，主攻小道，利用好时机，抓紧架桥”的指示，紧张而又有秩序地进行强渡准备。

1935年1月3日晚，担任一梯队的一团，决定由一营二连首批强渡。为使强渡一举成功，黄苏从全师挑选出36名熟悉水性的战士提前偷渡。

经过激战，有13人渡过了江，巧妙地潜伏在陡峭悬崖下。在他们的配合支援下，工兵连迅速架起了浮桥，按一、三、二团顺序，成功渡过了乌江。1月7日，红军占领了遵义城，中共中央在这里召开了具有伟大历史意义的遵义会议[①]。1月中旬，红一师进驻遵义东关休整。黄苏更加忙了，组织部队总结行军作战经验，表彰先进；对部队进行关于赤化黔滇川边区和入城“十二条”口号、“八项注意”的教育；组织部队做群众工作，建立区、乡苏维埃政权和地方武装。这使红一师广大指战员欢欣鼓舞，有的说进了贵州，能经常听到中央的指示，行动十分明确，不再蒙在鼓里瞎闯了；有的说到了遵义城，好像回到中央苏区那样的战斗和学习生活。

毛泽东同黄苏开玩笑：你“现在名义是师政委，实际是团政委”

遵义会议后，蒋介石调集了40余万军队，开始合围中央红军。在这紧急关头，毛泽东果断放弃在黔北建立根据地的计划，决定北去，与红四方面军会合，建立川西北根据地。1935年1月23日，李聚奎、黄苏率红一师作为先头部队沿川贵公路北上，拟在泸州、宜宾之间过长江。1月27日，红一师进抵赤水县黄坡〔陂〕洞、复兴场，被川敌章安平、达凤岗两个旅阻击。经激战后，黄苏向师长李聚奎建议，立即撤出战斗，折回元厚。1月29日，红一师一渡赤水。在赤水河畔，毛泽东向李聚奎、黄苏、谭政传达了遵义会议精神，随后赞扬了红一师，说红一师作战英勇顽强，还能机动灵活贯彻军委作战意图，不是死板机械地执行命令，虽然多次被敌人前堵后击，但损失不大，都较好地完成了任务。最后用商量的口吻说，部队要整编，你们当团长、团政委行不行？毛泽东还风趣地对黄苏说：“你可当过军团政委啊，现在名义是师政委，实际

① 遵义会议的时间是1月15日—17日。——编者注。

是团政委，才3000多人。”

黄苏心里暖烘烘的，眼眶湿润了。因为他饱尝了“左”倾盲动主义的苦头，现在毛泽东重新回到党中央、红军领导岗位上来，这就意味着敌人的“围剿”就要被粉碎，革命的胜利就在前头。黄苏等率部渡过赤水河，到达川南古兰地区。因敌情有重大变化，中央军委决定暂缓北渡长江，改在川滇黔边地区机动作战。2月9日，部队折向云南扎西待命，在这里休整几天后便挥师东进，乘虚直插贵州。2月18日，在太平渡二渡赤水。2月20日，部队进驻桐梓县高桥一带休整，准备再度攻占遵义。在这里，黄苏向全师营以上干部传达了遵义会议精神。他说，遵义会议是中国革命的转折点，总结了第五次反“围剿”战争失败的教训，批判了“左”倾冒险主义在军事上的错误，通过了《中共中央关于反对敌人第五次“围剿”的总结决议》，改组了党和军队的领导，解除了李德的军事指挥权，确立了毛泽东在红军和党中央的领导地位。大家听后精神振奋，思想顿时豁亮了。

在两天的学习讨论中，红一师指战员联系亲身经历，生动具体地讲述“左”倾盲动给红军带来的巨大损失，坚决拥护毛泽东回到中央和红军领导岗位上来，统率全军，渡过难关，走向胜利。3月22日，黄苏对两天的学习情况作了总结，并针对少数人对东奔西转的不理解做了解答。他说，蒋介石纠集川黔湘滇四省军阀及其嫡系部队40万人，从四面八方合围，企图把红军装进他的口袋里。为了隐蔽红军的战略意图，毛主席运用声东击西、避实就虚战法，指挥红军与蒋介石打圈圈。时而南上北下，时而东转西奔，目的就是调动敌人，甩掉敌人，择机歼灭敌人，然后跳出包围圈，与红四方面军会师，建立新的根据地。目前，敌人的重兵被甩在古兰地区，而遵义地区的敌人却被装进我们的口袋里。大家听了都很兴奋。有的说，打圈圈是为了跳出圈圈，那就多打几个吧。有的说，南征北战有这么大好处，再来几次，我会走得更快，跑得更欢！有的说，毛主席真是用兵如神，蒋介石服服帖帖听从指挥。会后，大家纷纷争当进攻遵义的突击队。

红军二夺遵义后，蒋介石重操故伎，妄图以堡垒战术和重点进攻相结合，采取南守北攻方针，压迫红军于遵义就歼。毛泽东将计就计，故意在遵义徘徊，诱敌围集。待其包围圈将成未成之际，黄苏等奉命率部和其他主力红军一道突然北上。1935年3月16日，红军在怀仁茅台三渡赤水，再入川南，摆出北渡长江姿态，又把敌人引向赤水河以西。红军乘敌调兵之际，立即回师东进，重返贵州，于3月21日四渡赤水。这时几十万敌军被甩在赤水河西岸，黄苏等奉命率部调头南下，穿过鸭溪、枫香坝之间敌碉堡封锁，渡过乌江，向贵阳虚晃一枪，进军云南，巧渡金沙江，穿过凉山彝族区，直奔大渡河。红一师广大指战员高兴地说，多亏黄苏政委及时把毛主席的伟大战略意图交给我们，不然，我们这两条腿哪来这么大劲啊！

给强渡大渡河的十七勇士敬酒壮行

不久，中革军委决定，为强渡大渡河，由红一师组成先遣支队，总参谋长刘伯承任司令，聂荣臻任政委。一师一团为渡河先锋团，黄苏派巡视员肖〔萧〕锋、吴富善、金行生随行，以加强思想政治工作。1935年5月24日，一团到达安顺场，该团一营占领了新民街渡口，夺取了一条小船。李聚奎、黄苏跟随刘伯承、聂荣臻相继赶到河边，观察地形，听取汇报，最后决定，从一营二连挑选连长熊尚林为首的17名勇士首批强渡。大渡河宽约百米，深约30米，流速约每秒4米，是红军渡过的水流中最湍急的河流。泅渡、架桥都不可能，唯一的希望就寄托在缴获的那一条小船上。黄苏端起大碗，为战士们敬酒说："强渡大渡河，关系着数万红军的生命和革命的成败，祝勇士们奋勇前进，船开得胜。"

第二天黎明，一团团长杨得志一声令下，阵地上所有平射炮、迫击炮、轻重机枪，像暴风雨一般，飞向对岸。17名勇士像离弦的箭，登上木船，猛向对岸划去。小船迎着汹涌波浪和四周满是炮弹溅起的浪柱，颠簸晃荡着前进。经过半小时的殊死搏斗，胜利登上东岸，占领了渡口工事。一团于5月25日完全控制了渡口。

当红一师二、三团拟相继渡河时，毛泽东、周恩来、朱德等来到河岸。鉴于渡船少，水流急，无法架桥，决定兵分两路，夹河北进夺取泸定桥。由刘伯承、聂荣臻率领红一师、干部团为右路，渡河后沿东岸北进，从后面袭击泸定桥，截击敌人增援部队；左路以二师四团为先锋，后随整个中央红军，沿西岸北进，抢夺泸定桥。

泸定桥离安顺场160公里，是四川通往西藏的咽喉。过了大渡河，李聚奎、黄苏率领二、三团，沿着刀削斧劈的小道疾驰，两天走了160公里，途中还打了两仗，击溃敌人两个旅，活捉敌江防团长肖绍成。在行军途中，黄苏的坐骑驮的是伤病员的背包，他自己跟随战士们行进。有时赶在队伍前面，组织宣传队，呼喊战斗口号："足可断，头可抛，一定拿下泸定桥！"有时又在队伍后面，帮助战士扛枪拉炮，搀扶伤病员前进。

5月28日夜间，黄苏的警卫战士不幸掉进深沟。黄苏立即跟着跳了下去，把战士扶上来。29日凌晨，黄苏随三团赶到泸定桥城郊的安乐坝，歼敌1个营，随即向泸定桥发起进攻。次日即支援西岸四团，迅速夺取了泸定桥。接着，黄苏率部从二郎山旁通过行人绝迹、野兽成群的万山老林，翻过终年积雪的夹金山，越过荒无人烟、水草丛生纵横几百里的沼泽草地，于9月到达俄界。为了粉碎张国焘分裂党和红军的阴谋，红一方面军在这里进行整编，把红一、三军团编为中国工农红军陕甘支队，黄苏先后任二大队、五大队政委①。

① 根据《中国工农红军第一方面军史（附册）》（中国工农红军第一方面军史编审委员会，北京：解放军出版社，1993年，第276页）记载，二大队和五大队政委均不是黄甦。关于黄甦先后任二大队、五大队政委的说法，最早见于曾国方《黄甦》一文，此后大多数关于黄甦的传记均沿用此说法。目前发现有林彪发给第二大队李英华、黄甦的电文，推测黄甦或担任过第二大队政委，见本书185页；而黄甦担任陕甘支队第五大队政委的原始出处尚未找到。——编者注。

直罗镇战役是红一方面军长征的最后一战，为把中国革命的大本营放在陕北献上了一份奠基礼。1935年11月上旬，国民党东北军第五十七军以1个师防守甘肃省合水县太白镇，主力3个师沿葫芦河向直罗镇、富县攻击前进。其先头第一〇九师进至黑水寺、安家川地区，军部率另2个师进至张家湾东西地区。红一方面军首长决定，首歼突出冒进的第一〇九师于直罗镇地区。直罗镇战役前夕，中革军委已决定黄苏到陕南七十三师任政委[①]。因为战斗就要开始了，黄苏坚决要求打完这一仗再去就任。他带领二师四团担任主攻，于11月21日拂晓向敌人重兵扼守的要害部位冲击。当黄苏率部夺取第五个山头时，不幸中弹，壮烈牺牲。

11月30日，红一方面军召开营以上军政干部会，总结这次战役胜利的经验。会上，聂荣臻介绍了黄苏的英勇事迹及其斗争经历。毛泽东在总结发言时指出："我们时刻准备牺牲，我们的牺牲是换得全国全世界工农的解放，我们的牺牲，是有意义的。黄苏同志是中央委员，他的牺牲是有意义的。"

何立波：《黄苏：过早陨落的红八军团政委》，《党史纵览》，2018年第5期，第16—20页。

① 暂无确切的原始出处，存疑。——编者注。

第二章

档案文献

中共北江特委给省委的报告

——关于北江暴动的困难情形

（1928年2月18日）[①]

△仁化地主进攻剧烈

△农军离开自己家乡就没有作用

△曲江马坝农民恐慌

△清远负责同志只想运动土匪

△花县的报告又靠不住

省委：

余□（十六日出发）送上报告到否？现在仁化报告来了，我们觉得这是比较严重的问题，故特派一声送上，连我们的复信，一声并可作口头报告。英德、清远及曲江近来所表现的也颇值得注意，故如把特委去信送上，请省委留意各个问题，因为仁化报告及给各地的信都已送上，故不重复报告，仅将未尽的各点，补述于下：

一、仁化问题，我们意见完全如给仁化信中所说。不过据我们视察农民反攻不能有很大的效果。第一是地主决心消灭我们的势力，已准备充分的款项收买团兵，范石生现又积极对付我们，又予地主很大的帮助如子弹等。第二，农民受了不少的打击，各区又难活动，据阮□□报告，“派到各区去的没有命回来，各区来的又不能回去”，武装队自然更无法派去，因此暂时恐怕仍取守势。省委派去的人，到的只有四人，仍继续派去，但聋的跛的都可以不必来了。

① 年代是根据文件内容判定的。

仁化要钱买子弹，省委大概没有钱吧？

二、曲江方面，黄苏昨天从西水方面回来，仍然不能详细知道十一、十四区情形，故无法决定如何进行游击战争，农军伙食无着，有人主张把农民调到别处去或去当土匪，我们觉得都不对，仍主张要他们到乡村活动，不然宁可解散，解散后枪枝〔支〕还存在呢。

不主张走开的原因，系因农军一离开自己的家乡就无作用，而且无地方可去。仁化情形不明（来的交通还不能回去），一区不能有什么活动，乌石、马坝是重要车站，也难发展。他们现在非常恐慌，几乎风声鹤唳，他们只等外力来帮助，闻朱德已到郴州就大失望。我们已替他们指出来，但如不得到一些胜利是不能改变此种空气的。马坝昨天来报告即可动作，给了钱他们，并派些人去帮助，但派去的人今天都回来了，大概又无法动作。

范军派了一营人去马坝剿匪，恐会直接影响暴动，地主确实惊恐都逃往马坝圩及韶关城，但范军也特别注意了，马坝太近韶关（三十里）且为重要车站，恐怕终难动作。

三、清远张□□完全不行，什么工作未做就去运动土匪，并亲自去联络什么护航队，并且要求运动费（看给清远信），清远要靠他做什么事，总是梦想。至他所报告的，没有省委知道详细，他们只来说各乡如何不能活动，农民如何恐慌，敌人武装如何利害，可说是来说明不能动作原因，他们说的不详尽，恕我们不多说了。

周其鉴请查明是否放出。

四、花县来了一个简单的报告，这个报告用意不是为报告工作，而是为要钱的，他们说一、二区非常好，一区被难农民过半受了我们的宣传，愿意共产，二区则进行救济工作（募捐），无论是难民与否，皆信仰我们，承认共产党是为民众谋利益的（词句多照原报告），三区则尚未注意，但无可报告云。

我们认为这个报告是假的，是骗钱的。但我们就照他们报告答复他们，第一，要他们在难民中尽量吸收同志；第二，在救济工作中扩大宣传和煽动，指出他们痛苦来源，鼓励他们起来反地主民团及政府军队；第三，组织农民武装开始游击战争；仍应注意三区工作。他们要钱，但善鸣在临时省委曾决定给五十元，所以没有给。

五、朱德踪迹听一个十六军同志由乐昌回来说，谓据说已退到郴州。想是事实，因九峰已无朱部踪迹，如果仍在坪石附近，范石生没有那么安闲的。现派人直接往湘南去找能否到达，以后才知道，对朱德部计划详细去函。

六、兵运无得力人负责，从前十六军工作同志都不能秘密，不能工作。最好派一好的来。

七、目前北江形势无法有大发展，朱德找到回来也不知在何时，□□在此实无什么重要，可否回省委工作？

八、十六军工作同志此地用不着的，都送他们走，无路走的在仁化暂住，将来派到朱德部去。北江各县工作人员暂可不派来。

北江特委

（按《政治通讯》一九二八年二十六期刊印）

中央档案馆，广东省档案馆：《广东革命历史文件彙集（中共北江、湘南特委文件）一九二八——一九三三》，1982年，第73—77页。

中共北江特委给省委的报告
——农民暴动及各县斗争情况

（1928年3月1日）[①]

省委：

一声带来二十二日的信，已悉一切。适自选到来，我们即开会议，讨论来信及北江全部与各县问题，现答复并报告如下：

一、来信说特委对于北江最有利于暴动发展的政治环境，未有清楚的认识，反受下层同志失败主义心理的影响，动摇了自己的观念。……[②]结果会否认了全省暴动局面的发展（宝同并对一声说，特委意见完全和对抗派一样）。我们觉得应该说明以下的事实：

第一，特委十五日给省委的报告，关于北江政治的分析，说过北江现时的政治情形，当然更有利于农民暴动的发展。我们的结论是：这种情形之下，只有扩大（增加）主观的领导力量——更有计划的去发展群众暴动，朱德部队假如真有所传的那样情形，应该更可以从这个军阀恐慌中，得到更大的发展机会。十八日报告，虽然没有说到特委如何继续或者积极领导暴动，但已声明，特委给各处的信已送上，不重复报告，你们已经看过给各县的信了。

几次报告（连以后几天送上的）坏的事实是多说了一点，自然使你们对特委失望，但我们始终相信，不会使你们悲观。我们以为指导机关，明了下层的实况是必要的，否则不免有过逾的奢望，不能作切实的指导。

① 年代是根据文件内容判定的。

② 原文如此，下同。

至于说十五日报告，关于各县暴动的叙述，其结论说各县暴动的状况，现时的政治环境中，是个矛盾的现象，这是否说暴动是在失败。我们在开首就说过：在这样好的政治环境之下，各县暴动仍然没有新的发展，这是事实。并且这个期间，西水、仁化不是象以前迅速的发展，我们又何必讳言？？

第二，特委对整个北江暴动问题的估量，并没有说暴动是在失败，或者暴动潮流是在低落——没有取消暴动，没有采取退守的政策，二十四号给省委报告说过：北江暴动遇着多少困难……。北江目前工作应有新的决定，自然这更是使你们惊骇，以为特委认〈为〉北江暴动潮流已经低落，定必换了个"新"的退守政策。可是特委的政策及工作方针通告已送给省委了，这个通告关于北江暴动的估量，坚决的说北江暴动是发展；坚决的反对说北江暴动是在失败，或者暴动潮流的低落，反对采取退守的政策。然而决定的政策本身，是否退守的呢？不是的：（1）对仁化还主张积极的进攻，各县也要加紧宣传并行动，且反抗反革命进攻仁化农民。（2）发展各县的游击战争。（3）加紧宣传：

西水农民暴动旧址——清水塘炮楼

（一）宣传暴动的发展，反革命军队的恐慌、力弱及自己力量的可靠。（二）揭破地主欺骗农民之阴谋。（三）宣传没收土地——耕自己的田，收为所得的谷，宣传不要乞怜地主借米吃，借谷种，借钱，而且要没收地主谷仓财产来开耕，来维持此时的生活。至于特别注意武装组织的训练，加紧工人运动（曲江工运与暴动占同样的位置）及兵士工作及关于党的组织问题的规划，是否退守政策，或者避免斗争的政策？当然不是的。这正是要更有计划去发展暴动。

第三，对仁化问题，一得到黄坑关于十四日地主民团进攻董塘的报告，虽然很简单，但我断定此时反革命之联合进攻是必然的。事实已经证明这个判断是正确的了，特委当时的应付，是要他们坚持奋斗，发动各区群众，特别是被民团占据了的乡村要起来对付民团。退到在董塘的农民，则一齐起来反攻（十五日给省委报告）。十七日县委报告到来了，当时虽然把进攻董塘的民团击退至二十余里之远，但被占据的乡村不少——已被焚烧十余乡，情形已很危急。特委的判断和应付，在给仁化的信中说得很详尽：事变完全是暴动发展的结果；事变是失败主义观念的错误。对付的具体办法是：一致反攻被占据的乡村，一齐起来对付，一得到胜利（虽然一部分——一乡村一路）就要乘胜进攻反革命支配下的乡村，事变的原因及教训，在党的会议提出讨论，在群众大会上报告煽动……。此时已知道范石生派百三十六团及百三十八团两团人进攻董塘，二十日派往工作同志（十七日以后派去的）回头来，亦说到这个事情，并且知道农民只困守一个安冈〔岗〕乡，农军跑了三十余名，被占据乡村的农民不肯再战……，此时表面上已似一个残局。特委是否恐慌动摇，根据失败主义的观点或退守政策去指导呢？

且看给县委的信及各种办法。我们二十三日给仁化县委的信说：目前仁化虽受包围，但不是暴动已经失败，我们继续奋斗，必能把敌人击退或消灭，又说：你们目前最重要的，就是先要同志不恐慌不动摇（补述两团人进攻董塘，后查明只百三十六团），不等待外来军事力量

红军长征粤北纪念馆展示曲江重阳镇清水塘农军使用的臂章

的援助，而继续领导斗争……你们应该相信自己的力量制胜敌人，并〈且〉你们不应该只看到敌人民团之多。具体的办法呢？在董塘方面：（1）安岗死力抵抗，并极力冲出重围。（2）其余乡村继续暴动，从外进攻，包围安岗的敌人——各乡村遍插红旗及红军旗帜；各处（特别是晚上）吹角，鸣锣，击鼓，放枪，放炮，放火（山上乡村，特别是敌人阵线旁边）……以骚扰敌人，并猛力冲锋。（3）安岗农军如果能从敌人阵线弱的地方冲出，包抄敌人，能调一部到别的乡村活动亦可。其他方面：（一）加紧军士斗争，在军中闹饷，杀反革命军官，散发告兵士书。（二）派人到周田、大桥（曲江三区）散传单，焚烧反革命房屋——捣乱进攻董塘地主的后方。（三）曲江三区起来杀地主豪绅，并开区支部紧急联席会议。（四）马坝、乌石专人送命令去督促破坏铁路电线，骚扰防军……。

这些应付和指导，是否退守政策，表示动摇，我们以为应该不是的。

你们或者会说：虽然纸上这样写得好看，究竟你们心里实已存了失败主义的心理，以为如此做去，也无效果。我们也要告诉你们一些事实：当十七日接到县委于五日报告的时候，我们还派了三个军官，四个工人同志前往工作，派去这些人打回头之后，二十日还派一个比较得力的军事同志前往组织指挥未被人包围乡村之武装及勇敢农民，向敌人进攻，并要县委书记廖汉忠一块儿去工作，不得藉口不能活动打回头来。这当然不是存了无办法的观念，派他们去敷衍去送死！你们或者又要问：这些办法，通通实现了没有？这当然又要讲到事实的问题，也就是我们应该有个确切的认识，究竟可得到若何程度的胜利，不可一味存着过奢的幻想。我们已坚决的这样做去了，又何必怕说出一个真实的观察？现在事实是否如我们的观察。

第四，西水问题，也得说明一下。当善鸣回来的时候，西水已不是他离开此地时的局面。地主已有联合（这不是空气作用，是否过于看重反革命力量另一问题，下面再说），农民情形已大变，农军要求他调（领袖）上山或散伙（这自然不完全是领袖的意见），派去的同志及海丰的代表都回头来，省委派来参加之巡视员黄苏同志也因想不出办法回来。特委当时重新讨论，坚决的反对这种意见，要在西水继续游击战争，再派黄苏前往改组区委，恢复支部，并找负责的勇敢的同志以至进步农民，来详细调查十三区以至十四区、十一区各乡村详细状况——地主豪绅若干，势力如何，农民状况如何，以至全乡村形势交通等如何，再与群众共同决定切实的游击战争办法。黄苏再次前往，因同志及农民大部分恐慌退缩，找不到若干来谈一切情况，也找不到人带到各乡村去视察，所得效果很少。空气还是沉寂，不过他们知道特委之坚决主张。特委此时是否转变一个退守政策？还没有。还要他们再继续各乡状况，坚持继续游击战争。工作人员除海丰代表及二个军官（老兄）外，一样责成他们回去工作，并且另外派较好的同志去工作（派了二人）。这一些实际情形且不说，是否困难，是否仍与以前发展的局面一样。但下层

仁化双峰寨保卫战旧址大门

同志失败主义心理对特委影响情形，可以看到是怎么样。

自然你们已经说，我们所谓游击战争，是取消暴动的代名词，因为来信说：“就报告精神看来，一则谓同志说无办法，再则谓不得已宁可解散”这个批评，我们觉得非常奇怪，我们不因为同志说无办法，就把农军调走，反而在无办法中找到办法。不把农军调走，而留作游击战争，如何说是取消暴动的游击战争？！若说这个无办法是指农军无法调到别处活动而言，那就要看事实问题。曲江一区离韶城很近，马坝、乌石也是重要车站，假〔如〕在已经发动过而且离县城远的地方，不能活动，如何能在这些地方（一区、马坝……）活动？到仁化呢，情形未明，路途难通过也是事实，而且你们知道农军难远调，农军也不宜这样集中的呢。再则若说“无办法而至于解散”，这是“取消暴动”，那么我们也看农军是否会有这种境况的事实？如果会有这种事实，我们是否一定要把武装调到不能活动的地方去牺牲，还是“宁可解散”有图起来继续的可能的好？我们认为前种办法才是“取消暴动”，后一种是比较妥善的。何况我们并没有对下级党部、党员及农民群众说到“不得已宁可解散”，何况他们要解散，我们还反对呢！

这是对仁化和西水比较重要的地方的指导的事实，对其他各县好些文件多少都有抄上去，可以细看。

以上是给省委报告，对北江整个暴动问题的估量，及对各县工作的指导上种种事实来答复“特委动摇”、“否认全省暴动发展”、“取消暴动”的问题的。

二、来信并指出特委动摇错误的原因在于特委及下级同志在工作上有三个缺点。在原则上，当然是对的，自然要〈在〉工作中去注意。但我们也有以下的话要说：

第一，来信说：“同志不注意农民的真实情形及他们切身的经济问题”。我们先说明一些事实。

西水就是以为同志动辄说无办法，开始斗争到现在，都历次责成他们切实设法工作。最近特派黄苏去了两次，为的是要知道更切实的状况，决定更切实的计划，情形前段已说过。英德潭洞问题，英德是报告难以反攻，这也是根据于事实的问题。地主已严密准备，他们有好多炮楼，自然不应即刻反攻，希图消灭地主。他们——大部分农民都如此——必先攻下潭洞，才能有办法（象西水农民以为不先攻下芹村、列村，什么都无办法），如此当然是办不到的。春耕时期的各种经济问题，在各县吊田问题，英德的食盐问题，清远所提出“没收地主财产给农民开耕”的口号，最近特委通告关于春耕时期的宣传——耕自己的田，收归自己的谷，不向地主乞怜，而要没收地主财产谷仓给农民开耕，给农民此时维持生活（青黄不接时）。至于清远的报告，自然不对的。然而这也是实际困难的问题。现在各县差不多普遍的现象，负责同志找不到乡村同志引路到乡村活动，西水的情形前面讲过，英德也是这样的情形，马坝及五、八区（曲江）工作同志，历次回来，每因都要他们回去总是赌气，派去仁化的同志，都无法插足，装得一肚子气回来向特委发泄，说是送他们去死。曲江一区许多同志亲身找他们谈话，做交通散传单或者找一些地方暂住藏身，哀求也得不到多少效果，这些情形也不能完全责备同志们消极，暴动中假如有多少困难，农民是最易怨恨消极，而不准你到去，我们也要懂得这种真实情形。

第二，来信说我们过于看重敌人力量。其实我们无论何时都指出敌人的弱点。“同志及农民群众自然不免恐慌，我们更要各处告诉群众，敌人动摇力弱”，最近特委的政治通告，关于宣传上，还特别宣传暴动的发展，反革命内部的动摇力弱及我们力量的可靠，二十三日给仁化的信说“你们不应只看到敌人军队民团之多，西水农民曾以三十余枪打退民团军队二千多人，并使敌人蒙受损失”。这都是事实，反过来我们也不宜于忽视内部的真实情形。“民团不会打仗”，“民团有地方界限”，“民团本身不能一致”，“民团可以运动团丁使其瓦解”……这通通是对的。但我们还要知道在暴动的发展中，在地主利益直接关系上，民团——一切反革命，是可以联合的（无论这个联合是〈否〉暂时）。清远、英德、曲江、仁化民团之联合早是事实，范石生之帮助地主是必然的。在仁化暴动的发展中，加以朱德得到很大的胜利，声势浩大，自然使一切反革命都听到发抖，联合进攻是当然的（给仁化的信）。这并不是“空气作用”吓倒我以致短气，现在事实已经证明了。我们很奇怪，十八日转上省委的仁化报告中，明明讲民团联合进攻董塘，焚烧了十余乡，为什么来信还说是民团联合，是空气作用或还是计划？

农民同志自然是有过于看重敌人力量的，不然用不着有恐慌。但我们也须知道反革命的真实状况，不应在敌人联合进攻焚烧了十余村庄的时候，还说是空气作用，这是群众不会相信的。

第三，来信所指的第三种错误，说是同志每有许多依赖观念，不信靠本地及附近农民的本身力量，希望另外一种机会，这的确是重要的问题。仁化、西水及英德的农民，很希望朱德回来，仁化危急时派去的工作人都打回头，说只有军队来才有办法……，然而是我们注意到的。十八日给仁化的信说：反革命的联合进攻，并不能说是各县暴动未能充分发展的结果。又说：“照你们两枝〔支〕枪把敌人驱逐到二十余里之外的经验坚持奋斗，必能制胜敌人。”二十三日的信更决绝的说：“我们不能派队前来，只能在各地暴动，牵制敌人，你们绝不应该等待。朱德部也不是日间所能来到。西水农军因仁化许多乡村自己尚不敢起来，不肯前来帮助”，又说：“你们应该相信自己的力量，可以制胜敌人……不过各乡村必须起来才有办法，而且是唯一的办法。”最近特委决定，由县委（曲江）给西水的信也说：“农民为着要得到土地，反抗屠杀，越打越坚决，越来越众多，这就是伟大的群众力量”。朱德问题，自特委成立到现在，在通告上及给各县信上，差不多没有提到，反而常常说朱德是因为此地群众未曾发动，故无法活动而到湖南。若说过于重视宣传各县暴动，则我们并未如何铺张，说花县已进行游击战争，当然更是骗人，因为花县报告说，还有十余武装，自然要他们进行，与来信所说算是“乐观”，当不致相差太远，其实农民心理得到一点胜利是有非常大的影响，宣传是应该的，不能说这就是依赖。若说交通不便，那就能交通时更当宣传，才不致永久“各自为战”。对蒋系与桂系冲突问题，也不见得特别宣传。其实“在今日交通如此不便”，住在乡村，如同隔世，当然一有机会就宣传。现在关于这点及湘军入粤问题，我们也很少肯定的宣传，而更指出广东军阀内部的矛盾——李陈的冲突及陈徐〔许〕的冲突（看特委通告第四号），如果你们恐怕特委以为蒋系与桂系的火拼不实现，就无机会可依赖，而不发动暴动，那就可以不必了。

关于省委所指出的三个工作缺点的话，并不是反对省委的指示，不过这是关于“特委动摇以致取消暴动”这个问题太严重了，应该把事实说一下。这些事实对于省委以后的指导，也许是有利的。

三、现在讲到北江暴动总策略的问题，省委断定广东仍在继续着暴动的局面，而且更有利于割据的局面，特委当然不否认全省暴动的局面，当然担负这一个政治任务。现在的问题在：是否马上来个大规模的爆发，很快的完成割据局面呢？还是要比较长期的发动？自然省委没有限期完成割据局面，但是大多数的观念，总以为即刻就是大规模的爆发，因为不久以前，仁化正在迅速的发展，朱德又回到坪石，声势浩大，反革命统治更加动摇。现在是不是如此？这是要重新估量的问题。

省委决定北江为暴动中心，是在广州暴动以后，这个决定是依据下列三个条件：组织的力量——花县、清远农会组织普遍，且经过长期的斗争，党亦有相当的历史，英德、曲江的农民组织也不很坏，工农革命军第四师从广州退到花县，可以作革命的重要副力，军阀在广州附近及东江酣战，没有力去顾及北江，以及西水农民得到很大的胜利，董塘有较大规模的发动，工农革命军第四师虽然走了，第一师又已脱离范石生，于是更决定这个决定，并且大家的观念都以为马上有个大规模的爆发（北江特委初成立时，常委意见，以为如果北江不能即有大的爆发，善鸣即回常委工作）。

现在照全省暴动看来，自然要加紧发动北江的暴动，对于海陆丰状况看来，也是要加紧发动北江的暴动，然而这个加紧是否能够马上来个大规模的爆发，那就要看以下的分析：

桂系军阀自然还会有余力注意到北江，驻防北江的军队许克祥部已给朱德击溃，剩五百余人（这是十六军消息），范军军心动摇，范、许内部冲突加剧，地主豪绅日形恐慌，这是表示反革命益加动摇。但与从前不同的是：从前北江农民暴动未曾发动，在反革命军队因统制政权还不致动摇，还未积极压迫农民，在地主因利益亦无动摇，也未积极对付农民，现在因暴动的发展，已使反革命惊骇，已动摇地主阶级的利益，反革命军队及民团，已经一致向农民进攻。

可以帮助农民暴动的武装朱德部队，已经得到很大的胜利，但他们已到湘南，现时还无法发生关系（报载南雄被共军蹂躏，实际是陈学顺的一团军队为报告）。

各县农民及党的情形：

花县：三区虽一向都可工作，但全无进行（县委日前报告），二区全被焚烧，只得些难民，一区革命乡村也焚烧了。县委报告说农民都信仰我们，“赞成共产”，当然不实在，因为他们向来认为可活动的三区且全无工作，但可相信可以进行工作。现在县委负责人，重要的已被捕杀。

清远：农民组织原来是比较好，武装也比较多，农民也经过许多斗争。但农民群众中，现在全无工作，笔架山还有二十余农军。县委亦无开会，各区乡党部亦无恢复，原县委负责人及许多活动分子说是因民团利害，侦探又多，且农民害怕，没有落乡，新派去的代理县委书记，还在土匪中活动。特委日前给县委所指示的工作，仍和以前省委给他们的一样，没有发到；省委派回去工作的同志，大都是拿省委旅费回家，不到县委分配工作。

花县、清远的民团，一向都比较有力量。

英德：农民有组织的是三区（二、七、九区，其余一区等很少，且无工作），二区潭洞农民反攻地主，二区农民仍未充分起来，七、九区也未发动，但去数十人援助，被二、七、九区民团联合击败（七、九区去助地主之民团共百余人），追到何处未能明瞭〔了〕。据称农军（三十余人，子弹、粉枪各半）已无子弹，又无粮食，想去做土匪。民团已有联合团局，县长限各乡交出共产党及农民领袖，各乡农民及同志，不肯给负责同志特别是外处去的同志到去，因恐惹起围村烧屋。同志在很困难中做工作，继续潭洞的及发动七、九区的游击战争。

曲江：西水农军仍在传闻占重阳圩，但无报告。已加派人去恢复党的组织，原有党员百余人，但月来区委全未进行恢复，亦未增加党员，现在乡村党员大部分找不到。一区区委取消，由县委直辖，由黄苏亲往找同志，同志恐慌，县委亦找到乡村来作机关。现在督促杀——地主，他们现找了些土匪进行。马坝几次说暴动未能爆发，现有驻军一营，农民恐慌，工作同志说找不到人带路，卢克平几次回来，屡次催促回去，昨天竟偷走了，说特委不知他们困难。五区一个负责同志（王果强）也曾屡次回来说无法活动，特委也屡次要他回去，现在也不知去向（昨晚县委机关所在地之洋村被民团、商团百余人围捕，捕去农民九名，同志若干未详。特委印刷处幸已搬入山）。

仁化：农民三十枪（每枪子弹，少则三颗，多则二十颗）困守安岗乡，兵士已退，军队已退，只民团三百余人在进攻安岗，用地道进攻，但民团枪枝〔支〕实约百余。农民勇敢死守，但外面乡村无力量援助，工作同志除安岗外，各处无人负责，外处去的同志，全数逃走，被捕的十人（知道的而言），现已枪决了二个工人同志（梁仲巧、梁振荼）。

南雄无新消息，全无报告。

照上述的情形，军阀的统治更加动摇，各县暴动仍在继续，仁化已经过大的发展，当然不是说暴动失败，或者不能发展。反动派之联合进攻，正是表示暴动发展之结果，而反动之进攻，将使农民更有决心奋斗，春耕时期，自然更有机会发展群众的斗争，但是仁化一时的退守，西水未能迅速发展，英德潭洞之进攻未能胜利，及各县工作情形，朱德未到来，反革命之联合进攻，这种情形之下，是不能马上有大规模之爆发，而是比较长期的发动。因此我们对北江暴动的总策略，就是要增加主观的领导力量更有计划的去发展。

如此的决定，或有几点事实问题要说明：

（一）或者可以说，关于各县情形的总分析，没有注意到农民本身的经济问题，当然无法大的爆发，我们的答复是：农民是万分痛苦的，现在的问题是在这农民痛苦状况中，各县情形如上所述，如何去发展暴动，那就是在困难中比较长期的发动。

在此可以看看海陆丰以前的状况。海陆丰党的组织非常普遍，且比较的健全，且负责人多是本地人，失败仍可留在乡间秘密活动，农民组织，那就更不用说，反动力量更薄弱。但是每次失败之后，农民及同志都非常消极了。第一次失败到抗租运动，到第二次收复海陆丰，其中经过四个月之久，那时全省的及北江与海陆丰政治局面虽不同，但北江以前没有海陆丰以前那样的条件，而要一触即发，一发即是大规模的暴动，那就是过余的奢望。

（二）如是朱德回来怎样呢？我们很坚决的回答：那就必能很快的做伟大的局面，这不是等待或军事投机，我们一方面不应依赖和军事投机，但同时也要知道武装的重要：工农革命军第二师对海陆丰政权的存在，有非常大的帮助。北江如得朱德部队回来，必能很快的发动广大群众。省委以前意见也是如此（善鸣来时常委说如朱德已走，不能即有大的爆发，可即回来常委）。这是因为北江党的基础及农民组织的力量关系。

“军队民团的兵士团丁是可以运动的，可以瓦解敌人的武装”。一点也不错，而且十分有可能。但决不是一天两天的事（特别时机的兵变和投降当然例外）。

（三）为什么仁化只有七个党员便如此的发展？当然暴动的发生，是群众生活痛苦的缘故，但不应否认党的作用，农民组织的情形及斗争的状况。忽视了这一些，希望得到仁化这样的机会，那就大空了。我们还要知道：仁化是朱德到董塘杀了三十几个豪绅地主之后，才大大的发展呢。

（四）这个决定是否认了全省暴动的局面？当然不是的。我们不过说现在情形不能即有大规模的爆发，而要有计划的比较长期的发动。

四、在上述决定的总策略之下，我们决定了几条工作方针。这个决定已发出政治通告（已由振江送上），因得到省委来信及自选到来，重新审查一次，大体无甚更改，再报告于下：

（一）仁化目前虽遇着一些困难，但农民仍继续抵抗，现时要极力反攻，号召各乡起来对付，恢复原有胜利，继续扩大暴动。

（二）现时斗争所取的形式是游击战争。澶洞、西水仍继续斗争，各处应加紧发动。由游击战争，发动群众扩大暴动，做成各区乡的割据。

（三）目前暴动的中心，仍着重仁化，仁化曾有比较广大的群众起来，现时还在与反革命武装相持，朱德部队到仁化也较易。英德潭洞还在斗争，各乡各区党及农运都较有基础，也是目前注意的中心。

（四）加紧宣传工作（同政治通告及本报告第一次）。

（五）整顿武装，特委应即进行：（1）拟定各县工农革命军的编制法；（2）赤卫队组织法；（3）进行反革命武装之详细调查。

（六）加紧兵士运动。改良兵委，各县成立兵委，委派同志去当兵（第十一军及新编第四军在韶招兵）。

（七）加紧工运进行。曲江工运应与暴动工作占同样位置，找人在韶关做工，进行铁路工人工作，特别路面工作，应即设法沿铁路设法成立支部。

（八）切实整顿党的组织，即拟定恢复及改组组织进行办法，支部工作计划，通告各县加紧训练工作。

五、各县问题：

仁化：阮〔啸仙〕今早回来，已由他另作一详细报告。对仁化将再详细讨论，大概与前日特委决定，将无大变更，前日特委决定最重要的是：

1. 安岗继续坚持，各乡进行游击战争，安岗如不能守，亦把农军调到别处，做游击战争。

2. 游击战争的地方，在董塘一区，设法恢复割据局面，再到各区发展。

3. 给反革命占据的地方，进行恐怖手段，破坏反革命之稳定。

4. 苏维埃及农会应秘密存在活动。

5. 党必须秘密工作，县委委员下乡，找到同志恢复组织，规定各项工作。此决定后，至今无人敢送信去，明天当有新的决定，但他们只望派兵，这是办不到的。

英德：情形已于前面讲过。现在补述一点，就是县委因农民及同志不肯给负责人落乡，生怕连累他们，恐出入无办法，说是去帮他们对付地主进攻的，其实县委有意见，先发动很困难，如地主来打，必可号召群众反抗，如此可能发动，当然这是不对的，特委的指示是：

1．根本改变此防御——避免斗争的观念，而积极发动斗争。

2．目前应把有武装的及勇敢的农民组织好，无论多少，开始游击战争，先做恐怖工作亦可。

3．更切实注意春耕时期农民本身经济问题，去发动群众。

4．潭洞农民不应上山。应即查明踪迹，由自选前往调查各乡实况，决定切实的游击战争计划。

5．护车队同志（一个）应责成发展党员，于一切可能活动的武装中，并急查反革命的行动。

曲江：工作无成绩，马坝及五、八区负责人逃了，西水无报告，工运工人少无办法，原有工人同志已找到，但不敢出来活动，我们决定的初步工作是：

1．一区进行解决地主叶国棠。

2．马坝负责人找到回去，照原计划工作。

3．促西水报告。

4．一区取消区委，支部由县委直接管理，支部暂不开会（无同志也难开），先由黄苏及特委同志亲到各乡找同志谈话。再进行开会改组，谈一二次后，找些人来训练。

5．工运找人去打工。

清远：昨天来了一张报告，详细报告了去年打县城的光荣历史，略为带及现时民团力量以及工作困难情形。赖□□将省委要他交县委的百元用了大半，县委得三十元。张□□还在土匪中活动，省委、特委对他们的指示全无提及。我们的对付如下：

1．指出了他们的错误：（一）完全不懂得暴动的意义，故完全不发动群众的斗争，只望着县城，哀求土匪。（二）不到群众中，从实际问题发动群众，只到土匪中找出路，只看到民团的力量。（三）完全不注意发动工作，支部尚未恢复，县委未开过会，就想得县城（怎么不气死！）。

2. 禁止打县城，现时只许在乡村发动斗争。

3. 禁止联合土匪去打县城，及任〔用〕何杆均、何继林（土匪），只能挑拨其与民团恶感，使其中立。

4. 笔架山武装即到乡村活动，先进攻地主力量少的村落或先要他们做恐怖工作，再发动乡的群众。

5. 六区仍然要作为暴动中心，即派人去工作，恢复党部，组织武装及勇敢农民，进行游击战争或恐怖工作。

6. 民团侦探可用恐怖手段去对付。

7. 张□□即应回县委工作，其余委员皆当分头下乡，恢复党部，进行各项工作。花县失了联络，南雄已有信去，省委信待转去，但其中各项前函也说及了。

六、朱德尚不知在何处，仁化传到了坪石，又说刘兴湘军已到九峰一带。现有二同志可到湘南找朱德，但无钱未能出发（每人要十六元）。

七、兵运负责人不好，无发展，我们拟调赵来。

八、其他事项：（下略）[1]。

北委

中央档案馆，广东省档案馆：《广东革命历史文件彙集（中共北江、湘南特委文件）一九二八——一九三三》，1982年，第115—139页。

① 原文如此。

立三给中央的报告

——目前广东的局势和省委的策略

附：立三致秋白信

（1928年3月18日）[①]

中央：

现在广东的局势如下：

1. 海、陆丰的失守，又系东委策略的错误。起先东委对敌人来攻准备极少，后又骇于敌人军力之伟大（其实到现在如海、陆丰的兵力还不过三千人）实行退守。敌人已到公平（离海、陆丰三十里[②]），策略尚未决定。忽报离城十里，始仓猝退走，慌乱已极，敌人自河婆经河田、陆丰、公平而入海丰取汕尾，凡二百余里全未遇到战事，真是不血刃而走。以前决定的号召广大的群众起来奋斗，或实行坚壁清野、到处袭击等全未做到。现在海、陆丰之各区均已满布敌兵，同时采用一种温和政策，禁止民团屠杀农民、焚烧农村，并提出三个口号：

（一）“只打红军，不打农民”，（二）“肃清欺骗农民的共产党”，（三）“不还三年前的旧债”。想借此软化农民。但是农民最主要的是土地问题。因为最近海丰在春耕前已有多处实行分配土地。所以农民对敌人的口号都不相信说：“□□□[③]”，同时也不恐慌。□□[④]党全未领导农民起来斗争，敌人未到党与苏维埃便先弃掉农民逃上山了。同时农民以前几乎全依赖红军（因为东委对红军宣传过甚，并且又是外

① 年代是根据本文内容判定的。

② 原文如此，似应是“离海丰县城三十里”。

③ 原文空缺若干字。

④ 原文如此。

来的。起初农民说红军打军队，农军打民团，后来有几处民团也是红军打的，于是农民觉〈得〉民团都要红军来打了）。所以，也不能自己起〈来〉反攻敌人。因此敌人真是安安稳稳的住在海、陆丰过太平日子了，这或者敌人预料所不及。敌到达海、陆丰约五日后，东委曾一度决定反攻，但是布置不完善，号召不广大，原拟先取海丰以发动，又改攻汕尾。红军同志（留在海丰的约四连）大都灰心不愿再打，以至四连红军、五千余尖串队竟败于六百敌军之手，可见气馁已极（红军同志说东委只要我们去拼，我们打胜了只是农民更加依赖我们，打败了使农民更加气馁，我们何必送死，这种观念当然是极错误，但是东委因策略上之错误，使群众不认识自己的力量也是实在的）。

我们断定敌人这种软化政策，马上就要揭破的。以前留落在港汕一带的难民（地主、豪绅）一万余人，都由政府设法开始运回海、陆丰。这批人一回去，马上就要夺农民已分得的土地，农民必然要马上起来反抗，假如党能领导积极反攻，很可能转变这一失败的形势回复暴动的胜利。

2. 惠来与普宁的情形比海、陆丰却好得多。

从海、陆丰逃回的军事同志都说："普宁的农民很好，都真能斗争，并且能正式作战，比海丰要进步得多"（这或许是事实，因海、陆丰暴动胜利系由红军打得来的，普宁在红军未到以前，大部分已暴动胜利，并与军队作过极激烈的战斗，所以农民能认识自己的力量）。同时红军第四师有八连人在普宁、惠来一带，惠来各区均已暴动起来，并已于十三日占领县城。普宁亦已将余汉谋部打败，余部受了很大的损失，一部已退到汕头，一部已退到陆丰（今日得到汕尾回来的商人的消息，普宁与紫金县城，都已被我们占领，恐不甚可靠）。现在敌人与潮汕的陆路交通已完全断绝，普宁最大部分之乡村区市又已被我们夺回。

3. 惠州暴动尚未〈有〉发动的消息，但在客观上极有可能。惠州工人已开始几个经济斗争（已罢工的约六百人以上），农民虽然因有几个乡村被推成〔摧残〕而发生恐慌，但另一方面却非常愤激，只要党能领导，确有起来的可能。尤其是第五军官长、士兵都极端动摇，我们已在十三连中有组织（原只十连）。前二日又已加派李海等同志到惠城去指挥发动兵士暴动（前已派杨石魂同志去到惠州县委去指挥发动农民暴动），因李同志对惠州的情形很明白，假如不发生意外的事变，惠州的暴动当有发动的可能。

4. 现在省委决定的策略，认为现在东江的局面，仍极利于暴动的发展：第一，惠州应即刻暴动起来瓦解第五军，打通平山、淡水，断绝敌人与广州的陆路交通；第二，普宁、紫金、惠来的暴动仍极力扩大，加紧进攻，断绝敌人与潮汕交通之路；第三，海、陆丰仍马上号召各区各乡农民同时反攻，解决现驻海、陆丰敌人的武装（今日已发一封长信送海丰、普宁、惠来处，指示他们详细的具体的策略，因抄写不及，下次寄上），这一策略如果能大部分实现，东江的暴动仍可以马上广大的发展。因现在敌人在东江的兵力并不甚厚，只要现在海、陆丰和第五军溃败，其他的军队便无法支持。不过现在各处指导机关，都认不清这种客观的形势，非常恐慌退缩，所以能执行到如何程度，实是一个问题。

5. 昨今两日已有大批的海、陆丰同志逃来香港，并且第四师的团、营、连、排长已逃来十余人（还有几个降敌的，真是糟糕，其所以这样，的确是东委退守政策的影响），总共已达七十余人，仍恐源源而来，这一笔救济费又不得了，每人都要衣履食用、租屋等，现已用去千余元。但省委截至今日止只存有八百余元了，再过两日便要莫名一钱。

何来始终找不着，海丰、琼崖都无款来，并且有款也无法来了。无论如何望中央马上！马上！！火速！火速！！寄钱来，并且起码要一万元才能支持到扩大会后，此事万望中央设法马上〈寄〉来，此外别无办法。

6. 昨日接李源报告，琼崖情形又是极其糟糕，并且同志都极衰颓，尤其是军事同志，因无子弹，见敌则退，刘明夏已经逃走了（据李源报告，琼崖始终没有脱离军事投机，群众虽已起来，但党并不认识群众的力量，作战时全靠军队），同时第十师（蔡廷锴部）又有即赴琼崖的消息。如果是事实，以主观力量这样孱弱的琼崖党，必然又是不能支持，今日已去函详细指示，并加派人去工作。

7. 现在对广州、中路、南路各地，已极力去加紧工作，计划在短的期间内造成暴动的局面。据广州市委报告，工运、兵运、都很能发展，但经济却万分困难（广州市预算每月至少需弍千五百元，其他各城市及未发动暴动的各县都非津贴不可）。所以经济问题，必须中央设一长法，按月接济（并且每月总计各须用费至少须一万元，万望中央批准）。

8. 零碎问题

（一）请速催罗绮园同志回来担任《红旗》编辑。现在的经验，《红旗》非用广东白话不可。

（二）黄焯同志又因港市分配处破获被捕了奈何！奈何！现已决定补入代英同志为常委，请中央批准。

（三）前两日因请律师进行，中夏、登贤等都有出狱的可能。但是今日消息又将绝望了，并云政府很注意此案。

（四）中央要工人同志，现在实无法可以选派了。放出去的都将不回，李源已做琼崖特委书记了，周颂年已做南路特委委员了，黄钊又已派做西江上游特委书记。阮崎恒、周松腾都任中路巡视员，黄苏任北江巡视员，卢文治做南路巡视员，登贤、强亚、黄焯都入狱，陈郁任省委常委，决不能离。好的工人同志，现在所发现的，尽在于斯。其余次一点的，如何独武、文远、继辉、国材、卓南等都①。

中央档案馆，广东省档案馆：《广东革命历史文件彙集（中共广东省委文件）一九二八年（二）》，1982年，第95—101页。

① 原文下缺。《政治通讯》一九二八年第二十六期刊载本文时，下文是“任各县、市书记，或县委委员，均无法调动。所以只好请中央帮在别省调遣”。

中共广东省委委员名单及其成份

（1928年4月13日省委扩大会议选举结果）

正式委员三十二人[1]

罗登贤（工）

彭湃（智）东江

冯菊坡（智）香江

李立三（智）香江

杨石魂（智）南路

黄钊（工）西江

李源（工）香江

沈青（智）潮梅

陈郁（工）东江

恽代英（智）东江

冯菊坡（智）香江

黄苏（工）北江

李海筹（工）东江

吴毅（智）广州

何源（工）广州

黄悦成（农）东江

赖松柏（农）北江未还

以上乃正式委员

周松腾（工）中路

沈宝同（智）香江

林一人（农妇）琼

黄学增（智）琼

欧日章（农）北江

周颂年（工）南路

罗绮园（智）上海即回港

张善鸣（智）东江

杨殷（智）香江

王灼（工）

林一人（农妇）琼

赵自选（智）东江

杨望（智）东江

王强亚（工）香江

黄依农（农）东江

郭经树（农）琼

① 以下名单只三十一人，冯菊坡、林一人二人重复。——编者注。

候补委员十人[①]

陈强（工）广州　　陈行（工）广州

季布高（智）广州　　袁炳辉（×）

卢永炽（工）西江　　罗文淹（×）

戴××（农）惠州　　王文明（智）琼

陈家善（农）××〔广宁〕

以上乃候补委员

广东省委委员职业百分比

正式委员三十二人

成份——智一五人　工人一一人　农六人

正式委员百分比：智47%、工34%、农19%

候补委员一〇人

成份　智三人，工五人，农二人

候补委员百分比：智30%、工50%、农20%

正式候补总数四二人

智一八人　工一六人　农八人

总人数百分比：智43%、工38%、农19%

中央档案馆，广东省档案馆：《广东革命历史文件彙集（中共广东省委文件）一九二八年（二）》，1982年，第281—283页。

① 以下名单只九人。——编者注。

中共曲江县委给省委报告

——关于西水暴动失败后各地工作情形

（1928年8月12日）

省委：

兹将曲江县委工作情形报告如下：

自西水暴动失败后，各区工作成为一落千丈，各区同志见白色恐怖利害，非常恐慌，以前的负责同志经〈常〉跑去别处或工作或腐化，现在县委哪区有区委，何乡有支部，现在象瞎子一般似的，现在只有从〔重〕新发展。

现在一区有羊村、火管二支部，同志十九人，现因各区都有警卫队组织，同志甚为恐慌，不十分积极，只有使他去做简单宣传农会的作用，但该地的农民很多误〈认〉为农会就是我们的党，同志中亦有误会，经解释然后稍为明了。二、四两区工作，现在无从入手，因以前王果强同志曾在这处工作过，但也没有交下，请省委给信与他将他到过各区工作及相识农民同志全纲报告来县委。

行政三区有支部三个，同志十个，稍为好些，该地农民极贫苦，现在积极组织农会及发展支部，现黄苏同志去到此处工作。

其余各区因无人相识，对于工作上甚为困难，请省委催促石妹同志回去。

职工运动以前完全没有注意，现在只新发展，现对于驳载、辗〔碾〕谷、店员、油业有相当头绪，其余各工会现积极去发展。

土匪运动前曾用县委名义致一函叫他劫杀豪绅地主反动派等，现在他把三区民团长杀了，实行与农民联合，现县委经派黄道文同志到去领导和发展。

现在敌人方面见朱、毛攻陷郴州、资兴一带，他现甚恐慌，现他陆续调兵到乐昌、坪石、南雄、始兴一带防守，驻防韶城的一团兵亦调二营到市郊各乡村防守，夜上亦极戒严。

兵士运动全无发展，因同志地位太高，与下级士兵无发生关系之可能，现在十六军军委书记饶□□看他的文章上确有三党倾向，前曾指示兵运计划及叫他派一人到韶会议，而他完全无答复。以上是大概情形。

曲委曾发

中央档案馆，广东省档案馆：《广东革命历史文件汇集（中共广东北江、西江、琼崖等县、市委文件）一九二八——一九三一》，1982年，第41—43页。

广东问题谈话记录

——关于香港、广州等地党的组织与工人斗争情形，“八·一”的工作

（1929年9月14日）

章：香港工代会情形。我考察工作十之七、八在工代会，据我观察最近情形，斗争确有进步，但多为自发的。香港三月来工人斗争几〈乎〉日日都有，原因由于资本进攻，在广暴后至今，特别厉害，帝国主义亦然。大致说，生活费之减低，至少有十之三、四。斗争多为反对工头，加工资，反虐待——这三个条件为最多。最近，产业——几个重要产业多发展起来了，如水坞、邮政、街道工人、广九路，其中邮路工种工人特别迫切。邮工受上海影响，要求更切，向皇家政府提出加工资。其实工人态度〈极〉其激烈，政府答以致电英国请示为缓和。候至六个月，犹无答复，工人愤激，欲行动，政府乃又颁布一加资比例表以缓和，此事现在犹在酝酿中未决。清道夫有三百名签名提出要求，因其涣散未上达。广九路要求加工资，政府答复如对邮工然。水坞工人亦提出要求。由此见出一特点，在先，皇家工人最落后、消极、畏惧，现在则渐起来。固然他们的斗争方式还多是合法请愿的，尚须经过一时期，才能走上直接行动。九龙货仓工人的斗争便直接而彻底点，他们要求加工资，正在酝酿罢工。过去有小斗争有胜利，九龙船厂有九个砂模工人，因反工头、加工资而罢工〈取得〉胜利，其意义真大。因其罢工胜利〈现〉在加工资与改良一点待遇，乃影响到消沉工人活跃起来。

此外，手工业工人如藤工之部分酝酿一加工资罢工，大约有胜利希望，群众有三百多，受我们影响。烟叶工人酝酿斗争还未解决，其形亦极激烈，在我们领导之下。这两部分工人日常小斗争本甚多。

煤矿、脚炭行工人因反对包工头之剥削有斗争，在不久以前为此要

求有胜利，现在拟进一步要求减少剥削。

织造工人大部均有小斗争。

有些如电灯、自来水、电话、水师厂、船、太古船厂等最近无甚斗争。争斗的情形大概如此。

香港斗争带有经常的状态，时起时伏，还没有人数最多政治意义最明显的斗争以深入此斗争。原因〈是〉香港白色恐怖还很甚，失业人较上海为多。主观方面，我们注意策略方面的指导均不够，故彼此斗争陷于经常状态。按环境说，香港白色恐怖较上海弱，黄色工会影响亦弱，K.M.T在工人群众影响亦弱，工人生活之苦很厉害，故成为此斗争之继续发展的主要动力。省委与我均一致承认香港工人斗争有扩大〈的〉可能。工代会有相当群众，不是空机关，在数量上，有七、八百人。在全体数量上还很少，但如我们领导得好，则在香港范围内决不是很小力量，而能成为很大力量。工代会在很长的社会历史中——行会的习惯中，使他们的工作限于困难地位。工代会群众大部分为手工业，如洋务二百人，烟叶三百人，而产业工人则太古、九龙、水师工船厂有很少会员，自十数人至四、五十人，铁路几个人，水坞局亦几个人。电灯、电话、水师、兵工厂、惩戒场、邮务、电车都没有加入。在这样情形下，因此，工代表经常都找容易的做，敌人愈弱处，我们工作愈多愈忙，愈忙愈偏于手工业处。而重要产业则〈受〉敌人影响，有黄色工会，故工作难，而工代会遂亦少办法。省委对于中心工作确极力注意指导，但实际工作上避难就易，过去工代会曾开过七、八十人〈的会〉，内有四十人之非同志，但现在愈做愈少，最近几次召开流会，至最后一次开到三十人，内仅四个非同志。在此种情形下，很有与群众脱离的危险，省委亦感觉到此，我们都承认有削弱的可能，其原因何在？第一，工代会利用公开路线放胆去领导群众做得极少，或竟未做，没有在组织上去领导群众。有斗争处多半由党去直接领导，或是个人领导。因此，在群众中只有个人的领导，而工代本身反无事做。会照例开，委员不高兴来了。有同志说，群众起初对C.P.甚高兴，对工代会甚热心拥护，现在则抱怨工代会，感觉工代会不来替他们谋利益，故说工代会要他们做事，他们做了，而工代会不能为他们做事，其事实如工代会机关初时为秘密的，不与委员来往，而反〔成〕为党内来往接头之用。民主化的会议很少，在斗争上，我们没有在组织上去领导，在斗争中没有讨论，失败或胜利后没有研究他的教训，故党的路线代替群众路线去工作一切。

香港政府现在在工人中也常常施用其欺骗政策，而黄色工会经过陈铭枢的劝诱，成立他自己系统的机器工会。以前省港机器工会，只要熟练工人，现在他在水师、自来水、电话等工人中，不仅要机器工人，连小工、苦力亦要，成为产业组织了。因此在他们之下的亦复不少。工代表会在此情形之下，恰恰相反，他们主要的在产业工人中，我们偏在手工业中，他们有意的不领导工人斗争，我们因无适当方法，而形成客观上不能领导工人斗争。

工代会我们有过讨论，在香港工作同志中（省委除外），在“八·一”后有消沉悲观现象。我们则认为依现在条件，只要我们努力去建立群众工作路线，必能领导到大的斗争。现在主要的是要了解工人斗争究竟其中心问题何在，可领导其走向大的斗争。省委关于此问题没有注意。现在香港工人最痛苦的事是包工头的压迫，上至船厂下至苦力无不受包工头的压迫，最痛苦者到百分之八十，而我们没有将此口号在群众中号召，以致动起一全市工人总的要求。第二，关于群众公开活动的路线还不努力，如工人中还常听到“你们暴动，我们便来”。因此同志中便发生两种不正确的观念，一种是认为群众现在不革命了，一种只乐观而不从日常斗争〈中〉注意。而真正从群众公开活动的路线来努力的则很少。如□同志在群众中的领导多半靠个人命令的方式，而群众组织可公开号召的，他们则多没做，甚至互助社、俱乐部这些组织，他们即有，亦不向群众公开，因此广大群众无从与群众组织接触，而将机关秘密到党的范围内。在现在，香港环境不是不可能，而是未努力去做。

第三，对于工人的教育还做得很少。如工代会有七、八百群众，而民主化的实行则很少。没有开群众会、代表会，因之群众的领导干部不能产生出来，于是由代表会退到干事会，结果退到秘书专政。在此讨论中，省委过去确实没有有计划去求了解职工运动，常常是无计划的，只是应付目前的斗争而忙得不得开交。如目前提出反对拌工〔包工〕制是最中心问题，更深入的便是反对帝国主义斗争。省委现决定成立工委，书记定菊坡做。在省委中经过长期讨论，关于以上批评和决定都同意接受，只是关于策略的运用还很少注意，总起说，这些策略只能及于省委，区委人虽好，力太弱，于策略运用上甚欠缺，支部书记则更不明了一切策略了。于是区委代替了支部，省委〈又〉代替区委工作。现时在香港的同志，省港罢工同志很少了，多半是广暴后加入的，对于党中的策略亦不了解，因此有计划的宣传甚需要。工厂小报办得不好，香港小报是一般政治的，工人看得尚少。

工代会要彻底改造，使他变为群众的，向着群众公开，并要努力在黄色工会中去争取群〈众〉，否则将要使机器工会畅利地去发展。

海员工作就最近讲实是最坏的。在过〈去〉讲，的确有工作成绩，如在广暴后，曾发展到九百多会员。在上次广东省委将海总取消后，成立党的海委，他们说要改变工作路线，要从下而上，要等待船上工作起来再做海总工作。他们取消的理由既如上，故说要恢复必须等代表会开后再恢复，甚至他们说苏死，陈入狱，黄不在了，还有什么海总？省委恢复海总不甚热心，直至我临行前才开成会。在海总会议上，工作同志非常灰心，工作路线无从说起。在俄国皇后〈船〉未抵埗前，他们几〈乎〉认为毫无办法，而第二天有三百多人罢工，真使他们吃惊！其实海员工人在船上的斗争非常之多，而海总同志非常悲观。譬如九龙，我们水手馆每日出入有七、八十人，他们只是〈整〉天打麻雀，无事做。自己的水手馆如此，他人的可知。皇后船斗争起后，省委、工代会、海委曾共同决定一行委，从一切口号直到总的策略都有决定，但实行不及百分之一。在斗争形势上差不多比一九二二年还来得凶，大有发展到总罢工形势。我们曾预计到：口号的提出要切当，而结果提错一条，代表权要不落〈入〉工头手，结果仍为工头利用。要预防落岸时帝国主义找替工，果其不然，在海中船主小让步，抵埗便于四小时内找到一百多替工。总之，海总本身极弱，省委初反对恢复，后亦不坚持了。海总同志又多悲观，而很少注意于工作的教训与这〈些〉斗争的经验。海总同志悲观时特别悲观，夸大时特别夸大，要立即成立世界联络。海总同志常说海员工作有特殊情形，如说船到码头，工人回家吃饭、嫖妓，不愿与我们谈话。其实船到香港，工人在港有五、六天停留，而到小吕宋（今菲律宾首都马尼拉）之来往途程中又可找替工。此次皇后船便因用此替工方法而鼓动斗争，同志对海总传单都不肯散，对党的则不用说，有关系的船约有二十条，广州内河船一点关系没有，我们现在为他规定先就海上线索发展起。海委对船上支部关系都断，现决定从总统、皇后及渣洵船整理与发展入手，国际接头处成立了三月，一个人没有来，大概汉堡方面无线索到此。海上船无黄色工会，内河船有。群众自动组织听说有，但不知清楚，但海总同志对工作意见总是固守成见，已与之说好的计划，现他们仍照原来的意见写来。

广州——自陈铭枢登台后，机器工会甚发展。我们同志仅恢复了七、八人，大概在油业、缝纫、手车夫及市郊农民一共十数人。工运情形，工人自发斗争甚多，如汽车夫等。在省委会议中，我提议派一懂得工运的同志去，已决派。

东江——汕头过去有一千多手车夫罢工，斗争是自动的，也〈有〉许多我同志在内。特委离汕头甚远，省委已同意派同志去汕做工运。

铁路——过去领袖属桂系，现失信仰，群众情绪甚骚动。广九路仅三同志，一个好点。粤汉路有方法找到线索，现决定黄苏去。路工斗争不成问题，只是我们如何去领导〈的〉问题。

顺德——有五百工人组织，内中有丝厂、面粉厂工人，在“八·一”

曾停过一天工。据同志报告，此地工作确好。

潮梅一带说有一千多工人关系。

西江、南路、广西均不分。

青工在香港工代会下曾〈召〉集过青工代表大会二十多人。青工基础在铲炉工人中。

工委：菊坡、工代会、海总、C.Y.、陈郁，五人开过一次会，决定了一工作计划，工代会执委九人中有五人非同志——执委会一星期一次。常委五人（三非同志，不能天天来办公？）。常委虽天天到会；但秘书长已为之办好，且不在办公处办。

***

秀：我这次报告很零碎，因许多没有记录。

“八·一”问题：“八·一”的准备，在“六·二三”后便成立了筹备会，动员党的同志十分之五、六，不如“〈六〉·二三”动员同志到百分之八十。省行委、C.Y.只一人参加。动员群众工作比“六·二三”有些进步。在工厂方面，尚能与工人日常生活联系起来。同志宣传工作尚有，传单散了，但飞行集会、工厂集会甚少。工代会召集过公开会，讨论过“八·一”问题。中心斗争，如海员、水帅厂反大洋等运动，曾计划过，但斗争不起，原因〈是〉支部不能起领导作用。一般同志对“八·一”观念不正确，认为无法发动群众，故工作不积极，只是受命令去做，而不能自动，如“六·二三”在街上写标语，厕所运动，因此，群众会议事先有召〈开〉，工代会会议亦没有开好。

“八·一”行动决定在中环施门口组织。只组织宣传队，每一个同志及赤工会员都是宣传队〈员〉，无纠察队组织，无口号队、特别队等。指挥由区委分一人为指挥，总指挥由行委人任之。发动以红旗为号。到的人数有四百多人，三百多为同志，数十人为非同志。时间行委曾变动数次，故来的人络绎不齐。本定六点钟。在发动前，海总一机关破获，红旗亦在此。当时间已届，持红旗〈者〉不至，陈郁、一失业工人持伞至街中呼喊，群众不应，行委催促亦未至街中，于是巡警来，持伞人去，而群众呼数声口号散。

“八·一”的口号，只有“工人罢工一天，到中环示威”。对学生、商人等其他〈阶层〉没有号召，他们对“八·一”总结，认为工作之做得所以不好，因为是“六·二三”退兵政策之残留，因为省委并将退兵政策向支部报告，说退兵政策是对的。理由是：一、敌人警备太严；二、只是干部分子在场。故“八·一”调动群众实多过“六·二三”，公开号召亦较“六·二三”进步，反而行动不出。我认为“八·一”工作调动群众还不够，对着群众工作还不充分，如群众飞行集会等还极少，群众组织，如纠察队等没有，群众基本组织，因之没有。政治号召还不充分。对秘密工作未注意，干部自省委起几〈乎〉全部在示威场中。推动支部工作不充分，一切群众组织工作乃至技术工作都未经支部讨论，只是行委命令而已。故工厂支部多未讨论如何发动群众问题。工厂小报他们没有注意办，并且他们认为要办工厂小报至少须油印，而不知可以办壁报。斗争的联系也没有做起。他们决定曾于“七·二八”举行拥护苏联大会，结果因整天下雨，未实行。

我去巡视，有些材料看不到，因为他们说已寄到中央去了。

公开号召的意义，在“八·一”中，只是用工代会号召，现在决定组织反帝同盟了。

省委一般的政策：

关于中央之关于中东路问题，他们已起草了一通告，我做一报告，然后通过通告。关于二中全会他们早讨论过，并决定对于全省工作的布置，决定在东江、中路（均在香港）开代表会，省委对香港工作，组织一香港工作委员会，预备四项示威的发动。委员会：陈、贺、两区书记，工代会（无支书）。此委会曾决定于各厂门口，先行厂门口部分示威及飞行集会，以〈汇〉合成总的示威。中心支部以太古、水清、水师几个重要产业。计划中的几个斗争为：皇后船水坞工人、水师厂、九龙货仓等主要部分。至我来时，飞行集会及厂门口会议还都未实现。工代会代表会，几次未召成，仅最后一次召开成，而非同志极少。

烟叶斗争，三百多人，男女工都有。

省委会参加三次，第一次即通过通告那一次，后两次讨论问题。

关于中东路宣传，过去偏重于阶级利益，少提到民族利益，现已改变了。

东江代表会到五、六人，讨论秋收斗争并联系到各种斗争，并红军组织问题。

东江有千里面积是赤色区域，可组织红军，发展秋收斗争，并决定如何去做宣传教育工作。

对东江工作有决议案，很详细的决定。

中路代表会到十多人，东莞、顺德、中山、佛山、江门、新会几处都到。

每一地方都决定中心工作，吸收中心群众，如顺德注意丝厂，江门注意海员、铁路、电灯、碾谷工人等，中路有一整个决议案，尚未见到。

女工运动情形：工代会无妇委，省委有一妇委，工作主要在烟叶方面。她们有一学校，报名有几十女工，教员要去考，定区委梦觉。白天办一正式学校，顷〈晚〉间则办女工学校。女工为烟叶、织造方面居多，学费收几毛钱。过去曾组织一织造女工俱乐部，现已失去，因有两女同志被捕出来又至广州去了之故。现在工作多是应付工作。我们来时房子已找好，工作计划还未定妥。织造女工工作时间多在十小时左右，故多能来念书。

香港党的组织分两区：香港与九龙。

香港党的组织，在章龙写的表上甚清楚。九龙有二十个支部，香港有二十一〈个〉支部。

九龙方面：九龙船厂有十一同志，广九三同志，黄埔船厂九同志，织造八同志（女），九龙质会十六，烟叶六个，西业十六，电灯三，汽车六（在业），小轮五，半岛酒店四，藤器十六，潮州十二，海陆丰十二，美宇三，农民二十，木匠十六，街道七。

香港：水师一人，太古十七人，同德十三，电汽十，清洁夫二，水磨五，藤器九，手车夫十三，特支（流动分子）二十三，煤炭十一，店员八，汽车五人，小轮三，轿夫八，山顶支部九，下半山八，勿地区酒店五，皇家公园房二，树胶一，电话一，印务九。

约三百人之谱。

干部分子非常缺乏，区委须经常应付日常支部事务，区委只书记一人不在业，余均在业，大的事件须省委来亲自出马。

太古是一很大支部，因莫〔过〕去区芳利用支部同志不好观念鼓动反对党，省委已决定开除他。

本决定召集支部会公开讨论他的错误，开除他，嗣因召集不起〔齐〕，改为找同志谈话，我来时已找到几人谈话。现在有一太古散工为区委委员，可以进厂活动。区芳不但在支部中活动，并到其他支部及活动分子去活动，造许多谣言，如经济问题等。

重要产业地方如军械厂、电车中均没有组织。群众组织中，如重要产业中黄色力量大，而我们群众极少。海员有一百七十五，但失业极多。

区委工作情形：对于政治的讨论，尚注意于策略及联系到自己本身的工作。

香港区全体五人。书记黄苏（电灯工人）。水师，太古，电汽饶君强（水师〈的〉同志不识字，看东西困难，被捕一次，反对派对他有宣传。太古〈的同志〉亦苦力）。支部大部分可以开会，不过讨论问题多是上级报告，少自己工作的讨论。

支部生活之所以未能建立起，区书记忙得一塌糊涂，支部同志自己感觉无兴趣，时间亦有关系。

周颂平在一月后几至〔乎〕无事做，见不到人，开会不到，章龙去后始参加会。

章：要建立支部生活，须先健全区委；要注意支部，先须注意中心支部。有些支部，如汽车、水坞、小轮等四分五散，无法开会，而全盘注意，亦妨碍了中心支部。

关于皇后船斗争时，文治所以自己去小吕宋（今菲律宾首都马尼拉），因其时无人懂得应付策略，干部之弱如此，新分子有好的但不肯去找，负海委责任的□，道德甚弱，最好能有人替他。

九龙区委书记邓发，洋务工人；黎国琮（九龙渡），铁路；女工（织造）□□。

省委：常委五：卢、贺、陈、前、黄（）[①]，秘书长张木。

工作人员连常委十五人。宣，周天禄；组，饶君强；小报，周、陈、许甦魂。

训练班内容不清楚。

省委对各地关系，东江、中路外，预备找一批人去。中路、西江与路[②]、琼崖，不清楚。对海陆惠紫有指示。

北江近来无消息。

巡视员工作停止甚久。

中央档案馆，广东省档案馆：《广东革命历史文件彙集（中共广东省委文件）一九二九年（二）》，1982年，第365—381页。

---

① 原文如此。

② 原文如此。

关于北江政治形势及各县概况的报告

（1929年11月2日）

一、政治情形：

现在北江驻防的军队，就是五十九师、五十师。乌石以下，余汉谋驻防。马坝以上就是谭道源驻防。现在北江军事上非常紧张。英德、清远天天拉夫，群众非常讨厌及恐慌。群众对于拉夫的问题，时常都非常愤怒。对于驻防的行动，非常不满。现在小北江军事非常紧张，余汉谋全师驻防小北江，闻说张发奎由小北江的连山、连阳、连州等处，来进攻广东〔州〕。现在谭道源又有出发湘南的消息。

二、群众方面，对国民党在北江的行动非常不满，对于国民党不拉夫、不要钱、不扰民的口号，根本的看透了。现在的军队及警察，假如拉到有钱在身上的，不管你如何，通通拿去了。有钱就可以当堂用十元八元来赎出来。有一部分的市场，因为拉夫而停止营业。有很多当堂与警察冲突都有。现在一般群众对于这种行动，都是敢怒不敢言。这是现在北江的政治及军事、民众的大概情形。

三、各县的情形：

1. 清远：

现在清远的工作头绪，须以找到了[1]。同以前在香港报告的情形相差很远。原来十成只有一成是真的，原来通通都是土匪。原属不时〔是〕我们指挥的[2]，开口就要钱，原靠不住的。对于农民的武装，一枝〔支〕都没有了，通通都被以前的负责同志投降军队失完了。现在所以很少，

① 原文如此。

② 原文如此。

都是土匪手上来。现在清委虽然有人负责，基础都是很薄弱的。能够去工作，只有二区、一区能去得。同时二区方面有八个同志，都是不十分明瞭〔了〕的。这是土匪的地方，在他们周围的地方，我们可以工作。清城市方面有三四个旧同志，现在指定某△负责，他都不十分明白，不过现在未有人，实无办法。现在清委是工人△△等（三人组织之），现黄△为书记，我同他们开会决定了。现今在这个情形底下，只有把两区的工作都建立起来及清城的工作都建立起来。就是决定这两点。

2. 英德：

金某同志现在把英德的同志虽然找到了，但是现在尚未有与他们开过会。但是有部分的同志是很好，很愿意出来负责的。这部分同志，原属是青年的。对于英德未有详细的报告。

3. 始兴：

现在正式成立了支部，现已指定某负责。他最近未有报告，他们这里详情仍未知。

4. 乐昌：

他们交通未有信来，详情不知。

5. 曲江：

现在工作虽然未有受重创，但是从△△同志经手所知道的，现都要慢慢去找。现在四区完全恢复，是陈同志负责。旧时韶城及各地的湖南工人同志（一人负责同志），县委破坏后，通通跑了，无从找他们。大桥、桂头两处的工人都失了联络。

黄△△[1]

中央档案馆，广东省档案馆：《广东革命历史文件汇集（中共北江、湘南特委文件）一九二八——一九三三》，1982年，第165—167页。

① 黄甦此时正担任北江巡视员，此处黄△△疑为黄甦。

中共广东省委北江巡视员一鸣同志给省委的报告

——关于一夫被捕后北江工作情形

（1929年11月16日）

省委：

（一）我与交通员甘□兄于十四号晚平安抵韶，十五日已接见黄□[①]兄，望勿念！我见黄后即将省委派我北江一切任务详细告诉他，即黄亦准于明天将北江一切工作情形，详为向我尽述，而实行我们的交换条件（因黄过〔近〕来沾有微恙，故不能即时与我谈谈）。

（二）前次韶州机关〈被〉破坏，一夫同志被捕后，影响韶城工作，损失很大。原来韶城是有几个支部组织，但各支部同志因恐惶而逃跑一空，以至整个韶城工作都塌台了。最可幸者，对于曲江各区工作仍无多大影响，工作仍旧进行，同时曲江县委亦早已恢复就绪。至韶城工作，目前仍有方法可以重新建立，即我在港时，唐同志所介绍之工人同志，亦在最近可以设法接头。

（三）清远、英德两地工作，虽有人负责主持工作，但是负责同志工作幼稚，能力薄弱，因之工作无甚进行。现我们已决定叫他们于最近开一县委会议，决定今后工作路线与工作方法，尤其特别关于斗争问题之决定仁化、始兴两地工作现亦已有找到头绪，因此我与黄同志定于明天出发前往兴、化（如黄同志病未愈当另一问题也）恢复该两地工作。

（四）关于北江机关问题，一夫同志被捕后自然因之而影响，但如能营业或有女子租屋当不成问题。现在已积极进行，一俟机关弄妥，通讯处找到后，当另行报告也。印刷机关亦已在农村找定一所，但此处不

① 即广东省委北江巡视员黄甦。——编者注。

能长久，故决定在农村中再多找几处，而建立健全的印刷机关，惟是油印技术书记缺乏。因此即请省委准备能任技术书记兼能做宣传工作人才一人，俟下次我处交通员到港时即行派来。

（五）北江工作情形止〔只〕黄同志一人才熟悉，兼之自韶机关破获后，各县交通又完全断绝，如果黄同志不引我亲跑一回，将各县交通路线与交通工作弄好，则各县可以说是没法接上头，因此黄同志之回省日期须待一星期后妨〔方〕可动身。我明知省委要黄同志即时回去，但因为北江整个工作关系，故没法，只〔得〕留住黄同志一星期的时间。

（六）关于北江整个工作情形，我尚非彻底明了，故此关于各县工作总报告，须待我经跑各县回来后，始能做去也！

勿率简草，一切情形，容后详报。

末了！顺致

布维精神！

一鸣

中央档案馆，广东省档案馆：《广东革命历史文件汇集（中共广东省委文件）一九二九年（三）》，1982年，第173—175页。

中共广东省委常委全体会议记录（节录）
——讨论中央第六十号通告

（1929年12月28日）

到：炽、昌、荣、郁、苏、发、复、仲、灼。[①]

议程：政治问题（讨论中央第六十号通告）

……

苏：

刚才各同志说帝国主义进攻苏联的矛盾，比帝国主义本身的矛盾较大，在这个问题底下，我认为不能这样肯定。现在日本帝国主义积极出兵满洲，企图独霸满、蒙，这可以看出日本与英、美帝国主义的冲突很大。同时，各国的兵舰开到上海，显然是瓜分中国的事实。这又一方面表示进攻苏联；一方面表示帝国主义内部矛盾，有爆发太平洋战争的前途。这是很有可能的，并不是单独进攻苏联比较高，同样是表示瓜分中国的意义。日本帝国主义在南北满，怎样的去拉拢张学良，以及阎锡山，使他们的势力更深入中国。美国积极帮助南京成为与日本对抗。因此，帝国主义势力集中瓜分中国，是可以爆发太平洋战争的。在这次军阀战争中，日本怎样的企图把北洋军阀团结在他影响之下。美国则极力勾结南京政府，形成日美对抗。亦即是共和大同盟与国民党对峙的局面，中国军阀混战将更延长，继续下去。在此形势之下，蒋介石表示极力让步，山东让与张学良，河南让与阎锡山，甚至把整个西北交与阎锡山，无异赞成他与南京政府对峙。故中国军阀混战，必然的更加继续下去。至于帝国主义勾结中国军阀不是呆板分析，他一定愿意那一个阶级

① 分别是卢永炽、贺昌、聂荣臻、陈郁、黄苏、邓发、陈复、罗章龙、王灼。——编者注。

的问题，我同意复的意见。

中国军阀战争，并不因进攻苏联而停止。中国军阀，都以攻俄〈而〉力为帝国主义的进见礼，因此军阀战争与进攻苏联是双方齐下的。中央六十号通告指出爆发进攻苏联战争后的工作，我们应详细讨论。目前党的基础尚很薄弱，据灼同志的报告，除广东、江苏之外，其他各地更薄弱，这怎样能够执行这个任务呢？中央应加强全国的工作，才能真正负担武装拥护苏联的任务。在这问题底下，尤其是广东，应特别加紧工作，怎样的去布置四大城市工作。目前比如香港工作，仍非常弱，武装拥护苏联的口号，不是凭空讲白话，便算了事，而要使每一个同志彻底去了解。在工作布置上，职运中，赤色工会内面应组织工人纠察队，实际问题来到了，才有办法负担。组织工人纠察队，一方面可以保护工人的利益，一方面才算有武装去执行工作，这是我们基本的工作。在城市中，夺取广大工人群众特别重要。在年关中，要真正在斗争中去争取群众，使一般工人都了解武装拥护苏联的任务。现在香港一般工人还不明白这点。有人说我们中国人为什么要拥护苏联呢？这便可证明。故我们要特别注意这点。

在乡村工作，农村中应组织赤卫队，施以军事训练，使苏维埃区域扩大起来。

两广战争问题，张、桂军反攻，不是现在的事，要到了一个相当时期，才能反攻。就是：第一，两陈实行火拼的时候，张、桂军是可以反攻。第二，共和大同盟领导的北洋军阀与蒋介石，在北方开始战争时，张、桂军可以反攻。最近他们是无反攻的力量。在这战争不断当中，我们要切实加紧全省的工作，〈在〉武装拥护苏联的策略之下，广东要做出一点东西来看才好。

关于武装拥护苏联的问题，我们在六、七月间，已经讨论过。现在中央通告更加说明是一天天的加紧工作已迫在眉睫，马上就要到来。在工作加紧中，要联系说到主观力量问题。目前革命已到了复兴的形势，而且向前发展，这是我们承认的。但党尚未能跟着群众，而起领导上作用。这时候我们要使我们的领导工作真正站在群众当中，使复兴的革命形势更加向前发展，一直做到直接的武装拥护苏联。我们要使群众真正的了解。如果我们的口号不深入，结果有力量我们不会使用。武装拥护苏联不但要使中国群众起来，而且要使帝国主义的军队同样的叛变过来，走到拥护苏联的旗帜下来。最近澳门的兵变，证明帝国主义的军队是很容易哗变的。省委要抓住这个问题，来发动外国海陆军的工作。香港水〈兵〉一九三〇年加薪的斗争，我们要特别注意，由这里去发动他们的斗争，联系到武装拥护苏联的任务。这个意义是非常伟大的。

中国政治问题，西北战争之后，战争仍是要延长。现在看来，阎、张联合通电，并无和平可言。阎向河南夺取，张学良争取山东，并且是很明显的，这可以证明帝国主义进攻苏联，并未忽略瓜分中国的企图。帝国主义国民党进攻苏联与中国军阀战争同样的要来的，是双管齐下的，中国军阀个个都是反对苏联的。

这里我有两个不明白的问题，就是阎、张到河南、山东后，必然会排斥豫、鲁的中小军阀而引起斗争。刚才昌同志说的，不知是否这个意思，我认为是对的。

今天讨论的问题，关于政治方面我同意外，关于执行中央六十号通告问题，我有些意见。目前广东应配合实际情形，定出具体方法的布置。首先说到几个城市的群众情形，广东在全国革命复兴的形势之下，广东也到了复兴。但群众斗争未到什么样程度，我们应有很正确的去审查香港群众斗争。经过去年年关后斗争是发展的，不但扩大发展，而且斗争范围逐渐走到重要工人方面，不过不能得到许多胜利。同时，广大的罢工仍较少，斗争尚未走到深入的程度。广州工人亦如此。广州工人对斗争要求很迫切，但斗争并无深入……更是一样。海员工作，自经太平洋航线皇后船罢工后，各船大小的斗争，并未停止过。现在海员工人的斗争，是非常迫切的，而且随时都可以爆发起来。省港江澳反改组委员的苛捐杂税（如缴一元月费）的斗争，现在正在消极的抵抗，白色恐怖虽然很厉害，但不能减轻群众的反抗。太平洋航线要求加人减时，昌兴公司（皇后船）的反梁沅和斗争仍旧继续。铁路工人自拒用中央纸币的斗争之后，现在又要爆发年关发双薪和过年发寒衣的斗争，有一鼓即动之力。现在怎样去执行是非常重要的问题。再军阀混战三次四次之下，更可以发展起来，更可以使工作扩大起来。

再则说到目前帝国主义进攻苏联的形势，一天天的严重。特别是在广东，是很重要的，是推进发展群众的机会。广东群众对苏联的认识，比较明白。关于这个问题，省委应召集各地的同志会议，不要等到扩大会才来布置；另一方面对于几个城市应有比较具体的布置。广州群众斗争的迫切要求，是有利于我们工作发展的。现在要使群众斗争更发展、更深入，目前应立即派一人到广州去指导。关于香港工作，这几天省委讨论，我无多大意见。香港工人斗争正在酝酿中，而且很快可以爆发，尤其是反对帝国主义的斗争，尤其迫切。推进群众斗争的发展，是目前很主要的工作，对……工人的斗争，注意力还不够。

铁路工作：铁路工人群众斗争情绪，比较其他工人进步。自二次扩大会后到现在省委对铁路工人不注意，我想无人敢讲这句话。省委对铁路工作是时时注意到的，只是缺乏主观全盘的注意。现在我们要比较具体的布置工作，集中三大铁路略有群众组织的地方，要加紧去发展和创造新的群众组织。

海员工作：最近中央、全总、省委都已注意〈从〉人力财力上去加紧布置。目前海员党的工作要重新创造起来。省委要设法对海员加人，最低限度秘书要找到。现在在海员中调人，是不可能的。海委至少要增加三人工作，不知省委是否可增加津贴？群众武装组织，是很重要的，尤其在斗争中更重要。

兵士工作问题：广东兵运工作，各方面都有几月的成绩，但仍不能满足，重要地方尚未能自动注意起来，只希望省委去干，我们要使各地真正了解，建立兵运的经常工作。

红军的行动问题：各地都感觉到指挥的困难，目前对红军的指导是很重要的。

…………

中央档案馆，广东省档案馆：《广东革命历史文件彙集（中共广东省委文件）一九二八——一九三二》，1983年，第191—197页。

中共广东省委给中央的报告（C五十二号）
——关于省委分工问题

（1929年11月24日）[1]

中央：

省委于本月二十三日常委会议，对于省委工作重新分配于下：

书记——仍炽担任，参加海委。

宣传——仍昌担任，参加香港市委及工代会与C.Y.省委。

组织——邓发同志担任，但目前邓任香港市委书记，在这时期组部由荣臻参加多负责任。

军委——仍由荣臻兼顾担任。

邓发——任香〈港〉市委书记。

郁（现在到广州，曾考虑罢工，广暴时认得人太多）——即派到广州指导工作。

黄苏——到中路巡视。

以上分配工作，中央有何意见，盼指示！

省委

中央档案馆，广东省档案馆编：《广东革命历史文件汇集（中共广东省委文件）一九二九年（三）》，1982年，第243—244页。

① 年代是根据本文内容判定的。

中共南方局主席团第一次会议记录

（1930年8月13日）[1]

到会（略）

一、海员问题

二、东江代表大会问题

三、省行委组织问题

四、各地工作人员分配

五、南方军区工作计划

六、南方局第一号通告及工作计划

一、海员问题

连一报告：

（1）昨天与连朝同志谈过这次香港海员代表大会，到会的只有十一代表。主要的只是沿岸线如丰字牌等大来公司之亚谭士，内河船之广福祥均已选出代表，然而届时找不到，不能出席，馆口失业工人宿舍代表五人，大利安利等答应选出代表，然而却不选出。十一代表中，同志仅五人。

（2）十号开始开会，前一天有省委代表报告，次海总报告，省委代表报告后，有几个代表发表意见，但其中只有一个非同志说话，他对党尚有相当认识和热烈的同情。海总报告，主要内容是说“四一五”后海总斗争的经过，以及最近海总迁沪等等。第二天便讨论决议案，首由詹行祥报告政治决议，次由连朝报告斗争纲领。政治决议无甚讨论，斗

① 原件无年代，这是文件戳记上的年代。

争纲领已通过，组织问题对船上委员会比较详细讨论。

（3）昨天对连朝说这一会议要延期，今天上午十一时再开会。

光生：这次海员代表大会，事前准备工作只是通知召集，而没有实际的动员工作，事实上只由海总个人去号召而已，因此大会结果无疑的只是形式上通过决议案和到会者只有沿岸线和同志，主要航线却始终没有人到，这便是这次大会的严重损失。

（1）现在我们要设法补救这次大会的损失，所以一定要延会，再派人去报告，要使目前工作总的路线给工友们明了，而且须明显指出现在斗争不能囿于经济要求，而应积极反帝反军阀战争等激烈的斗争。

（2）至于已通过的斗争纲领，必须切实再与审查，其次反黄色工会必有一个决议，现在对黄色工会的策略不仅是反对，而且要彻底消灭黄色工会。

（3）在组织上必须用新的组织方式，如驳船等等均须有切实工作，故今天的讨论，必须坚决提出猛烈的发展赤色工会工作，切实运用新的组织方式使其发展。

（4）现在到会者多苛士线（即沿岸线）工友，故苛士的斗争纲领切实讨论，在斗争纲领上组织上均须有具体的计划决定。

（5）失业工人的斗争宿舍工作，必须找出各航线的失业工友的中心宿舍来具体讨论。

（6）纠察队工作，要在代表大会上切实讨论。

岳栋：这次代表大会的缺点及补救方法，光生同志的意见我同意，完全赞同，但仍觉得不够。因此我以为：（1）昌兴、大来等大河航线的联席会必须决定召集举行。（2）失业工人委员〈会〉必须成立。

光生：还要准备几个宣言：（1）庆祝五次赤色职工会及纪念赤色国际职工会十周年纪念。（2）苛士船斗争要指出资本家现在拟由港纸改用沪币，这等于减少工资，我们必须坚决斗争。（3）过去不论海委海总同志，对海员斗争只偏于经济条件，最显然的便是单独提出加薪运动等，这显然是偏于经济斗争而没有提出政治口号。（4）在大会上要提出组织太平洋线内河线的联席会议等。

二、东江代表大会问题

（1）东江代表会必须增加C.Y.代表，至少要十五人。

（2）东江代表大会的委员会：永炽、一秋[①]、舜仪、道文。永〈炽〉任主席。委员要二十三号以前召集，催舜仪、道文赶来开会。

三、省行委的组织

光生：南方局和省行委的组织原则：（1）南局兼行委，各部各委如之；（2）各省工作要有人负责，不然必须单独讨论。现在关于各部各委各地方工作的名单，我已和一二位同志商量过，现提出：

（1）组织部：部长永炽兼，副部长舜仪，秘书长张昔家。

（2）宣传部：部长道文兼，秘书货遵道。

（3）党报委员会主任：一秋，遵道，其余由主任决定。

（4）工委书记光生，委员黄甦、岳栋、许植、连朝、蕙芳，香工代党团书记。

（5）农委：书记道文，委员舜仪、永炽、小宋、一秋。

（6）妇委：书记秀珠，蕙芳，景芳，大姐，小宋，香港在业女同志一人。

（7）青年秘书处：主任岳栋，秘书仁善，干事林某。

（8）军区：主任一秋兼政治部主任，秘书剑英，参谋长叶剑英，工农代表黄甦，士兵黄强，外海陆军林昌云、军需陈子歧〔岐〕。

（9）秘书处及各科：秘书长，丙太调任十一军政治委员，现由君强充当；机要秘书张木；发行科主任夏声，叔宝，猷光，昭雁，女同志住家；交通局总主任佩群，广东主任黄汉强，广西云南主任曾统；文书

① 即李富春。——编者注。

科廖白、卢俊义；内交主任曾霞；会计先甲；油印科主任明泰、成和、钟振先。

（10）各革命党团：互济会党团凤翔、碧清（市总）；全省准备委员会秘书陈敏恕。

四、各地工作人员的分配

（1）海员委员会主任连朝，委员连一，其标（另四人再找）。

（2）铁路委员会主任国材、许植、沛林。

（3）广州市：家记、文苏、炳枢、五材、C.Y.（青年秘书）、竹虎（军委）。主席：家记、文苏、炳枢、竹虎。

（4）香港市：主席团：仁波、蜇恒、周洪、钟衡（秘书）；委员：国英、郑倍嘉、陈灿。东区书记黎玉堂，西区书记陈灿。

（5）汕头市书记符祥湖，委员文沛、典光（青秘），另军委一人。

（6）中路各县：顺德小岳，东莞陈应泉，花县沙伟文，中山（略），佛山王琪，江门陈兴国，澳门（略）。

（7）西江：陈炳辉、陈卓（太古糖房）、李同宁。

（8）北江：清远陈华，南雄，乐昌张连。

（9）南路：詹行祥、苏天春、C.Y.。

（10）广西：特委邓伯奇、英茂祥（青年秘书）、王德普（由龙州来的其他三人，一人到七军，一人到梧州，一人到龙州），并准备由香港调三四人到梧州去工作。

（11）巡视员：杨捷芳、陈回、陈春霖，春霖到中路，陈回到广西，杨捷芳到福建。

五、南方军区工作计划

候一星期内草竣交主席团会议。

六、南方局通告第一号及工作计划

（1）第一号通告及工作计划由光生起草。

（2）第一号通知（各省组织及交通关系）由岳负责。

（3）行委主席团工作分配：参加香港会议，春；参加海员会议，炽；参加互济党团，秘书长；参加准备委员会，光；各部各委接头，光（每天接头地方为香港市海员、互济、宣传部、组织部、军区）。

（4）各地工作人员会议分三批。

（5）各部秘书及各科主任会议，三天以后。

（6）直支组长干事联席会议，四天以后。

（7）香港活动分子会议先代表大会而开。

（8）关于党的动员应发一通告，由一秋起草。

（9）每天上午八时至九时与各部各委接头，每天十时至下午一时主席团办公。

中央档案馆：《中共中央南方局文件（1927—1931）》，1985年，第53—58页。

陈舜仪给南方局的信

（1930年11月29日）[①]

南方局诸同志：

项英诸同志昨日抵此，即召集特委全体会议，讨论中央对苏维埃区工作的新决定。此会结果，更充实了闽西扩大会的记录。中央三全大会的决议，我近来会同〈发现〉其中土地问题，项英同志的报告与光生同志的传达，有些少不同，当然我在此传达亦有些不同，此次经项同志报告后已纠正过来。“防御的进攻”项同志不同意，我亦觉得名词大不妥当，但南方局的巩固与发展的路线是正确的。

红军十二军二千余人，战斗兵只有六百人，有枪无人持，徒手多过战〈斗〉兵三分之二。最近我到十二军开会已相当解决了些困难问题，如做了二千多套棉衣服、征毯子慰劳红军、扩大宣传鼓动等。但主要的扩大红军问题尚不能有极实际的决定。这里同志群众对当红军实大成问题，党亦有尾巴倾向。除将十二军的改编坚实外，更积极的来扩大红军并组织预备队伍，详细情形，待特委报告。

在十余天前我们的决定是，总的目标夺取漳州，以为充实向南发展的力量，必须巩固苏维埃，连贯东江、赣南。因此军事上的布置是配合群众夺取长汀、上杭、连城。四十八团到大埔和永定，游击队控制香、张白军。各县游击队更扩大的集中向边境发展，尤其向南边发展，进攻团匪。在一切工作的布置，亦根据这一原则。此次项同志来报告南方局的决定，恰与此间决定一样，故无更改。现在长汀已攻下，但团匪六、

① 原件无年代，这是文件戳记上的年代。

七百还未消灭，此要□□团匪消灭他们一部分，先将长汀政权巩固起来作闽赣交近及后方。黄苏同志今日已往十二军去了。

闽、粤、赣边苏维埃政府，决定在一月二十一日成立，由闽西苏维埃发起组织，请东苏赣南派代表，筹备会议决定在十二月十一日开。届时东苏因我们都是东苏委员，也在此会中成立筹备委员会，此间已决定了党团。

我来时本决定至多二十天，但现在已达一月，我来到南方局工作忙，有决定十二月一日回去，但昨听项同志说你们决定在此帮助工作，等邓兄来才回去。因此我现在就在此工作，帮助这里工作的专〔转〕变，及改造党改造苏维埃的斗争。我最近要到下级去作实际的观察及指导。但我想早一点回去，因此特区有明光同志在此，较不大成问题。请推〔催〕卿兄或云兄快快来！

简祥明同志带去的金子，伟良同志带去汇票五百元、银二百元有无收到，为何无回信，使我真挂念！大埔最近有一千元可付去，赣西南有十余万元给中央，中央有一、二万元给南方局之希望。我已与易尔士（中央派来的财政专员）斟酌过，派他到赣西南专办此事，并带参观团去。这里我要筹一万元，大约已有把握，最近有五千元可付去（本来要由我带去的）。请你快快派妥当同志前来，带似至少要千[①]余人，因此间无人可负此责，请不要忘记，我们等得太久了！！！

最近我要在大埔调学秋同志去，他可到广州工作，他是工人同志（大埔常委）能说广州话。闽西亦有一工友同志会说广州话，可派广州或汕头工作。

饶、和、埔已决定成立三个县委，由闽西特委派人改组之。

为何没有对这里及我的工作作详细的指导！伟良同志请着其回来。

① “千”字可能有错。

此间有两个听无线电的同志现在军校。江西如有此电时或要派他何〔前〕去，但无电码，此层如何设法？

香港工人为何没有一个来红军，最近军校要办，我以为无论如何应在香港，派一百工人来训练，养成将来红军的工人干部。并派工友来此参加，加强闽西工农与产业工人的联系。

最后请你们问道文同志，周淋〔淑〕琴同志的情形如何？她已来港否？如来时代告我的消息，她知道我不久要回去。

陈舞〔舜〕仪

11.29.晚11时

中央档案馆，福建省档案馆：《福建革命历史文件汇集（闽西特委文件）一九二八年——一九三六年》，1984年，第234—236页。

中华苏维埃共和国中央执行委员会布告（第一号）

（1931年12月1日）

中华工农兵苏维埃第一次全国代表大会，于一九三一年十一月七日苏俄十月革命节在江西苏区开会。议决了政纲、宪法、土地法、劳动法、红军问题、经济政策等重要法令，宣告中华苏维埃共和国成立。选举：

毛泽东，项英，张国焘，周恩来，卢福坦，朱德，瞿秋白，张鼎丞，邓发，王稼蔷①，徐锡根，范乐春，陈绍禹，彭德怀，关向应，孔荷宠，方志敏，任弼时，贺龙，沈泽民，谭震林，黄平，曾山，林彪，陈郁，罗登贤，夏曦，邓子恢，刘少奇，刘大朝，陈正人，袁德生，崔棋，屈登高，段德昌，葛耀山，彭轨，陈福元，古大存，韦拔群，张华先，何叔衡，黄甦，胡海，滕代远，肖恒太，罗炳辉，陈毅，张云逸，周以栗，卢德光，胡均鹤，徐特立，邵式平，洪紫清，刘光万，余汉朝，吴致民，刘建中，李宗伯，刘生元，王永盛，阮啸仙等，为中央执行委员，组织中央执行委员会，为全国代表大会闭会后最高政权机关。中央执行委员会于十一月二十七日开第一次会议，选举：

毛泽东为中央执行委员会主席

项英、张国焘为副主席

并于中央执行委员会之下，组织人民委员会，为中华苏维埃共和国中央行政机关，选举：

毛泽东为主席

项英、张国焘为副主席

王稼蔷为外交人民委员　　朱德为军事人民委员

项英为劳动人民委员　　邓子恢为财政人民委员

① 即王稼祥。——编者注。

张鼎丞为土地人民委员　　　　　瞿秋白为教育人民委员

周以栗为内务人民委员　　　　　张国焘为司法人民委员

何叔衡为工农检察人民委员

同时于人民委员会之下设立国家政治保卫局，以邓发为局长。

中华苏维埃共和国临时中央政府业已宣告成立，从今日起，中华领土之内，已经有两个绝对不相同的国家：一个是所谓中华民国，他是帝国主义的工具，是军阀、官僚、地主、资产阶级用以压迫工农兵士劳苦群众的国家，蒋介石、汪精卫等的国民政府，就是这个国家的反革命政权机关。一个是中华苏维埃共和国，是广大被剥削被压迫的工农兵士劳苦群众的国家。他的旗帜是打倒帝国主义，消灭地主阶级，推翻国民党军阀政府，建立苏维埃政府于全中国，为数万万被压迫被剥削的工农兵士及其他被压迫群众的利益而奋斗，为全国真正的和平统一而奋斗。他的基础，是建筑在苏区和非苏区几万万被压迫被剥削的工农兵士贫民群众的愿望和拥护之上的。他具有绝大威权，打击着国民党军阀政府由崩溃走到死灭，他一定要很快取得全中国革命的胜利。

中华苏维埃共和国中央执行委员会，受全国代表大会的付托，当竭全力执行大会制定的政纲、宪法、劳动法、土地法等一切法令和决议，建立巩固而广大的革命根据地，创建大规模的红军，组织大规模的革命战争，使革命在一省或几省首先胜利，以至于取得全国的胜利。现当政府开始工作之时，特为布告全中国工农兵士贫民，和一切被压迫群众，一体明白。

主席　毛泽东

副主席　项　英　张国焘

公历一九三一年十二月一日

中国井冈山干部学院，中央档案馆：《红色中华》，南昌：江西人民出版社，2016年，第5—6页。

福建省工农兵苏维埃代表大会盛况

福建省工农兵苏维埃第一次代表大会，已于巴黎公社纪念日上午八时正式开幕，会场设在闽西政府大会场内，场内装饰极为庄严华丽，到会代表共一百余人，均系各级政府的中坚干部，并有共产党省委，共产青年团省委，工农群众团体等代表出席参加。

（一）开幕盛况：开幕时，军乐大作，爆竹声四处鸣响，全场一致热烈的欢呼鼓掌，继高唱国际歌，忽有同志提议静默以表示纪念为革命而牺牲的战士，顿时会场肃静，约一分钟后，由闽西政府主席张鼎丞同志致极热烈的开幕词，宣布大会开幕之伟大意义及重要之任务，继中央政府代表任弼时同志及各机关代表相继致庆词：再有审察代表资格委员会报告审察代表经过，推选大会主席团。

（二）会议经过之一般：大会第一日由中央政府代表任弼时同志做政治报告，张鼎臣〔丞〕同志报告闽西政府一年的工作，并宣读中央政府给大会指示的信〈。〉出席代表对目前发展革命战争之政治形势，均有深刻认识，一致接受中央政府之指示，对鼎臣〔丞〕同志的报告，亦热烈的参加讨论，次日则讨论土地法劳动法，各代表的踊跃提出实施办法。会议的第三四日通过了土地，劳动，财政，苏维埃建设问题等重要决议及大会宣言电文等。

（三）选举情形：大会一致的选举张鼎丞、阙继明、张思垣、范乐春、蓝兴南、张仁标、郭滴人、傅源标、涂康元、李六如、钟显光、张必发、罗明、张福娣、王锦标、陈特生、高元芳、刘祥文、李明生、李明光、程朝远、江鼎仁、赵发桂、张华先、刘永生、曾凡林、王海萍、傅才秀、游端轩、谭震林、罗炳辉、黄甦、赖芹香、郭玉杨、沈德昌等三十五人为福建省苏执行委员，大会遂于二十一日闭幕，并于闭幕之次日开第一次执委会，选举张鼎丞、阙继明、张思垣、范乐春、李六如、郭滴人、钟显光、张华先、谭震林等九人为福建省苏主席团，张鼎丞同志为省苏主席。现已将选举结果，报告中央政府请求批准。

中国井冈山干部学院，中央档案馆：《红色中华》，南昌：江西人民出版社，2016年，第267—268页。

福建省苏维埃政府通令第一号

——关于成立福建省苏的事

福建省工农兵苏维埃第一次代表大会已于本月十八日在汀州开会，接受全苏大会一切决议案，并议决了土地问题、劳动问题、财政问题、苏维埃建设问题等重要决议案以及宣言文电……等等，成立了福建省苏维埃政府，选举张鼎丞、阙继明、张思垣、范乐春、蓝兴南、张仁标、郭滴人、傅源标、涂康元、李六如、钟显光、张必发、罗明、张福娣、王锦标、陈特生、高元芳、刘祥文、李明生、李明光、程朝远、江鼎仁、赵发桂、张华先、刘永生、曾凡林、王海萍、傅才秀、游端轩、谭震林、罗炳辉、黄甦、赖芹香、郭玉杨、沈德昌等三十五人为执行委员，钟友勋、赖荣章、钟加瑞、魏阴华、张邦富、马明亮、李林昌、赖如昌、廖佩钦、赖月华、张子卿、许应生、游荣长等十三人为候补执行委员。组织执行委员会于本月二十二日开第一次会议，选举张鼎丞、阙继明、张思垣、范乐春、李六如、郭滴人、钟显光、张华先、谭震林等九人为主席团，以张鼎丞为主席，阙继明、张思垣为副主席，范乐春为土地部长，张思垣为劳动部长，阙继明为工农检察部长，李六如为财政部长兼任内务部长，郭滴人为文化部长，钟显光为粮食部长，张华先为裁判部长。

福建省苏维埃政府业已宣告成立，选举亦已就绪，即日开始工作，为此通令前来，仰各查照为要。

此令

各级苏维埃政府。

主席　张鼎丞

副主席　阙继明　张思垣

公历一九三二年三月二十五日

中共龙岩地委党史研究室，中共长汀县委党史研究室：《福建苏维埃》，厦门：鹭江出版社，1992年，第120页。

红十二军水口战役报告[①]

（1932年7月14日）

朱总司令[②]：

兹将属军十日水口战役经过详情报告如下：

1. 九日午后奉钧座手谕，部队向水口[③]开进，增援五军团，于当日午后八时许到达田寮背[④]一带停止。职等在先头亲到横塘附近找董总指挥、萧政委[⑤]未遇，不明情况，直至十二时以后方遇五军团周参谋长、江西军区陈总指挥及叶总参谋部长[⑥]，得详悉前线情形，认为必须立即增援前线，即将部队于十日午前二时许进到正面预备队位置停止，因前线稳定未加入火线（总部电令迟到）。

2. 十日晨一军团林总指挥[⑦]到达前线，作战计划已定，决以属军增援左翼，推进三军截击南雄增援敌人消灭之。九时开始运动部队，约十时许到达三军九日阵地附近（有三军传令兵带路），未见三军踪迹，以为三军尚在极左翼，仍继续前进，直至水寮附近发现敌已展开向我前

① 一九三二年七月八日至十日，红一方面军主力在广东省南雄的水口与国民党粤军展开激战，将粤军击溃，并乘势沿水口至南雄大道尾追逃敌。至十日十九时，粤军退入南雄城，红军追击部队返回水口集结。该战红军没能全歼敌人，一是由于部队误报敌情，对敌人的兵力部署若明若暗，使红一方面军领导人一再改变决心，兵力虽然不少，但没能真正集中；二是未对敌实施侧背包抄，断截退路，致将敌大部打垮溃逃，结果吃了兵力不集中的亏，打了个击溃仗、消耗仗。此文即是战后罗炳辉等的报告。

② 朱总司令，指朱德，时任中革军委主席、红一方面军总司令。

③ 水口，今水口镇，位于广东省南雄市境中部偏东南。

④ 田寮背，今水口镇北部的上南坑一带，位于广东省南雄市境中部偏东。

⑤ 董总指挥，指董振堂，时任红五军总指挥；萧政委，指萧劲光，时任红五军团政治委员。

⑥ 周参谋长，指周子昆，时任红五军团参谋长；陈总指挥，指陈毅，时任江西军区总指挥；叶总参谋部长，指叶剑英，时任中革军委总参谋部部长。

⑦ 林总指挥，指林彪，时任红一军团总指挥。

进，而我则出于无期遭遇（因不知三军已撤），一百零七团团长何大明处置犹豫，不能迅速展开部队占领敌阵地先制敌人，乃处被动地位，受制于敌。敌为独立第二旅陈章部约二团，一与接触即用炽盛火力压制，向我猛扑。当时因情况不明，军师指挥员均身临最前线，不能立就指挥阵地，部队不免少生纷乱，一百零七团阵地受敌三面侧射，杀伤甚大而生动摇。待部队展开，一百零八团占领左翼较优势阵地抗拒敌人，使一百零七团退出不利阵地，才〔乃〕将战线稳固，得保我全线左翼之安全。

3．十二时许我主力在正面右翼开始攻击，敌有后顾，仍保持阵地，未敢猛进。一时许三军参谋长①持林总指挥手令来云，以三军为属军预备队，协同拒止左翼敌人前进。约在午后四时我主力得手、左翼之敌动摇时，三军已到，乃行出击，因未先占左翼高山及部队动作迟慢，不能乘敌人动摇以猛扑消灭之，故胜利不大。三军加上追击，敌已脱逃，亦无所获。

4．属军伤亡、消耗、缴获、俘虏，见战斗结束报告表。

5．三军此次战役其英勇牺牲精神固所拥护，但三军十日早撤退，既未报告，又未留部队监视敌人，左翼全无部队（属军到下午一时见张参谋长方知二军下落），使属军贸然不知，与敌遭遇，几陷于危，幸能相当拒止敌人，固我军左翼战线。虽损失大，收获小，尚未致消灭，亦不幸中之幸。尤可虑者三军撤后左翼完全无部队，假使属军迟到一二时，敌人乘虚直抄到独立三、六师②以至五军团总指挥部指挥阵地后，则不但部队消灭，且整个战线亦将受大影响，此种撤退实足危及全局。

6．部队在此次作战中，一般情绪甚好，惟技术上缺点太大，中下级指挥员临敌仓惶，不能掌握部队、使用部队，致遗〔贻〕误歼敌时机，而自身负伤大。现已全部集合，急待整理，特此报告。并祈钧座核示。

① 三军参谋长，指张锡龙，时任红三军参谋长。

② 独立三、六师，指江西军区独立第三师和独立第六师。

此致

布[1]礼

十二军军长　罗炳辉

政治委员　黄　甦[2]

于信丰县城于七月十四日

军事科学院《罗炳辉军事文选》编辑组：《罗炳辉军事文选》，北京：军事科学出版社，2011年，第44—46页。

① 布，指布尔什维克。

② 档案馆存件如此。似有误，据查，此时红十二军政治委员为谭震林，不是黄甦。（此时黄甦应为红十二军三十四师政治委员。至于为何档案原件写“黄甦”，待考。——编者注。）

福建省苏维埃政府致各县区负责同志函

——通知省苏执委开会事

（1932年9月13日）

各县苏、各区苏政府负责同志：

省苏执行委员候补委员如是〈。〉你处工作或你处的同志，请随即转通知他们并推动他一定要按时到会，切勿忽视为要。

此致

附省苏执行委员、候补委员开列：

张鼎丞、阙继明、张思垣、范乐春、监兴南、张仁标、郭滴人、傅源标、涂康元、李六如、钟显光、张必发、罗明、张福娣、王锦标、陈特生、高元芬、刘祥文、李明生、李明光、程朝远、江鼎仁、赵发桂、张华先、刘永生、曾九〔凡〕林、王海萍、傅才秀、游端轩、谭震林、罗炳辉、黄甦、赖〔芹〕香、郭玉杨、沈得〔德〕昌、钟友勋、赖荣章、钟加瑞、魏阴华、张邦富、马明亮、李林昌、赖如昌、赖月华、张子卿、许应生、游荣长、廖佩钦。

一九三二年九月十三日

中共龙岩地委党史研究室，中共长汀县委党史研究室：《福建苏维埃》，厦门：鹭江出版社，1992年，第221页。

伟大的闭幕式

庆祝二苏大会胜利的成功！为完全实现大会的每条决议而斗争！

有着伟大的历史意义的二苏大会，经过了轰轰烈烈的十一天，在毛主席的庄严的闭幕词中，大会战斗地胜利地完成了。

大会的第十一天，一九三四年二月一日的上午九时罗迈同志宣布今天闭幕日的议程主要的就是第二届中央执委会的选举。在未进行这一议程之前，临时有两个动议：一是朱琪同志提议以大会名义通电反对国民党法西〈斯〉白色恐怖，并号召白区群众要求国民党政府立即释放牛兰同志及汪得利曾同志，二是项英同志提议的由大会电贺联共十七次大会的开幕，经过大会全体通过后，交由主席团去起草和发布。接着大会主席团就提出了二届中央执行委员的候选名单。这一名单是事先由各代表团提交大会主席的。总计正式委员一百七十五人，候补委员三十五人。关于人数问题，经大会全体赞成后，主席团推罗迈同志逐一读下去，报告了每个候选人的姓名、籍贯、成分、性别、党团籍、民族及其现任职务。首先是把个别候选者一一征求大会全体代表的同意，其中五个候选人经过了个别代表质问，方始全体通过，但有一个候选人因他的工作历史不明而落选，当经递补后，便总的付了表决，大会遂全体一致通过以下列一百七十五人为正式中央执行委员：

博古、陈绍禹、何克全、刘少奇、毛泽东、项英、吴亮平、瞿秋白、周月林、金维映、黄发桂、谢玉钦、李富春、谢名仁、肖世榜、林国宋、黄长娇、蔡畅、钟葆元、娄梦侠、张绩之、徐达志、曾山、钟昌桃、刘启耀、钟循仁、李卓然、刘广臣、谢先震、朱德、周恩来、王稼蔷、刘伯承、贺昌、何长工、滕代远、彭德怀、杨尚昆、林彪、聂荣臻、董振堂、刘伯坚、黄甦、蔡树藩、聂洪钧、王如痴、万永诚、陈光、寻淮州〔洲〕、罗瑞卿、张纯清、周建屏、周昆、乐少华、陈阿金、袁国平、叶剑英、陈毅、毕士悌、陈洪时、肖〔萧〕克、孔荷宠、朱瑞、刘畴西、徐彦刚、陈昌浩、徐向前、张国焘、张琴秋、贺龙、关向应、夏曦、宋白民、王维舟、罗炳辉、洪水、蔡乾、张然和、余宏文、王世泰、潘士忠、姜阿三、张冠一、古大存、郑振芬、朱琪、高俊亭、詹以锦、郑位三、王凤鸣、成仿吾、郭述申、张德三、祝维恒、顾作霖、邵式平、黄道、朱兆祥、孔书安、刘晓、钟世斌、傅才秀、周义开、刘明辉、熊仙璧、刘国珠、钟桂新、罗迈、陈祥生、林伯渠、刘群先、胡海、范乐春、曾洪易、巫子元、张太和、黄宜章、张鼎承〔丞〕、李见珍、吴兰甫、吴必先、邱先英、张洛甫〔闻天〕、陈云、王盛荣、邓发、陈潭秋、潘汉年、黄加高、张云仙、张金楼、周少文、何振吾、陈寿昌、黄光保、谭余保、刘士杰、王震、旷彪、彭仁昌、任弼时、吴德峰、王秀章、熊国炳、余洪远、李维海〔汉〕、何畏、李先念、曾广澜、周光坤、李成甲、陈子谦、方志敏、余汉朝、黄万生、汪金祥、关英、涂振农、关春香、吴玉章、朱地元、杨其鑫、邓振询、何叔衡、高自立、梁柏台、徐特立、阮啸仙、邓颖超、董必武、赵云、王贤选、罗祥铭、杨世珠、赖美玉。

候补委员原定三十五人，后经大会规定为三十六人，亦一一通过，名单如下：杨炳龙、谢振富、邱时凤、邓尧盛、董长胜、刘毅、李美群、邹中才、徐顺□、徐明富、叶德贵、邓子恢、朱荣生、贾元、冯雪峰、李一氓、李克农、张爱萍、罗荣桓、李赐凡、□立记、尹仁桂、刘燕玉、方敬和、谢炳煌、钟义谨、黄富武、方振华、邹敦厚、廖汉华、龙春山、华新湘、周桂香、旷朱权、邓萍、康克清。

继则通过以下列三十五人为中央工农检查委员：农细、朱克盛、李生保、滕代远、罗荣桓、蔡畅、黄长姣〔娇〕、罗元杰、谢学连、刘列珠、范乐春、黎莲秀、赖荣光、王孚善、曾昭明、胡美水、冷□仪、张炳如、邹芳禧、董必武、王秀、康保贵、吕广运、邓先剑、刘传家、王汉章、段松瑞、叶胜芳、张标、刘进文、芦同好、张振芳、项英、吴秀英、丘荣先。

在这里，我们可以看到苏维埃的选举是最民主的，最彻底的德谟克拉西。

选举完毕后，毛主席便致闭幕词。

于是大会就在悠扬的国际歌声，与劈剥的爆竹声中闭幕了。

震动世界的十一天过去了，有着伟大的历史意义的中国苏维埃胜利地完成了。

《红色中华》（第二次全苏大会特刊），1934年2月3日，第7期，第1版。

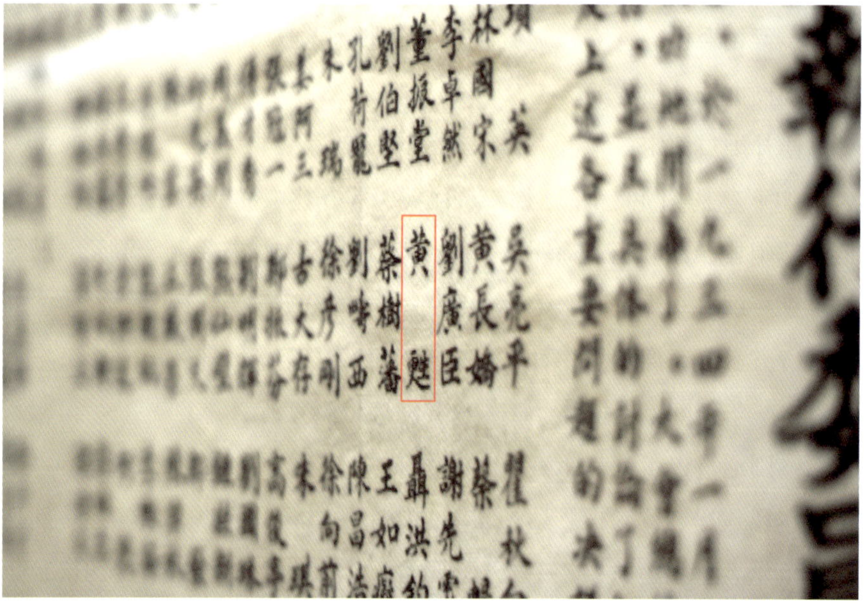

中华苏维埃共和国第二届中央执行委员会名单，黄甦在列

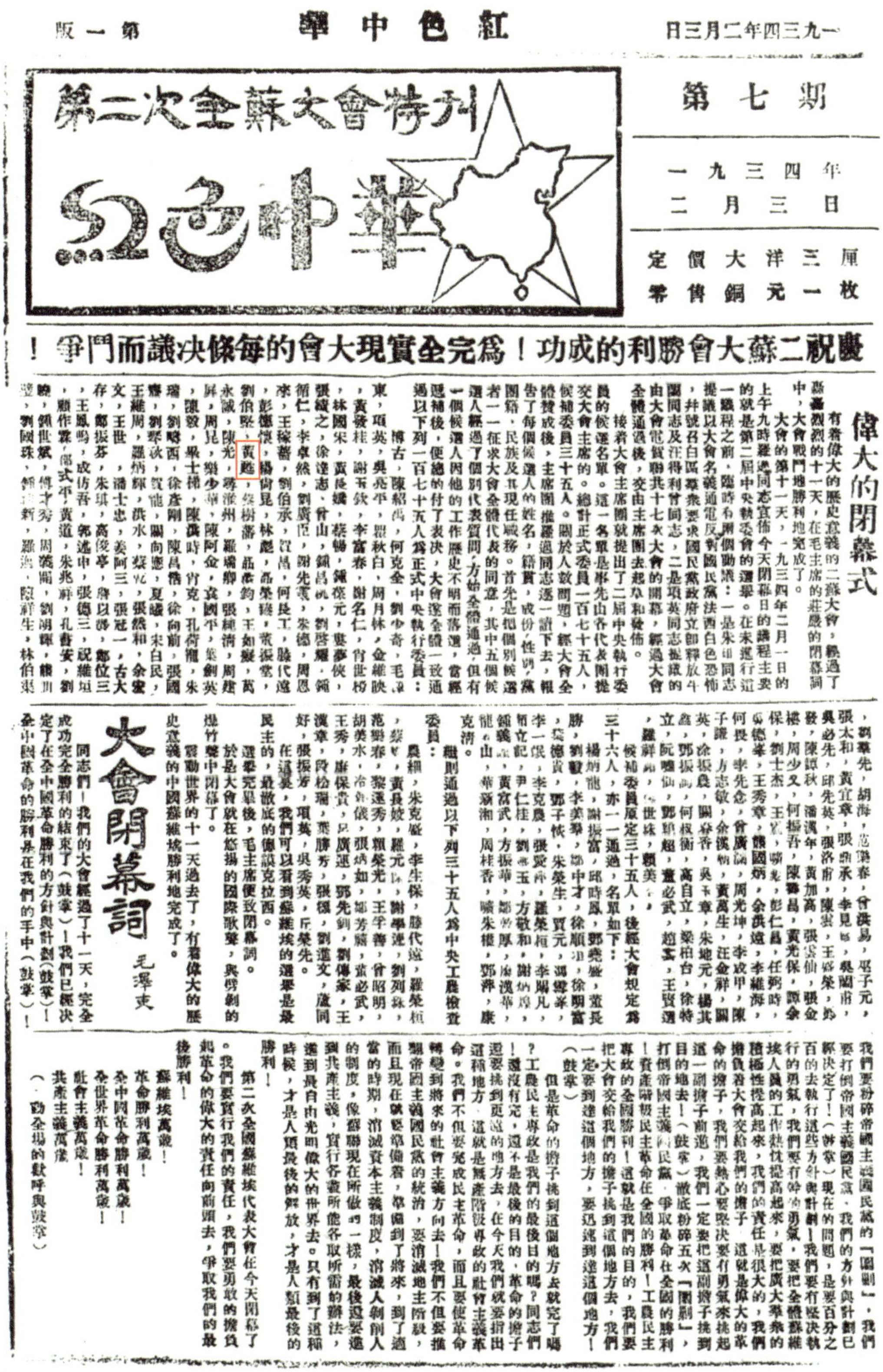

一九三四年二月三日　紅色中華　第一版

第二次全蘇大會特刊

紅色中華

第七期

一九三四年二月三日

定價大洋三厘

零售銅元一枚

慶祝二蘇大會勝利的成功！為完全實現大會的每條決議而鬥爭！

偉大的閉幕式

有着偉大的歷史意義的二蘇大會，經過了轟轟烈烈的十一天，在毛主席的莊嚴的閉幕詞中，大會戰鬥地勝利地完成了。

大會的第十一天，一九三四年二月一日的上午九時，羅邁同志宣佈今天閉幕日的議程主要的就是第二屆中央執委會的選舉。在未進行這一議程之前，臨時有兩個動議：一是朱德同志提議以大會名義通電反對國民黨法西白色恐怖并號召白區群衆要求國民黨政府立即釋放牛蘭同志及汪得利曾同志，二是項英同志提議的由大會電賀聯共十七次大會的開幕，經過大會全體通過後，交由主席團去起草和發佈。

接着大會主席團就提出了二屆中央執行委員的候選名單。這一名單是事先由各代表團提交大會主席的。總計正式委員一百七十五人，候補委員三十五人。關於人數問題，經大會全體贊成後，主席團推羅邁同志逐一讀下去，報告了每個候選人的姓名，籍貫，成份，性別，黨團籍，民族及其現任職務。首先是把個別候選者一一征求大會全體代表的同意，其中五個候選人經過了個別代表質問，方始全體通過，但有一個候選人因他的工作歷史不明而落選，當經過補後，便總的付了表決，大會遂全體一致通過以下列一百七十五人為正式中央執行委員：

博古，陳紹禹，何克全，劉少奇，毛澤東，項英，吳亮平，瞿秋白，周月林，金維映，黃發桂，謝玉欽，李富春，謝名仁，肖世榜，林國宋，黃長嬌，蔡暢，鍾德元，婁夢俠，張綫之，徐達志，曾山，鍾昌祧，劉啓耀，鍾循仁，李卓然，劉廣臣，謝先霆，朱德，周恩來，王稼薔，劉伯承，賀昌，何長工，滕代遠，彭德懷，楊尚昆，林彪，聶榮臻，董振堂，劉伯堅，黃甦，蔡樹藩，聶榮鈞，王如癡，萬永誠，陳光，羅榮州，羅瑞卿，張純清，周建屏，周昆，蕭少華，陳阿金，袁國平，葉劍英，張發，畢士悌，陳洪時，肖克，孔荷寵，朱瑞，劉曉西，徐彥剛，陳昌浩，徐向前，張國燾，劉琴泳，賀龍，關向應，夏曦，宋白民，王維周，羅炳輝，洪水，蔡乾，張然和，余宏文，王世，潘士忠，姜阿三，張冠一，古大存，鄭振芬，朱琪，高俊亭，胡以為，鄭位三，王鳳鳴，成仿吾，郭述申，張德三，祝維垣，顧作霖，邵式平，黃道，朱兆祥，孔昔安，劉曉，傅世斌，傅才秀，周義開，劉湘輝，熊川壁，劉國珠，鍾循新，羅瀏，陳祥生，林伯渠，劉肇先，胡海，范樂春，曾洪易，巫子元，張太和，黃宜章，張鼎承，李見白，吳開甫，吳必先，邱先英，張洛甫，陳雲，王盛榮，鄧發，陳譚秋，潘漢年，黃加高，張雲仙，張金樓，周少文，何振吾，陳壽昌，黃光保，譚余保，劉士杰，王賢，嗡，彭仁昌，任弼時，邱德峯，王秀章，錢國炳，余洪遠，李維海，何長，李先念，曾廣瀾，周光坤，李政甲，陳子謙，方志敏，余漢朝，黃萬生，汪金祥，關英，涂振農，關春香，吳玉章，朱地元，楊其鑫，鄧振詢，何叔衡，高自立，梁柏台，徐特立，阮嘯仙，鄧穎超，董必武，趙雲，王賢選，羅翔，世珠，顧美。

候補委員原定三十五人，後經大會規定為三十六人，亦一一通過，名單如下：

楊炳龍，謝振富，邱時鳳，鄧堯盛，董長勝，劉觀，李美群，鄧中才，徐順治，徐明富，蔡德貴，鄧子怯，朱榮生，賈元，馮鑾奎，李一氓，李克農，張愛萍，羅榮桓，李賜凡，胡立記，尹仁桂，劉[illegible]玉，方敬和，謝炳煌，鍾義[illegible]，黃富武，方振華，鄧[illegible]厚，廖漢華，熊[illegible]山，華[illegible]湘，周桂香，曠朱權，鄧萍，康克清。

繼則通過以下列三十五人為中央工農檢查委員：

農細，朱克靖，李生保，滕代遠，羅榮桓，蔡[illegible]，黃長嬌，羅元[illegible]，謝學連，劉列[illegible]，范樂春，黎延秀，賴榮光，王學善，曾昭明，胡美水，冷[illegible]儀，張炳如，鄒芳簫，董必武，王秀，廖保貴，吳廣運，鄧先[illegible]，劉傳家，王漢章，段松瑞，樂勝方，張發，劉進文，盧同好，張振芳，項英，吳秀英，邱榮先。

在這裏，我們可以看到蘇維埃的選舉是最民主的，最徹底的德謨克拉西。

選舉完畢後，毛主席便致閉幕詞。

於是大會就在悠揚的國際歌聲，與劈劍的爆竹聲中閉幕了。

震動世界的十一天過去了，有着偉大的歷史意義的中國蘇維埃勝利地完成了。

大會閉幕詞

毛澤東

同志們！我們的大會經過了十一天，完全成功完全勝利的結束了（鼓掌）！我們已經決定了在全中國革命勝利的方針與計劃（鼓掌）！全中國革命的勝利是在我們的手中（鼓掌）！

我們要粉碎帝國主義國民黨的「圍剿」，我們要打倒帝國主義國民黨。我們的方針與計劃已經決定了！（鼓掌）現在的問題，是要百分之百的去執行這些方針與計劃！我們要有堅決執行的勇氣，我們要有辦的勇氣，要把全體蘇維埃人員的工作熱忱提高起來，要把廣大群衆的積極性提高起來，我們的責任是很大的，我們擔負着大會交給我們的擔子。這就是偉大的革命的擔子，我們要熱心要堅決要有勇氣來挑起這一副擔子前進，我們一定要把這副擔子挑到目的地去！（鼓掌）徹底粉碎五次「圍剿」，打倒帝國主義國民黨，爭取革命在全國的勝利！資產階級民主革命在全國的勝利！工農民主專政的全國勝利！這就是我們的目的，我們要把大會交給我們的擔子挑到這個地方去，我們一定要到達這個地方，要迅速到達這個地方！（鼓掌）

但是革命的擔子挑到這個地方去就完了嗎？工農民主專政是我們的最後目的嗎？同志們！還沒有完，還不是最後的目的，革命的擔子還要挑到更遠的地方去，在今天我們就要指出這種地方，這就是無產階級專政的社會主義革命。我們不但要完成民主革命，而且要使革命轉變到將來的社會主義方向去！我們不但要推翻帝國主義國民黨的統治，要消滅地主階級，而且現在就要準備着，準備到了將來，到了適當的時期，消滅資本主義制度，消滅人剝削人的制度，像蘇聯現在所做的一樣，最後還要達到共產主義，實行各盡所能各取所需的辦法，達到最自由光明偉大的世界去。只有到了這種時候，才是人類最後的解放，才是人類最後的勝利！

第二次全國蘇維埃代表大會在今天閉幕了。我們要實行我們的責任，我們要勇敢的擔負起革命的偉大的責任向前頭去，爭取我們的最後勝利！

蘇維埃萬歲！

革命勝利萬歲！

全中國革命勝利萬歲！

全世界革命勝利萬歲！

社會主義萬歲！

共產主義萬歲！

（全場的歡呼與鼓掌）

黄甦在中华苏维埃共和国第二次全国苏维埃代表大会上再次当选为中央执行委员会执行委员

二苏大主席团成员合影

二苏大旧址

中革军委关于组建红二十二、十二军向中华苏维埃临时中央政府的报告

（1932年10月16日于宁都之小元）[①]

目前在赣东方面须有一支强有力的红军，担负起积极向赣东、闽北方面活动，以配合我主力红军积极向北行动，迅速完成争取革命在江西首先胜利的任务，因此军委十六日会议决定，将十二军之卅六师与廿二军之六十四、六十五三师合编为廿二军，以罗炳辉为军长，旷朱权为政治委员，仍归江西军区管辖，在目前作战上，则直接受第一方面军总司令、总政委之指挥。

另外则以在闽西原十二军之卅四、卅五两师编为十二军，以萧克任军长，黄甦任政治委员，归福建军区管辖，担任巩固并发展闽西苏区的任务。除已分令江西福建两军区遵照即行改编外，特此呈报。

此呈

中央政府

中央革命军事委员会主席

副主席

中国人民解放军历史资料丛书编审委员会：《中国人民解放军组织沿革·文献（1）综述（1）》，北京：解放军出版社，2006年，第678页。

①此档案馆件为《报告》，现标题为《中国人民解放军组织沿革》编者所拟。

周恩来、毛泽东、朱德、王稼祥关于红二十二、十二军编成及干部配备致中央局电

（1932年10月）

中央局：

（一）目前行动方针主要是在集全力，消灭蒋系之主力，为更快的实现江西的首先胜利，因此十二军必须较长期的留在江西与二十二军配合，为方面军进攻敌人的一个有力支队，即在发展闽北苏区打通赣东北联系。二十二军也只有由南广[①]苏区出动向黎川、建宁、泰宁发展为较有利，而易为。

（二）我们决定十二军即以现在江西之军部及三十六军［师］与二十二军合并为二十二军成三个师，罗[②]为军长，旷朱权为政委，谭政为政治部主任，担任赣东闽北的发展任务，造成夺取江西首先胜利的有力的东方一翼，留闽西之三十四师即与三十五师合成新十二军，以萧克去任军长[③]，留黄甦为政委，担任发展闽西苏区，联系闽北的任务。

（三）以后瑞金、石城、会昌、寻邬〔乌〕，都可划归闽粤赣，新十二军应担任巩固闽西，发展宁化、清流、归化，及闽南梅属的责任，至建宁、泰宁、邵武、光泽应同归入赣东发展的区域，在地势与工作上都称便利。

（四）同意否立待电复。

① 南广，指南丰、广昌两县，1932年夏合并称南广县。

② 罗，指罗炳辉。

③ 1932年10月，萧克调任新成立的红八军军长，12月张宗逊调任新第十二军军长。萧克实际上并未担任过新第十二军军长。——编者注。

周毛朱王

中国人民解放军历史资料丛书编审委员会：《中国人民解放军组织沿革·文献（1）综述（1）》，北京：解放军出版社，2006年，第687页。

中央局同意方面军党务委员会委员名单

（1933年1月16日）

恩来同志转总政治部王主任：

来电悉。

（一）我们同意袁国平同志为总政治部副主任。

（二）同意由朱德、林彪、王稼祥、蔡树藩、袁国平、刘伯坚、乐少华、陈阿金为方面军党务委员会委员，如以黄甦代罗荣桓同志否则罗荣桓可加入。

（三）同意袁国平同志为党务委员会书记。特复。

中央局

中共江西省委党史研究室等：《中央革命根据地历史资料文库·军事系统4》，北京：中央文献出版社，南昌：江西人民出版社，2015年，第252页。

政治工作是争取胜利的先决条件

（1933年3月25日）

聂罗李，滕贺，朱刘旷，肖，李，黄，李，蔡，谭①：

蒋介石大举进攻的部队已向着苏区开动了，决战就在这两天开始。这是连续残酷的战斗，应号召全体红色军人以最大的决心与勇气争取第一仗的大胜利，给反革命的进攻以迎头痛击。这必须：

一、坚强红色战士的胜利信心与斗争决心。

二、要求全军行动达到最高度的坚决迅速与秘密，并绝对服从上级命令。

三、为不放过有利于消灭敌人的机会，要克服一切疲劳困难进行战斗，在这儿党员应当以身作则。

四、要利用行军宿营与作战的瞬息时间进行鼓动，以消除疲劳与提高士气。

五、要提出最实际与鼓动的兴奋口号。

六、在上火线前，要利用几分钟的时间开各连的党的活动分子会与师的政治工作人员会。

七、要揭破敌人欺骗，由师政治部派人有组织地在火线上向白军士兵宣传。

① 聂罗李，指聂荣臻、罗荣桓、李卓然。聂荣臻当时任红一军团政治委员，罗荣桓当时任红一军团政治部主任，李卓然当时任红一军团政治部副主任。滕贺，指滕代远、贺昌。滕代远当时任红三军团政治委员，贺昌当时任红三军团政治部主任。朱刘旷，指朱瑞、刘伯坚、旷朱权。朱瑞当时任红五军团政治委员，刘伯坚任红五军团政治部主任，旷朱权当时任红五军团政治部副主任。肖，指萧劲光，当时任红十一军政治委员。李，指李井泉，当时任红二十一军政治委员。黄，指黄甦，当时任红十二军政治委员。李，指李富春，当时任江西军区政治委员。蔡，指蔡树藩，当时任红二十二军政治委员。谭，指谭震林，当时任福建军区政治委员。

八、无论战斗如何紧张，一分钟也不要失去与群众的联系。

九、要执行行军宿营尤其是火线上的纪律。

十、在战斗中实际检验并坚决洗刷一切动摇异己分子，反对对进攻路线动摇的退却与纯粹防御路线。

十一、领导党员在战斗中成为绝对的模范作用。

十二、要反对慌乱，要与开小差及一切闲杂人员堆积在后方机关与妨害行军序列做斗争。

十三、不准未得许可扶伤兵下火线，教育士兵不要因受伤而啼哭，以免影响其他战士情绪。

十四、要负责收容落伍病员，不容有一个落伍人失了联络。

十五、各级政治委员及政治工作机关保障上述各项绝对的执行，成为顺利地争取四次战争全部胜利的先决条件。

周、王

一九三三年二月二十五日

中共中央文献研究室，中国人民解放军军事科学院：《周恩来军事文选》第一卷，北京：人民出版社，1997年，第265—267页。

周恩来致闽赣省委电

——中央局同意肖劲光任闽赣军区指挥兼政委[①]

（1933年5月20日）

顾、邵[②]：

甲、我们提出以肖〔萧〕劲光任军区指挥兼政委，中央局已同意。军区政治部主任，现尚找不出人，十一军政委原拟以蔡书彬[③]续任，但蔡甚弱，须候黄甦[④]伤好后始能抽人去。

乙、泽鸿[⑤]如承认错误彻底，可否留在军区政治部任一部工作，请决定，望告知。

恩来

中共江西省委党史资料征集委员会，中共江西省委党史研究室：《江西党史资料　13　中央苏区闽赣省》，1990年，第28—29页。

①标题为原编者整理，文内标点符号与原文略有差别。
②顾、邵，即顾作霖，时任中共闽赣省委书记；邵式平，时任闽赣省革命委员会主席。
③蔡书彬，时任红一军团第七师政治委员。
④黄甦，即黄苏，时任红十二军政治委员。
⑤泽鸿，即余泽鸿。

检阅这些黄陂战役的优缺点

（1933年3月6日）

优点：

1. 这次作战我们在闽西时来未曾尝试过，但是在这次作战一般战斗的勇气非常高涨，尤其是在指挥员伤亡多半（如一〇一团）下级指挥员及战斗员能维持而且有冲锋的精神。

2. 有吃苦耐劳的精神。

3. 大多数负伤指挥员及战斗员在创痛中尚能鼓励其他战斗员的勇气。

缺点：

1. 战时政治工作：

（1）指导员与政治战士缺乏宣传鼓动工作。

（2）对瓦解敌人的宣传工作做得非常不够，同时敌军说："东山〔三〕省日本占领你们当亡国奴者都不知道"，我们没有答复这是很大的缺点。

2. 军事技术方面：

（1）连一级指挥员对进攻命令了解不清楚。

（2）班排连指挥员对射击指挥很差。

（3）班排连指挥员不能掌握部队。

（4）冲锋以前没有很好的火力准备与侦探攻击点。

（5）冲锋受挫时在敌人炸弹有效杀伤地带来停止不能〈一〉鼓作气冲上去，或重新整顿再冲锋，专等生力军到来增援。

（6）冲锋时不会打枪，同时射击很差。

（7）掷手榴弹技术很差，多数同志不会使用手榴弹。

（8）战斗时不严肃不沉着。

（9）追击时不迅速不机动。

（10）集合动作慢。

（11）缴敌人枪枝〔支〕还是一个人背一根走不晓得放在一块再去追击。

3. 战时通讯连〔联〕络组织不完备，做得不充分。

4. 打扫战场：

（1）没有即刻去搜索。

（2）对敌军文件不注意收集。

（3）没有掩埋阵亡战士。

5. 退出战斗时：

一〇四团没有计划的撤出、反成怆〔仓〕惶失措状态，以致二三连失了连〔联〕络牵动大部队在黄陂河背担〔耽〕搁许久。

6. 后方工作：

（1）招待伤兵收容俘虏有组织的有计划的处置，但负责人工作能力差，没有指定绑带所地点，看护员带药少，医官不到指挥，前方野战医院找不到，还以为单独行动各管各，以至〔致〕少数伤兵没有上药，没有饭吃。

（2）各部队伙食担子没有统一指挥，有的不煮饭来，有的挑饭走错路。

（3）参谋处与政治部联系不密切，以至〔致〕前方与后方联系也因此不密切。

军　　长　张宗逊

政治委员　黄　甦

三月六号于带源[1]

中共江西省委党史资料征集委员会，中共江西省委党史研究室：《江西党史资料　20　中央苏区第四次反“围剿”》，1992年，第135—137页。

① 张宗逊时任第十二军军长，黄甦时任第十二军政治委员。

红一军团第一师枫坪战斗经过详报

（1933年7月）①

一、战斗前敌我形势之概要：

北面敌人仍集结崇宜②之线前行整理补充，并取待机之势，吉水之敌为廿七师③全部，其八十旅在永丰，其余师属之炮兵营、特务营、通讯营及七十九旅在吉水附近，辎重营在八都，乌江有保卫团及义勇队三四百人。

我方面军以下列任务出动：（甲）调动疲惫与抗击敌人，使无整顿机会，并在敌人运动过程中相机各个消灭敌人；（乙）努力征集资材，解决本身给养；（丙）发动地区群众斗争，建立群众组织，并努力扩大红军。

我军团分两路，于六、七日出动，第二师于七日进到水东、村前，军团直属队到牛田，本师进到古县附近宿营，公永的边区游击队，暂编成独立营在丁口、八江及永丰河东岸活动。

二、影响及于战斗之群众地形天候气象：

作战地区为离苏区不远之边境丁、乌江曾赤化而被镇压下去，我永公游击队常在该地游击，但因过去有大刀会组织的影响，及因游击队报复主义纪律不好，又〔及〕反动派的残酷镇压，致使群众逃避而不能得其积极的帮助。是日，天气晴和而不甚炎热，可以减少行军的疲苦，惟

① 一九三三年六月至九月，由于中共临时中央和苏区中央局实行“两个拳头打人”的部署，企图在两个战略方向上同时求胜，结果是入闽作战的红三军团在闽西打得很疲劳，而留在原地的红一、红五军团却“置于无用”，除八月底进行的乌江圩战斗外，只进行了一些小规模的游击活动。本文记述的枫坪战斗，即为其中一次。此次战场主要在江西省境内。

② 崇宜，分别指江西省的崇仁县和宜黄县。

③ 二十七师，国民党军第二十六路军第二十七师，师长孙连仲。

永丰河雨后水涨，不能徒步，而渡河材料又甚缺乏，仅渡船四只，只渡百余人，使部队运动困难。

三、彼我兵力及交战部队的高级指挥员的姓名：

与我交战之敌为廿七师七十九旅一五八团及保卫团、义勇队三四百人，约团余兵力，由该团长黄[1]指挥。我军为第一团全部及二、三团之一小部，直属我们指挥。

四、攻击部署和敌我阵地之占领，与我攻击部署之理由，及所下命令。

七月二日奉军团司令部出动命令如左：

罗师长

黄政委

一、北面敌人仍集结于崇宜之线前行整理补充，并取待机之势，其余无多大变化，我军本着中央指示之原则与本身之需要，决定我们此次出动之任务如下：

甲、调动疲惫敌人与扰乱敌人，不使敌人有优裕整理的机会，并在敌人的运动的过程中相机各个消灭之。

乙、解决本身给养，努力而有计划的大批征集资材。

丙、发动所经地区之群众斗争，肃清一切反动武装和反动份〔分〕子，建立群众的各种组织。

丁、我五军团分驻太平圩山、牛田，其司令部在万崇，我地方武装一部拟在戴坊、龚坊、航桥街一带监视崇敌，掩护我军右前方，七都有我总司令部架设之浮桥及看守浮桥之部队，牛山由五军团架设浮桥。

二、本军团分两路出动，明日一师附无线电四分队及卫生队一个〈队〉应向丁口市前进，二师及军团直属队应向水东、流源前进。

① 黄，似指黄樵松，时任国民党军第二十七师第七十九旅第一五八团团长。

如能在八江、丁江、乌江一带架设数座坚固浮桥时之动作计划如下：

甲、第一师应分驻乌江、红山、杨沅、旁桥、路下、横山、双村。担任乌江至吉水，乌江至八都，乌江至旁桥、路下一带工作（驻旁桥、路下部队须任沿江岸一带工作），该师主力须控置〔制〕在红山、杨源〔沅〕附近，对永丰、吉水须严密布置侦察警戒，在丁乌口须架三座坚固浮桥，并应预存多量架桥材料，以备万一浮桥毁坏时能迅速再架，并须能对付永丰敌人放木排来撞我军浮桥，以及上游来之木排或某处桥坏了流下桥板皆不致撞破我军之桥。

乙、第二师应经水东、流源分驻马埠、水边、八都、何君，担任对峡江、新验〔淦〕、流沅〔源〕、水东侦察警戒及工作，其主力应控制之地点以后指定。

丙、军团直属队拟进驻八都。

丁、后方联络线由丁江到满田。

五、如在丁江、乌江不能架设坚固浮桥时之动作计划如下：

甲、第一师第一步在丁江、乌江、枫坪、红山工作一段时间（三日以内）；第二步移驻旁桥、路下至八都之线，其师部与一部应在八都与旁桥之间适当地点工作一段时期（约三五日）；第三步移至八都至村前一带工作。

乙、第二师应分驻水边、马埠、流沅〔源〕一带。

丙、军团直属队驻村前、水东一带。

六、交通通讯侦察警戒兵站线（略）。

又信第一师明（七）日应进到离丁江、乌江四五十里地方宿营，准备八日由八江分两路向乌江行大包抄，消灭该处靖卫团，捉土豪征集资财。

本师奉命于七日进到古县附近宿营，根据军团命令下达如左之命令：

命令一九三三年七月七日于古县师部

一、敌情：永丰城敌为廿七师之两团，有一营开向新淦说，吉水城之敌亦为廿七师之两营，八都有一团说，乌江有永丰保卫团第四、五分队约三百余人。

二、本师决以迅雷手段袭击乌江之敌，在其附近地域捕捉土豪征集资财。

三、诸兵团动作如下：

1. 第一团（轻装）于本（七）日晚十一时半用饭完毕，十二时出发取道白家、土幻、营下、查口，由八江渡河，以一营兵力向永丰方向占领阵地，警戒掩护后续部队渡河，其主力应由八江对岸取隐蔽道路，迂回到乌江通吉水路上，以一营到枫坪，向吉水严密警戒，并掩护第二团由车上渡河，以一营向乌江之敌攻击其向永丰警戒部队，待其任务交第三团接替后取捷径到乌江附近归还建制。该团主力到乌口宿营，到枫坪之一营待第二团全部渡河，警戒任务交第二团接替后撤向乌江方面适当地方宿营（行李随师直属队走）。

2. 第二团于本（七）日晚十一时半用饭完毕，十二时出发，取道冠山、江口、路背到朱村，分一营到肖家山，向吉水警戒截击沿河溃窜之敌，并捕捉土豪。其主力到东头隐蔽停止，派出一部分兵力在孙村附近占领阵地，准备拦击由河上马路上逃窜之敌人和土豪（须注意隐蔽目标暴露过早）。俟第一团到乌江枫坪后，第二团即设法由车上渡过河到枫坪附近宿营，渡河时由第一团掩护。

3. 第三团（轻装）缺步兵二连，于二时用饭完毕，二时半出发取第一团行进路行进。由八江渡河后，须接替第一团同永丰之警戒其主力向乌江前进，协助第一团消灭乌江之敌，其宿营地临时指定之（行李随师直属队走），并派二连兵力掩护师直属队。

4. 师直属队及一、三团之行李（无线电四分队、第二卫生队、工兵连，警戒排、通讯排、电话排之一部），由司令部作战科长李棠萼同志指挥（第三团派兵二连掩护），于明（八）日晨二时用饭完毕，二时半出发取道冠山、江口、路背到丁江相机渡河。

5. 工兵连于本（七）日午后七时出发，先到八江收集船只及架桥材料，准备架桥。

四、诸兵团注意伪装，须按照小战斗原则，以迅速、秘密手段消灭敌人游击部队及一切地主武装，努力捉土豪征集资财。

五、我们率警戒排及通讯排、电话排之一部在第三团先头行进。

附记：

1. 第一团渡河后，先须破坏马路上的电话线。

2. 八江据说有船四只，可容百五十人，乌江有土豪准备逃的船只十余只，第二团须设法截获以为渡河之用。

3. 各部队须带午饭一餐。

理由：

1. 运动便利不致感受渡河的困难。

2. 使截断敌人退路和向吉水方面警戒。

3. 以便根据军团第二个工作计划及工作部署。

五〔六〕、各时期的战斗经过状况：

我第一团于七日晚十二时由古县出发，八日五时许到达八江渡河后所得情况如左：

情况：

1. 据江西军区第一分区邓代指挥[①]云，乌江只有保卫团及义勇队三四百人，确无白军。

2. 第一团部队已渡河两营，其便衣队在大公岭发现乌江敌之游击队七八十人，稍与接触，即向乌江退去。

决心：第一团已渡河部队迅速向乌江前进，并一部迂回到乌江通吉水道路断敌退路。

① 邓代指挥，指邓云，时任江西军区第一分区司令员。

理由：乌江敌已发现我军，不逃走即固守，待吉水敌人增援，均以迅速为有利。

处置：

1. 令第一团已渡河部队迅速向乌江前进，向永丰方向只留一连人警戒，第三团到达接替该连，即前进归还建制，其余一营渡河亦继续前进。

2. 令第三团到达八江时，即派一连兵力向永丰警戒，其余部队向乌江前进。

战斗经过：第一团前进时到达乌江附近，发现敌之掩护部队约七八十人，稍事抵抗，即纷向枫坪、八都方向退去。该团即占领乌江，以第一营向枫坪追击前进，相机占领枫坪，第三营向八都方向追击，暂到枫坪集合，该团长、政委率第二营亦继续向枫坪前进。

十一时许我们到乌江附近三四里处，得第一团报告，乌江之敌白军二三百并保卫团分向枫坪、八都退去。据乌江群众云：枫坪有廿七师之一营，并筑有工事等情。即指令该团以主力由枫坪右翼迂回到通吉水道路，截敌退路，严密警戒，以一部由正面攻击牵制之，并令第三团在沙井附近停止待命。我们到乌江布置后方及策划架设浮桥，因枫坪只有敌一营，我一团兵力攻击之，已超过敌人四倍，战斗指挥可委之该团长、政委。

第一团向枫坪前进时，未弄清枫坪敌情，以为无敌，在中途停止。后该团长上前发现枫坪堡垒内有敌人才继续前进，但敌已占领工事，有准备，其进攻配备，如附图（一）。至十三时许闻枫坪方面枪声激烈，但未得前方报告，情况不明，即到前线视察情形及进到第一团阵地，所见：

情况：1. 第一团攻击敌堡垒已得手，只左翼尚有一堡垒未攻下，但已动摇。即攻下，缴获步枪廿余枝〔支〕，俘敌十余名，敌有退入村内固守工事待援模样。

2．右翼高地有少数敌人牵制我军前进，以〔已〕有一部敌人增加，威胁我右侧背。

决心：夺取右翼高地以为依托，以少数兵力固守正面已夺取之阵地，主力集结右翼断敌退吉水道路，准备消灭增援之敌。

理由：

1．左翼靠河，敌如由我右翼出击，地势不利。

2．正面阵地只以少数兵力，可以抵抗由正面及右翼来攻之敌，主要顾虑在右翼。

3．枫坪村内工事相当坚固，敌可固守待援，且枫坪距吉水二十里，援敌将到（实际已到了）。

处置：令第一团以步兵两连配机关枪，攻取右翼高地正面阵地，只以两连步兵配机枪两挺固守，其余部队集结右翼，调第三团除警戒部队，迅速轻装增加。

战斗经过：先是第一团第一营以一排兵力攻取右翼高地，已占领其东北端，与敌对持〔峙〕。该团奉命以火力夺取该高地后，即由该营长率四排兵力附机枪一挺攻击前进中。而在高地东北端之一排兵力受敌十余人之攻击，即行溃退后，由第三营恢复，并将高地之敌压溃，并乘势追击。又不注意巩固阵地，敌以一连兵力增援，由山腹反冲锋，队伍随〈即〉慌乱，全部溃退。右翼高地全为敌占领时，敌由吉水来增援之敌两营已到达。我第九连沿高山下过开阔地向枫坪东北端攻击前进，停于开阔地中，令其撤退不从。后敌沿高地向该连包围，撤退不及，该连排长不能领导战斗及奋勇突围，反使暗藏反动份〔分〕子领导投降，随致排长一名、战斗员卅八名为敌俘虏，该连长只身逃出。正面敌人乘我换变阵地、部队移动之际，行反突击，留守部队未及防范，遂为敌夺取，我军即撤退一线固守，其形势如图（二）。时约是午后五时许，时第三团来增援之先头部队第二营已赶到，即令其迅速夺取右翼高地后，沿高地迂回到吉水路上断敌退路，同时令第一团听师部号音，由正面协仝〔同〕

总攻。该营因山地不易通过而迟疑不进，待后续部队到来，经师部以号音再指挥前进，才继续前进，迟至黄昏时，才占领右翼高地。

第一团在正面动作亦非常迟慢，亦在黄昏时，才夺回正面一带堡垒。敌即乘黄昏时候，有计划的撤退。第一团在夺取阵地后，尚未知敌退去，未乘胜追入村内。第三团第二营由右翼高地向吉水追击，因尽是水田，无路，不易通过，致敌安然退去，只截后卫尖兵人枪十余。第三团（缺一营）追击前进至窑里占领工事，掩护撤退，不能前进。时已夜深，遂回到张家坪宿营，并向吉水警戒，战斗遂告结束。

第二团、师直属〈部〉队及各部行李于七日晚十二时、八日早二时先后由古县出发，经冠山、江口，于八日上午十二时直属〈部〉队到达丁口停止，第二团到愿村（即朱村）、炭头，以一营到肖家截击敌人退路。下午二时吉水来援之敌经该营以机枪隔河向马路射击，阻其前进，后敌改沿河岸隐蔽地前进。因该营阵地离河太远，不能监视。因恐枫坪敌人固守工事顽抗，拟集结主力消灭敌人增援兵力，即令该团留一连兵力附机枪两挺，在肖家协同监视枫坪敌人，其余部队则到乌江渡河，集结于乌江附近宿营，师直属〈部〉队亦于下午四时由丁江渡河到乌江归队。

六〔七〕、战斗成绩：

1. 俘虏缴获洋战后人员武器统计表。

2. 此次战斗毙敌营长、义勇队长一名，伤毙敌连长、排长及士兵四五十名。

3. 敌人遭此打击后，退入吉水城内固守，永吉新[①]的交通断绝，粮食缺乏，甚形恐慌，且疑我有攻吉安企图，对调动敌人上有相当作用，使我游击等区域扩大。

① 永吉新，似指江西省的永丰、吉水、新淦。

七〔八〕、战斗结束后敌我形势：

1. 敌廿七师七十九旅、师直属队及保卫团、义勇队均退守吉水城内，在太平山加修工事，水南背亦有一部约一营，其在八都之辎重营亦于九日向峡江窜逃，其八十旅仍在永丰城。

2. 本师击溃枫坪敌后，九日即在乌江枫坪、张家坪工作，发动群众征集资材，十日主力移到八都、劳桥之线工作，乌江留一团兵力保护浮桥及交通。

八〔九〕、战斗经验和教训：

1. 在此次战斗一般都有刻苦耐劳、英勇奋斗精神，第一团攻击敌坚固阵地的技术是有了相当进步。

2. 上级干部坚决执行上级首长的指示，但合乎战术原则的战斗指挥非常缺乏。我们给第一团每次指令均着重由右翼迂回断敌退吉水道路，才能消灭敌人，同时我翼侧才有依托，但该团首先以主力分向正面堡垒攻击，在地形上依托于水，忽视夺取右翼高地，所以受该处少数敌人威胁。假使该敌于其增援队到时，沿该高地由我右翼出击，则陷于大不利地位。因忽视从右翼迂回，致溃退之敌安全逃脱，其指挥阵地亦不适当，在敌交叉火力之下。

3. 中、下级干部掌握部队紧急时机断的沉着的应付差。第一团队任混乱，没有很好的掌握敌人，以少数兵力出击即行动摇慌乱，同时动作犹疑迟慢，部队的运动也是很迟缓，在占领乌江后不能迅速追至枫坪，乘敌不备而攻取之，在敌人溃退后又没有很迅速的跟踪追击，失去消灭敌人的机会。

4. 坚决英勇、誓不缴枪尚未达到最高度。在敌出击时，队伍动摇，其第九连在被敌包围时，如能坚决奋勇突围，尚可脱险。该连长及一个排长在危急时机，没有英勇的精神、为阶级牺牲的决心，坚决领导和鼓励战士英勇突围，仅图个人幸免和甘为俘虏，使三十余战士为敌俘获。至于该连长指挥失当，既不知选择突击道路，又不防敌之反突击，致遭受损失。

5. 第一团在最先作战部署不适当，以后改变部署，主力移向右翼，而对守阵地部队的任务没有交代清楚，配好火力，敌人乘部队移动而发生恐慌乱。

6. 此次小战斗损伤百二十余人，伤亡人数达八十余人，负伤的多在下半部，且是在敌出击队伍慌乱时为敌机枪火力所杀伤，在技术上还是非常不够。

7. 通信联络不好，在整个战斗中很少将战斗情况适时报告，尤其是营一级不注意搜索情报，又没有报告，第一团第三营向八都追击后转到枫坪来时，没有报告与团部联络，自行加入了战斗。

上呈

军团长林①

政治委员聂②

第一师师长　罗炳辉

政治委员　黄　甦

军事科学院《罗炳辉军事文选》编辑组：《罗炳辉军事文选》，北京：军事科学出版社，2011年，第87—98页。

① 林，指林彪，时任红一军团军团长。

② 聂，指聂荣臻，时任红一军团政治委员。

八月十四日张家坪附近战斗详报

（1933年11月）

一、战斗前敌我形势之概要：

敌二十七师之冯[1]旅在吉水城，唐云山[2]旅在吉水城北门外做工事之两团受我军攻击退入城内固守，第十师[3]进到八都，部队撤退水边、泰州一带，三曲滩有二十三师[4]之一营，枫坪、张家坪亦有敌约一团说。

我军以扫清吉水城外敌人，相机占领吉城，调动敌人，争取有利条件消灭敌人，并征集资材保护秋收，我一师及二师之第四团于十三日八时进到红山、坝里、珠山、塘头，向吉水北门之敌攻击，成对峙形势，军团部及第二师在劳桥附近，五军团在双村、八都之线。

二、影响及于战斗之战区群众、地形及天候气象：

战区群众受反动统治之压迫剥削，受苏区土地革命影响，并曾经我军短时期工作，对革命有相当认识，可以帮助红军向导、运输。地形则右翼山地险峻，部队运动困难，但是我军来路可取羊肠小路，以行迂回，山麓隐蔽，便于秘密接近敌人，正面则地形开阔且多水田，敌人射界宽广，不利于攻者接近。天候农间微雨，天空布满薄云，气候晴和，毫不燥热，对于防空亦有相当帮助。

三、攻击部署及所下命令要旨：

八月十三日十七时奉军团长电话，枫坪、张家坪有敌一团，命我师派一团兵力由吉水城附近绕小路到张家坪附近，截断枫坪敌退吉水道路，消灭该敌，须将敌情侦察确实，迅速报告。

---

① 冯，指冯安邦，时任国民党军第二十七师师长。

② 唐云山，时任国民党军独立第三十二旅旅长。

③ 第十师，即国民党军第十师，师长李默庵。

④ 二十三师，即国民党军第二十三师，师长李云杰。

又二十时奉军团政治委员电话，为防枫坪敌向永丰逃窜，命我师派兵一营经蓑衣岭、花桥、乌江向枫坪前进，堵截敌退永丰道路，并协同第三团消灭枫坪敌人。

奉命后即令第三团于十七时许由塘头出发，经李东坑袭占张家坪，断绝通吉水道路，并迅速查明枫坪敌情报告，并特别注意通讯联络报告，勿误时机。又令第一团派第一营于二十二时由红山出发，经官田、蓑衣岭、花桥、乌江向枫坪前进，截断敌退永丰道路，并协同第三团消灭枫坪敌人，受第三团团长、政委指挥。

十四日三时奉军团长电话，吉水城内敌人有向大木岗出击之企图，我军集结主力于李东坑附近伏击出击之敌，并以一部迅速消灭枫坪敌人，令我师第一团以其余两营由李东坑增援第三团，由第三团团长、政委指挥之，第二团位置于猪岭关，我们先到李东坑侦察地形，俟军团司令部及第二师团长、政委到达后看战斗情况再到枫坪指挥战斗。

第一团（缺一营）、第二团奉命于三时许由红山、坝里出发，均于五时到达珠山，即令第一团经李东坑向张家坪前进，协同第三团以坚决、迅速手段消灭该敌，第二团继第一团前进到李东坑停止待命。

四、各时期战斗经过状况：

第三团进到李东坑时捕获敌便衣侦探，供称十三日十八时以前枫坪尚有敌一团，张家坪有敌一营，十八时以后不详，枫坪敌人九十三师之第二团于十三日十八时以后移到张家坪、路下傅家、曾家、港坪一带，该团到达企龙庵。进行侦察则发现张家坪港坪一带有电火光，该团企图消灭张家坪、港坪之敌后向枫坪前进，其主力位置在张家坪以东小高地一带。于四时半开始攻击，其第三营驱逐敌在张家坪敌之连哨后向港坪攻击前进。因地形开阔受敌火压制，同时水田沟阻不易前进。敌人退守村落工事，并向第三营行反冲锋，遂撤回张家坪与敌对峙。其第一营沿左翼山麓向路下傅家攻击前进，犹豫不前，不能协同第三营动作，至此三团既未能消灭张家坪附近敌人，也未能将枫坪敌情侦察确实报告。其配备如附图一。

十四日八时许，第一团率两营兵力增援第三团到达张家坪附近，而统一指挥之第三团团长、政委则以敌人固守村落工事、地势开阔、日间攻击不易接近（因只看到正面地形而不知道右翼山麓及山腹之羊肠路，可利用隐蔽接近敌人进行包围迂回），要待黄昏时才开始攻击，只以第三团与敌对峙，而令第一团远移到鱼梁休息。

十一时许，我们由李东坑进到企龙山东北高地所见情况：打饭山及寨上抗南端一带山地有敌约一营，港坪、路下傅家一带村庄内似仅敌一营。

决心：先消灭港坪、路下傅家村内之敌。

理由：敌之兵力薄弱，又无坚固工事可固守，敌又发现我支援队已到，必向吉水逃窜。

处置：令第二团以一部兵力由太平山以东山地迂回到三仙庙，断敌退吉水道路，并侧击寨上抗、打饭山之敌，令第一、三团之主力由右翼山麓向港坪、路下傅家村庄行包围。

战斗经过：我们进至企龙山以西小高地，见在路下傅家有少数人及行李慌乱后退，其向我前进之敌亦退回工事，敌已动摇，即令第三团第一营由右翼迅速前进，并吹号立即调第一团前进。敌受我炮兵射击，及见我部队前进，更形纷乱溃窜。该第一营首长指挥犹豫，迟疑不前，致敌逃去，无所缴获。第一团三营由鱼梁赶到，敌已退去。该营直追至七里坳占领之，截获一部分敌人，敌退入吉水城附近工事，缴获人、枪十余（因未注意收集，已俘获之敌人武器使一部分俘虏兵遁去）。第二团派第三营向三仙庙行迂回，亦因山地断绝，不能通过，未达到任务。

情况：十四时许，敌全部退入城内，城东南高地已为我军占领。第一团三营占领七里坳，向太平山攻击。因地势险峻，受敌火压制，前进甚形困难，我稍有伤亡。

决心：停止攻击，集结部队。

理由：敌已溃入城内固守工事，硬攻无益。

处置：令第一团以一营位置在山下曾家，占领寨上抗、打饭山，向吉水严密警戒，令第三团集结部队撤到鱼梁休息待命。

十五时半奉军团长、政治委员手令：第一师留一个团驻枫坪，向吉水城东警戒，保护后方交通，其余部队即移回驻上马附近，向吉水城北警戒，暂派一营兵力占领太平山以东高山，掩护部队运动。奉命后即令第一团留驻枫坪，向吉水城东警戒，保护后方交通，十四日暂在张家坪、王口山下一带宿营，掩护第二师运送伤兵通过后，十五日移驻枫坪。令第二团以一营兵力占领太平山以东高山掩护部队运动，其余部队即撤到李家州、黄土坑宿营，准备于十五日拂晓以前接替第四团北门外之警戒。其在太平山以东高地掩护之一营兵力，俟第三团完全通过后即撤收归还建制。又令第三团立即集结部队移到红山宿营，令炮兵营移回劳桥附近归还建制，师部仍回到塔坡下宿营。各部队奉命即开始运动，于十四日二十时相继到达指定地区宿营，战斗遂告结束。

五、战斗成绩：

（1）俘获无多，见战斗结束报告表。

（2）在有利条件之下，因第三团首长指挥上的错误，不能消灭敌人全部或一部是甚大的损失。

六、战斗结束后敌我形势：

吉水附近敌人二十七师之冯旅及九十三师（即唐云山旅），被我军击溃后均退入吉水城内，固守城附近及太平山上工事。我师则以一团在枫坪，师部及其余二团在红山、坝里、珠山、塘头一带，向吉水城东北面取包围形势，并就地征集资材，发动群众，第二师在劳桥以北富口一带发动群众，征集资材，军团部在劳桥附近。

七、敌我交战兵力及其指挥员姓名：

敌为九十三师第二团，全部由该团长丁春发指挥，其兵力编组有三营及一机炮连（机枪四挺、迫〈击〉炮二门），每营有三步兵连、一机枪排（机枪二挺），每步兵连轻机枪一挺，步兵九班，人数约七八十名。我军与敌交战者为第一、三两团（缺第一团之第一营），先归第三团团长黄永胜、政委[1]指挥，在十一时以后我们到达企龙山后即直归我

① 政委，指邓华，时任红一军团第一师第三团政治委员。

们指挥，军团炮兵营之两连及第三营亦参加过战斗。

八、战斗的优缺点：

在这次战斗中，一般战士虽有消灭敌人的决心和勇气，但在指挥上和动作上有很多错误和缺点，使战斗不能得应有的胜利。在第三团首长指挥方面的错误：

A．对上级所给予的迅速侦察敌情报告和坚决消灭枫坪附近之敌勿使逃入吉水城的任务没有实现，始终未弄清敌情报告，战斗部署只是赶敌人入吉水城。

B．在政治上不认识敌人的恐慌动摇，以为敌人会固守几个小村庄和简单工事，准备夜间攻击，把增援部队远移去后方休息，失了作用。

C．战斗部署违反战术原则，主力拥在正面，不知利用右翼地形隐蔽接近敌人，施行迂回和包围。

D．对师部没有适时的、正确的报告，致不能及时的迅速处理。这些都是战斗没有取得完全胜利的主要原因。至于部队动作的迟慢优〔犹〕豫，没有刺刀，不会用手榴弹，使溃退的敌人得以脱逃。第三团第一营长谢振昌指挥犹豫，不执行该团参谋长及第一团政委的指示，借口部队散乱，没有自己团长、政委的命令不能协〈同〉比邻部队动作消灭敌人，更是不可容许的错误。

师长　罗炳辉[①]

政治委员　黄　甦[②]

军事科学院《罗炳辉军事文选》编辑组：《罗炳辉军事文选》，北京：军事科学出版社，2011年，第99—106页。

① 罗炳辉，时任红一军团第一师师长。

② 黄甦，时任红一军团第一师政治委员。

关于云盖山大雄关沙岗上等地战斗经过详报

（1933年11月19日）

（一）战斗前敌我行〔形〕势之概要

敌第三师、第九及九十等师，在其完成麻坑、枫林以至里塔圩一带之堡垒封锁后，即转移到上杭圩、东西坪圩一带配合九十师构筑堡垒，因我中央军主力15〈日〉由见贤桥、麻坑敌封锁线间隙突出后，企图截击我军于封锁线外，遂调其第三、第九及九十等师〈于〉十六日麇集里塔圩附近，向我前进，其在珠良、南城一带之第十四、九十四等师亦继续向我前进中，我中央军主力十五日突击敌封锁线击敌人未成，因敌情变化，于十六日迅速折回苏区边境，十七日到达上下南罗坊、突口、滨源一带暂时休息，侦察敌情，待机行动。

（二）影响及于战斗之战区地形、群众及天候气象

战区为崇山大岭，不易樊〔攀〕登和超越，部队展开困难，运动迟缓，联络亦不易，地势险峻，可局〔据〕地固守。云盖山一带很接近敌堡垒线，在其不利情形下可退入堡垒内固守，不易在运动战中大量消灭敌人有生力量，惟熊坊、厚田带因我地形熟悉，可乘敌在运动中从其侧后突然袭击之。上下南已建立苏维埃政权，可得其相当帮助，熊坊一带为我游击区域，红军常到，受革命影响较深，惟群众斗争尚未发动，不能得其积极帮助。至于天候气象，数日来均时和〔适合〕对行军作战颇有帮助。

（三）敌我交战部队之兵力及其高级指挥员之姓名

在云盖山、大雄关与我交战者为吴奇伟所指挥之第三、第九、第九十等三个师，尚有后续部队两师靠拢行动。十九日在沙岗上截击我军者为敌第八师之一旅。我军为中央军之第一、第二及十四等三师，由林

司令员、聂政治委员[①]统一指挥之。

（四）攻击部署及各时期战斗经过

十七日上午我师由圳口移到上下南、罗坊一带宿营，云盖山阵地有十四师之一营兵力固守，并向麻坑、枫林方面警戒，监视敌人，下南通麻坑小道由第一团设小哨警戒，神岗、上南通大麻坑道路由第三团设一连哨在下隘警戒，芙蓉山有我观察哨。

情况：十四时许，云盖山附近发生枪声，并有流弹飞到上南师司令部门前，且有轻机关枪声，似为敌袭我军。

决心：以一部兵力占领下隘阵地，相机出击。

处置：

1．命第三团前哨营迅速占领下隘附近阵地，其余部队亦继续进入阵地，第二团集结东方附近待命。

2．第一团在下南报告军团长、政治委员直接指挥之。

战斗经过：第三团部队于十六时左右全部进入阵地，敌已有一部占领云盖山以南阵地，该团即以第三营向该敌攻击，于十八时左右占领之，俘敌七名，缴获轻机枪一架、步枪十支，遂命第三团固守阵地与敌对峙。第二团在原地不动，师部回到上南待命，师直属队及各部行李移到滨口、滨源停止。

二十三时接第二师陈师长、胡政委[②]来信，谓军团政治委员来电话，第一师即撤到滨口集结宿营，第一团仍在下南河对岸村内宿营，向圳口、见贤桥、云盖山警戒，已告知该团团长、政委云云，遂命第二团二十四时开始向滨口移动，到达滨口向上下南警戒。命第三团于十八日一时开始向滨源移动，各部队于十八日四时左右先后到达滨口附近。

十八日六时半接军团长来电话云：云盏〔盖〕山主要阵地已被敌占

① 林司令员、聂政治委员，指林彪、聂荣臻。

② 陈师长、胡政委，指陈光、胡阿林。

领，我军取小路经滨源、徐家湾、源里、阳坪到神岗、党口集结待机，如敌已进到党口则集结于阳坪，第一师为后卫，掩护军团直属队，第二师通过滨源后跟进。

遂命第一团由下南附近撤到滨口，即接替第二师向下南方面警戒，部队靠下南方面隐蔽休息；第三团以一营在关下桥警戒外，其余部队靠上南方面荫蔽休息；第二团及师直属部队在通滨源方面荫蔽休息。

情况：

1. 九时左右，见云盖山一带山上有敌两团以上在构筑工事，并有一部向上下南、圳口前进。

2. 第二师部队尚未走，通〔统〕拥塞道上。

决心：以一部兵力梯次掩护部队退出战斗。

理由：我军退出战斗暴露在敌眼下，敌有可能进到滨口向我追击，扰乱我后方部队。

处置：命第二团以一营兵力在滨源附近占领阵地，掩护其余部队隐蔽集结休息，第三团在关下桥警戒之一营不动，掩护第一团撤退后跟进，其余部队先到徐家湾、源里一带占领阵地，掩护全师通过。

十一时三十分，接军团长、政委九时来信略谓：我军改经内外滨溪到党口附近集结。即转知各团经内外滨溪到党口前进。第一团于十二时许开始由滨口附近撤退，通过徐家湾，即超过行李在全师先头行进，其余部队于十五时左右安全通过滨口、滨源，敌未敢前进。我先头部队于二十四时到达党口，后卫营于十九日四时左右始到党口附近之杨坪。

十九日六时三十分，接军团政治委员来电话云：敌第三师由麻坑方面曲〈进〉攻神岗，第九师由坤塘住〔往〕大雄关，进占饶坊、党口，我第十四师在神岗、大雄关一带钳制该敌，我主力第一、二师秘密集结于熊坊前进，军团司令部及第二师随后跟进之。

即面令第一团即刻由党口出发，经大头山向熊坊前进，到达熊坊即向坤塘方向占领阵地，严密侦查警戒封锁消息，并对南丰方向警戒，并附以便衣侦察员迫近坤塘、上下湾，确实侦察敌情，并以电话通知第二团随师部，第三团随第二团后前进。

八时许，在大头山至源头间大雄关方面发生枪声，函〔逐〕渐浓密，军团副作战科长面达军团长、政委命令云：敌先头部队已到大雄关附近，向我十四师阵地攻击，命我第一团派一营兵力迅速占领源头后面阵地，为我突击方向之侧翼；另由军团直接命第二团派一营兵力协助十四师之一团兵力巩固大雄关阵地，其余部队继续向熊坊前进，十时许第一团到达熊坊停止，询问群众所得情况：

1. 十七日有敌一连由里塔到熊坊游击，魏坊、沙岗上均无敌。

2. 敌第九十师有开到熊坊说。

十一时左右，军团副作战科长及第二团团长、政委到达熊坊传达军团长、政治委员命〈令〉云：敌已向大雄关攻击前进，我主力不及过远于〔迂〕回，即以第二师全部在大雄关正面突击，第三团留为预备队，命我们率四个营由熊坊迂回厚田，断敌归路，协同正面猛攻敌人侧背。同时，接军团长、政委十时三十分来信云（抄录原信）：

李师长

黄政委：

详情已告二团长及政委，你们到达庙岭，将一部占领庙岭阵地，主力集结隐蔽，待我们这方面主力打响后，你们即迅速截断敌上弯归路，以一部向下弯敌追击或占领阵地，阻止敌人，以主力向大雄关猛烈压迫，会合我主力夹击而消灭之，我们指挥机关在铁路前，送信来即送该地。

命第二团为前卫，向厚田前进，按照军团长、政委所指示，到达庙岭以一部占领阵地警戒，其余部队隐蔽集结，第一团随二团后跟进到厚田与前田间隐蔽集结，待命与第二团确取联络。

第二团十二时许通过王家边，向厚田前进。

情况：

1. 庙岭及厚田西南地发现少数敌人。

2. 据捉获东堡堡长供称，东堡无敌，庙岭为敌之警戒部队。

3. 大雄关方面枪声渐激烈，似为我主力开始攻击。

决心：先驱逐厚田附近敌之警戒，向东堡攻击前进，以协同正面夹击敌人。

理由：

1. 敌少数部队占领庙岭及其附近阵地，必须迅速夺取，以便于以后遂行攻击任务。

2. 正面已开始攻击，须即开始突击敌侧后，以协同正面动作。

处置：命第二团以一营兵力向厚田西南高地攻击，其余一营向里塔方面警戒，并钳制庙岭敌人，第一团则集于厚田、前田间，候第二团方面攻击得手，即协同向东堡猛攻。

战斗经过：第二团第二营取隐蔽道路接近敌人突然攻击之，约于十五时许占领敌阵地前沿斯时。

情况：

1. 上湾有敌约一营向厚田增援。

2. 发现敌人约二团左右集结木鱼岭，已有一营以上兵力沿高山向熊坊方向前进。

决心：停止向上湾攻击，以一营兵力与向厚田增援之敌保持对峙，主力转向木鱼岭敌攻击，再向东堡攻击前进。

理由：木鱼岭敌人进占熊坊，断我与主力联系而各个击破，我军须首先截减〔击〕之。

处置：命第一团向木鱼岭之敌猛攻，消灭之，第二团攻击厚田之第二营撤到王家边附近占领阵地，向厚田警戒，与敌对峙，其第一营向木鱼岭方面靠拢第一团，准备协同第一团攻击木鱼岭敌人，并派见习参谋到铁路前向军团报告情况，请指示。

战斗经过：第一团以两路向木鱼岭之敌攻击，一部隐蔽道路突然攻击敌之侧后，敌遂动摇后退，连占领敌两线阵地，将攻至敌阵地后缘时，因部队失掌握遭敌反冲锋，稍有损伤，遂固守已夺取阵地与敌对峙。已黄昏，接军团政治部李主任[①]来信云（抄录原信）：

李师长

黄政委：

军团长、政委来电话，我军准备转移地区，因敌主力似已靠拢，不利于在此持久战斗，你们应一部占领阵地，阻止敌人进至熊坊，断我退路；另一部即向沙岗上附近撤退，首先即驱逐长山敌，以便我军向那方移动。

接命后，令第二团以其第二营在熊坊、通王家边路上占领阵地，拒上厚田、上湾之敌向熊坊前进，掩护第一团撤至熊坊，后待命撤到熊坊，并命作战科长率领师直属非战斗部队随第三团到汤坊宿营。

第一团约于二十二时撤到熊坊用饭后移到粱坊宿营，第二团掩护第一团退出战斗后亦于二十日一时许撤到操坊宿营，第三团及第一、二两团分割建制之营则由军团直接指挥，到汤坊、长山宿营。

我们到操坊后，立即派见习参谋到汤坊与军团司令部取联络，请指示行动，因不熟道路，于二十日四时许才到汤坊，时军团司令部早已出发，由第三团黄团长及师作战科长告知我军向宝石移动，我们于六时半得该联络员回报。即率第一、二两团（各缺一营）由操坊、粱坊出发，经汤坊接第三团后行进。八时许在汤坊通石牛坑路上所得情况：

1. 前进方向发生枪声。

2. 非战斗部队停止路旁让第三团前进。

3. 接师作战科长报告，沙岗上附近发生枪声，并闻吹奏白军号音。

4. 军团司令部位置不明。

决心：以主力通过石牛坑占领沙岗以上以西阵地，在有利条件下出

① 李主任，指李卓然。

击该敌予以打击。

理由：

1. 判断敌为南丰第八师派来断绝我退路者，兵力薄弱，可消灭其一部。

2. 主力在神岗方面可由熊坊来夹击我军，故以主力背靠宝石方面选择有利时机才可出击。

处置：

1. 命第二团为全师后卫，向熊坊方面警戒及接替第二团向沙岗上之警戒，俟师直属队及各部行李通过石牛坑即撤收跟进。

2. 我们率领第二团通石牛坑布置阵地，并令师直属队及各部队行李跟第二团后前进。

战斗经过：我们率领第二团到石牛坑附近时，第三团已占领沙岗上西北阵地。同时得军团长面〔命〕令，看清敌情，在有利条件下以迅速手段出击该敌。遂命第二团以一营兵力占领石牛坑附近阵地，作最后掩护队，交互掩护部队徒〔徙〕往山僻小路安全通过危险地区，于十五时许全师安全到河岭上，脱离敌人，后经肖坊、邱山、横排岭到胡旃、檀石湾、丰盘岭一带宿营，二十一日转移到宝石、藕塘、幽溪一带，二十二日到沙坪上、黄沙田、西坑一带休息整理，战斗遂告结束。

（五）战斗结束后敌我形势

1. 敌人于十九日占领大雄关，于我军退出战斗后即进占神岗、党口及熊坊一带。

2. 我军于十九日黄昏时退出战斗后，即转移到朱坊、沙坪上及新丰市之线休息整理，待机出动。

（六）战斗成绩

1. 我军战术上的缺点和错误：时间不及，同时有个别的干部犹豫不前，不顾整个战局已失去优势阵地，敌主力已靠拢不便与敌持久作战，亟退出战斗。

2. 战斗伤亡俘获见附表（略）。

（七）战斗的经验和教训

1. 此次战斗虽很疲劳，一般战士仍能刻苦耐劳，发扬盛旺攻击精神，稍能注意配备火力，相当取得大力与运动的联系，能隐蔽接近敌人，给以突然袭击来迅速夺取敌人阵地，个别的营能注意阵地侦察及以火力压制敌人反冲锋。

2. 在战斗中还有很多战术上的严重缺点和错误：（1）警戒疏忽，不注意选择位置，致被敌人袭占重要阵地，几致整个兵团及高级指挥机关遭受袭击；（2）干部对紧急事件的处置动作非常迟缓；（3）一般的干部在冲锋时不能掌握部队，在敌阵地前迟疑不前，遭敌反冲锋及火力的损伤；（4）在敌火力〈下〉退出战斗〈时〉，不能有计划的用火力掩护撤退，部队混乱致蒙很大损伤（一团三营在下南）；（5）背敌行军的后卫部队，放弃部队、放弃责任，致使伤员受土匪的袭击；（6）战斗中通信联络不好；（7）非战斗部队的管理教育松懈，发生紧急时部队慌乱。

第一师师长　李聚奎

政委　黄　甦

中共江西省委党史研究室等：《中央革命根据地历史资料文库·军事系统12》，北京：中央文献出版社，南昌：江西人民出版社，2015年，第2906—2913页。

中革军委关于成立第二十一师的命令

（1934年8月25日于总司令部）

（绝密）

一、第二十一师定于九月一号开始成立。

二、该师由现已成立之六十一团、六十二团及六十三团（原江西军区赣江团）组成。在六十三团内，编入七军团归队兵的一个营（四个连）。第二教导团全部（军政干部六十四名，战士一千三百零七名，工作员一百八十七名，步马枪二百八十六支，重机枪二挺，及其他军用品）统补入二十一师。

三、任命周昆为该师师长，黄甦为政委，罗荣桓为政治部主任，唐浚为参谋长，国局[1]并任命杜理卿为特派员，以上被任命的人员，统限于九月一号以前到达军委受领任务。

四、为保证师部的指挥健全，该师应组织下列各部：

甲、责成政治部主任负责成立师政治部。

乙、周师长、黄政委就职后，即成立师司令部，并由红大参谋班抽学员五名，由彭杨步校[2]测绘班抽学员六名分配给该师司令部。

丙、军委总司令部之独立防空排即拨归该师。

丁、由特校训练之工兵连、迫击炮排，于十月中编入该师。

戊、由总兵站抽出一个中站随该师行动，并归其指挥。

己、总供给部派出供给主任及供给人员三名，会同第二教导团供给人员组织师供给部。

① 国局，即中华苏维埃共和国国家保卫局。下同。

② 为纪念彭湃、杨殷二烈士，1933年10月17日中革军委作出决定，将第一步兵学校命名为中国工农红军彭杨步兵学校。

庚、总卫生部抽出三个医务所拨给该师，以便组织野战医院，并派出卫生人员组织师卫生部。

辛、现随江西军区陈司令员[①]在西线使用之十四分队电台，即拨给二十一师使用，另由总司令部抽电话队一班带话机五架、皮线十里给该师成立电话班。

壬、师直属队除上项所述外，应由第二教导团直属连及现有人员中组成。为加强保卫队（一排）及侦察连起见，并决定抽调下列部队补给该连队：

A．由一、三军团各抽一驳壳班，于九月一号到达瑞金；

B．由国局选一有战斗经验的步兵排，拨为该师保卫队；

C．由七军团归队营中拨老战士一排。

五、六十一、六十二、六十三三团，现时任务从九月四号起即交给其他兵团担任（军委另有命令），交替后，即进行成立二十一师。

六、至九月十号止，二十一师应组织完毕，然后转移到我二十三师方向，与该师协同行动。

七、十月内，二十一、二十三两师合编为八军团，二十一师首长即兼军团首长，不另组军团直属队。

主席○○[②]

○○○○○○

○○○○○○

中国人民解放军历史资料丛书编审委员会：《中国人民解放军组织沿革·综述（1）文献（1）》，北京：解放军出版社，2006年，第868—869页。

---

① 指陈毅。

② 档案馆件中此处未署名。圆空处，指主席朱德，副主席周恩来、王稼祥等。

中革军委、总政治部关于成立教导师的命令

（1934年8月26日）

（1）着第二教导团全部一千二百二十三人[①]（干部、战士、工作人员及武器）于九月一日以后编入二十一师，并由该师师长周昆、政委黄甦前往接收。

（2）着第四教导团将现有之一千一百七十一名战士分三个营，每营编成三百六十名，于九月一日分别补入二十二师、二十三师及二十四师，余多出战士九十一名即补充总司令部直属队。该团军政干部、工作人员及武器等，统责成第五局分别补入第一、第三、第五三个教导团，其工作人员中如炊事员则应随同新战士分配到前方。

（3）第一、第三、第五三个教导团应依各兵团需要，将现有战士限于九月一号至十五号间分别送出补充各兵团，同时按以后每教导团要一百零八个班长、三十六个副排长、六个预备干部给师指挥机关，给师警卫连十五名，共初级干部应留下四百六十五名优秀的战士（班长在内）。依此，剩下派往部队的战士整数为三千零二十五名。

（4）九月十五日应成立新的教导师，由三个团、一个机枪连、一个警卫连编成之，以张经武同志为师长。司令部分训练、队列、管理三科，政委、政治部主任及特派员由总政及〔国〕局于九月一号任命好，卫生供给机关亦于九月一日准备好，师警备连由警备排、通信排及工兵排组成之，其编制与一般同，警备、通信每排三班，每班连班长九人，工兵每班连班长十三人。团司令部的组成与师部同，但只须警备、通信

① 此数字与《中革军委关于成立第二十一师的命令》中所说的第2教导团的人数比较，少335人。因未查到原件校对，未作改动。

各一班人，其编制每班九人（班长在内）。每团三个营，每营四个连，每连三个排，每排三个班，每班战士十二名（班长在外），合计全团共战士一千三百一十二名（团直通信、警卫各一班在内），班长一百一十名（内通信、警卫两班长在内），排长、副排长各三十六名，连长、政指各十二名，营长三名。为此，加上师、团的直属部队，在教导队内应有四千零九十二名新战士，师一级以下干部则应有初级干部四百六十五名，排、连长一百五十二名①，政指三十八名，营长九名，团长、政治委员、参谋长各三名，以及其他工作人员如科长、科员、卫生〈人员〉、供给人员、管理班长、炊事员等，规定副排长以上的不得用无战斗经验的地方干部。

（5）责成第五局于九月十日前应查清全教导师所缺的干部，到九月十五日则由公略步校②第二批毕业生中全部补齐（军事干部应该是够的，而政治的则差十五至二十个），营长及以上的干部不另补充，而应适当调补之。

（6）每三个战士约可配备一支枪，计算现有武器大致可够一、三、四、五教导团共一千二百一十八支枪，照三个团分配，每团应有三百九十六支，师直属队配备三十支，此外须保证到九〈月〉一〈日〉，（除有枪的战士及工作人员外）全体配有梭镖。为进行教育起见，每团每月发给手榴弹一百个，子弹一千五百发（每个战士打一发）。

（7）团的改组，师的成立，应于九月下半月完成，以便能即时开始有系统的训练新战士。诸教〈导〉团的位置，应在瑞金以南及东南，责成该师长确定之。

此令

① 此数字与前述编制数累计不符。因未查到原件校对，未作改动。

② 为纪念黄公略烈士，1933年10月17日中革军委决定，将原第1步兵学校命名为中国工农红军公略步兵学校。

主　　　席　朱　德

副　主　席　周恩来

王稼蔷

总政治部主任　王稼蔷

中国人民解放军历史资料丛书编审委员会：《中国人民解放军组织沿革·综述（1）文献（1）》，北京：解放军出版社，2006年，第870—871页。

朱德关于军团后方勤务部职责领导及人员配备的规定致一、三、五军团和二十一师电报

（1934年9月18日）

林聂、董李、罗蔡、周黄[①]：

军团后方勤务部其组织，已于军委十一日的命令中公布它是军团首长与其整个后方的联络机关，该部长受军团首长直接指挥。军团首长是经过参谋长或司令部人员给后方勤务部必须的号令。因此，该后方部本部勿须繁多的组织，只须在部长下设书记一人，文书一至二人，至一个警卫通信班。后方勤务部长并可由某人勤务部长兼任之，但在确无干部时才得如此。

朱

十八日廿一时

（致一三五军团廿一师）

中共江西省委党史研究室等：《中央革命根据地历史资料文库·军事系统12》，北京：中央文献出版社，南昌：江西人民出版社，2015年，第3814页。

① 林，即林彪。聂，即聂荣臻。董，即董振堂。李，即李卓然。罗，即罗炳辉。蔡，即蔡树藩。周，即周昆。黄，即黄甦。

朱德关于红二十一、二十三师合编为红八军团致周昆等电

（1934年9月21日）

周黄，孙李[①]：

甲、二十一及二十三师合编为八军团，并以周昆任军团长，黄甦任军团政委，目前不设军团直属队，军团首长经二十一师首长及司令部实现其一切决定。

乙、八军团的任务是：以运动防御阻止敌人向古龙岗前进，并行局部的反突击来削弱敌人。在执行这一任务时，应最高度的保持有生兵力。

丙、二十一师于二十三日早以前接替六十九团的任务，而六十九团则归还建制。

丁、周军团长于今明两日应侦察地形，及向二十三师取得必须的情报材料，并将所下决心限于二十二日晚以前电告军委。

朱

廿一日

中国人民解放军历史资料丛书编审委员会：《中国人民解放军组织沿革·综述（1）文献（1）》，北京：解放军出版社，2006年，第890页。

① 周黄，孙李：指周昆、黄甦、孙超群（时任红军第二十三师师长）、李干辉（时任红军第二十三师政治委员）。

周昆、黄甦致朱德、周恩来电

（1934年9月22日）

朱周：

一、我们本日亲到二十三师阵地侦察敌。

二、六九团阵地，决由六一团本日接替，六九团撤出所坑整理待命。

三、我们意见：二十一师主力集结师牌、佛子冈附近待训，二十三师主力集结高坑附近待训。

四、二十一师会两团于明晨拂晓到猪脚牌一带，收容所设下层军团野战医院，设古龙岗。适当否请复×示。

（二十一师来）

周、黄

二十日

中共江西省委党史研究室等：《中央革命根据地历史资料文库·军事系统13》，北京：中央文献出版社，南昌：江西人民出版社，2015年，第3826页。

朱德关于目前战斗问题致各军团电

（1934年9月25日）

林、聂，彭、杨，董、李，周、黄，罗、蔡[①]：

一、二十六日晨，蒋敌向我行总的攻击，李[②]纵队向汀州进，陈[③]路军向石城进，其以后目的是在占领我们的中心瑞京。而薛[④]路军和周[⑤]纵队近日亦逐步前进，其目的是在占领我们的兴国，从西面切断我的主力。

二、各兵团于明二十六日晨以前，应有充分的战斗准备。在战斗以前，应进行最高度的政治工作，并解释此次战斗重大的意义。

三、在明二十六号及以后的战斗动作中，诸兵团应再度估计情况，并检查自己的决心。一方面你们应给敌人相当的损失和抵抗；另一方面应很爱惜的使用自己的兵力，并且应坚决避免重大的损失，特别是干部。

四、在飞机轰炸、炮兵集中所威胁不利的条件下，及我们工事不十分巩固时，指挥员应适时放弃先头阵地，以便于我们阵地的纵深内实行突击。

五、应特别注意在战时中不间断的对于部队指挥，在失利时，应有有组织的退出战斗的计划。

---

① 林、聂，彭、杨，董、李，周、黄，罗、蔡，指林彪（红一军团军团长）、聂荣臻（红一军团政治委员）、彭德怀（红三军团军团长）、杨尚昆（红三军团政治委员）、董振堂（红五军团军团长）、李卓然（红五军团政治委员）、周昆（红八军团军团长）、黄甦（红八军团政治委员）、罗炳辉（红九军团军团长）、蔡树藩（红九军团政治委员）。

② 李，指李延年。

③ 陈，指陈诚。

④ 薛，指薛岳。

⑤ 周，指周浑元。

六、明二十六日战斗至二十四时止，应速将战斗经过及结果电告军委，以保证我们能适时的下达命令。

朱德25、16/9[①]

中国人民解放军历史资料丛书编审委员会：《红军长征·文献》，北京：解放军出版社，1995年，第38页。

① 指9月25日16时。

朱德关于红八军团行动问题致周昆、黄甦电

（1934年10月7日）

周、黄：

一、八军团全部应于明（八日）晚出发，并于九日拂晓前到达古龙岗地域隐蔽配置待命。

二、军团后方则应于八日夜到达古龙岗西南的地域。

三、八军团之二十一、二十三师于八日黄昏前应以备战姿势准备突击进攻之敌，明（八）日周、黄应详告八军团走后独二、独三团的行动。独二、独三团统归独三团首长指挥，并依周、黄五日二十二时来电所规定的五个地区进行运动防御。八军团走后，独二、三团即归江西军区指挥。关于情况变动应以徒步通信向博生军区[①]司令部报告。独二、三团行动时，应伪装二十一及二十三两师。

四、应采取拦阻办法防止逃落伍及配备时的对空防御，日间绝对禁止部队移动。

五、执行情形电告。

朱

七日二十一时

军事科学院军史部一室：《红军反“围剿”·文献（之一、下）》，北京：解放军出版社，2016年，第840页。

① 博生军区，指江西军区。原注释有误，应意为向驻博生（当时所设县，大致为今江西省宁都县辖区）县的江西军区司令部报告。（本文库编者注）

朱德关于红八军团向集中地域移动致周昆、黄甦电

（1934年10月9日）

周、黄：

甲、八军团于今九日晚由现地出动，并于十二日拂晓前到达杰村、澄龙、社富地域。

乙、移动的秩序如下：

（A）九日夜，八军团应到达古龙岗南岸之水南南路石桥地域，而后方机关则应到达黄沙、平安寨。

（B）十日夜，八军团司令部随二十一师应到达桥头地域，而二十三师及后方机关则应到达银坑地域。

（C）十一日夜，则全部隐蔽的到达指定集中地域。

丙、独二、独三团〈没〉有任何掩护的任务，独三团的任务则仍照你们昨日来电行之，而独二团则应于九日晚接替六十三团的任务。以后独二、三团的在〔再〕行动，另有电告。你们则应转告独三团首长统一指挥行动。

丁、为守军事秘密，应注意如下事项：

（A）这一命令不得下达，而仅以单个的每日的命令实施之。

（B）严防落伍和逃亡。

（C）只应于夜间移动部队，日间休息配置时，则严密注意防空。

戊、执行情形，电告军委。

朱

九日九时

《中国工农红军长征史料丛书》编审委员会：《中国工农红军长征史料丛书·文献（1）》，北京：解放军出版社，2016年，第66页。

朱德关于中革军委及各兵团代号的规定

（1934年10月13日）

各首长：

（甲）为保守军事机密起见，特重新规定军委及各兵团代名字如下：

（一）军委红星，军委直属各部之总字一概代以红星二字，如总司令部为红星司令部，总政治部为红星政治部，总兵站为红星兵站等余类推。

（二）军委第一纵队红安、第二纵队红章。

（三）一军团南昌、一师广昌、二师建昌、十五师都昌。

（四）二〔三〕军团福州、四师赣州、五师苏州、六师汀州。

（五）五军团长安、十三师永安、三十四师吉安。

（六）八军团济南、二十一师定南、二十三师龙南。

（七）九军团汉口、三师洛口、二十二师巴口。

（乙）以上代名自十月十日施行，师以下代名由各军团自定。

朱

十三日

中国人民解放军历史资料丛书编审委员会：《中国人民解放军组织沿革·综述（1）文献（1）》，北京：解放军出版社，2006年，第899页。

朱德关于收容野战军逃亡与落伍伤病员的办法致各兵团、各纵队电

（1934年10月20日）

各兵团、各纵队首长：

甲、为严重注意拦阻与收容野战军的逃亡与落伍疾病人员及收容二十二日战役的重伤人员，规定办法如下：

1. 赣南军区在小溪、新陂设后方医院，在马岭、畲岭各设一医务所收容全野战军的重伤病员，并由蔡司令员[1]亲到小溪指挥。

2. 各兵团后送重伤病员的路线：

（1）八军团由营田、牛岭到小溪。

（2）三军团小岔、牛岭到小溪。

（3）一军团双芜、唐村、畲岭到小溪。

（4）九军团由荷梓、仁风、何杵崇到小溪。

（5）军委一、二纵队均经畲岭送小溪。

3. 各兵团、纵队后送重伤病员应尽量利用地方挑米夫子，并请当地政府发动群众搬运，在半白区域可出代价雇夫后运。

4. 已令军区派地方部队在牛马岭、小岔、畲岭、唐村及茶梓地域掩护重伤病员后运，各兵团不应再分武装掩护，而只应以自己的兵站递送至军委掩护线以南。

5. 后送伤病员应只限重的，轻的能行的应带走。

6. 各兵团、纵队除自设收容队、拦阻队严格执行军委规定行军要〈求外〉，第二纵队应在小溪、畲岭之线设第二线总的收容队拦阻队，

① 蔡司令员，指蔡会文，当时任赣南军区司令员。

由总卫生部医院带走全部轻的能走的伤病员，保卫队负责收容逃亡人员。五军团应在新陂地域设第三线总的收容队拦阻队，由军团医院带走轻的伤病人员，保卫局收容逃亡人员，军区沿河两岸收容拦阻队为第四线。

乙、各军团应严格注意自己的后方处理，使其有组织进行工作并与军团部只能相隔四十里以下路程。八军团后方部应与三军团后方部连接，九军团连一军团，一、三军团连总司令部五局，五军团连军委总兵站。

丙、执行情形随时电告。

（用电话告赣南军区）

朱

二十日十二时半

中共江西省委党史研究室等：《中央革命根据地历史资料文库·军事系统13》，北京：中央文献出版社，南昌：江西人民出版社，2015年，第3932页。

朱德关于我军渡过信丰河继续西进致各军团电

（1934年10月23日）

（致一、三、五、八、九军团）

一、敌第一师主力在安息，第二师在信丰，第四师在赣州、南康；独二旅在安远，但有经关头寨开安息之可能；独三师集结南雄。

二、野战军于渡过信丰河后，除八军团于南康、大庾间西进外，其余均在大庾，南雄之间西进，对安息、信丰之敌只留监视部队。

三、二十四日晨，各兵团应到达下述地域：

甲、八军团全部应前出到大龙、坳头地域，并向信丰派出警戒，向龙回派出侦察队。

乙、三军团应前出到大塘铺、大江圩、小河、王庄地域，向信丰派出警戒，并向准〔正〕平圩、九渡水及坝子上派出侦察敌情、道路。五师随带小电台；准备一得野战司令部命令后，即向前出动为先头师。

丙、一军团应前出到铁石圩、铁石口、石材圩地域，并向流塘圩派出警戒，向大龙冈、罗塘圩派出敌情、道路侦察。

丁、九军团应到达走马丘、枫树下、石门径地域，并有监视安息之敌的任务。

戊、第一纵队到达场坊地域，并向信丰警戒。

己、第二纵队到达古陂、大桥头地域，并向信丰警戒。

庚、五军团则应到达小坌、双芫地域，并由其右翼队由小坌派出一个团，进至韩坊，向信丰警戒。

四、各军团及师的后方机关，应跟进到指定各军团应到达的地域。除五军团与第二纵队外，其余各兵团应停止后运伤病员。

五、各兵团于本日二十四时前，详细电告执行野战军司令部此电令的情况，并准备接受作战命令。

朱

二十三日[①]

中央档案馆：《红军长征档案史料选编》，北京：学习出版社，1996年，第16—17页。

① 此处，另种档案版本为“二十三号十二时”。

朱德关于各军团转移到白区后应加强后方工作致林彪等电

（1934年10月25日）

林聂、彭杨、董李、周黄、罗蔡：[1]

军委再指示你们，各兵团自转移到白区后，对于后方的工作非常的不够，各军团应严格遵守下列各项：

甲、各军团和各师的后方〔部〕，应在部队之直后跟进，如必要时并应派部队掩护。在行军时，军团后方部应在作战部队半日行程后跟进，宿营时则应在军团宿营地域。

乙、停止一切伤病员后运，而应随军团后方部前进。在万不得已时，重伤病的战士则留下，于同情的群众家就地医治，进行很好的政治工作。除重伤员外应给以十元休养费，而干部则应带着。

丙、供给方面则应就地征集（没收或收买），没收物质、资材应有组织的进行，并严守阶级路线，应最高度的保持现时随身携带的食米。

朱

二十五日

中国人民解放军历史资料丛书编审委员会：《南方三年游击战争·综合篇》，北京：解放军出版社，1995年，第183页。

① 林聂、彭杨、董李、周黄、罗蔡，指林彪、聂荣臻、彭德怀、杨尚昆、董振堂、李卓然、周昆、黄甦、罗炳辉、蔡树藩。他们当时分别担任红一、三、五、八、九军团军团长和政治委员。

军委关于我方正与广东谈判让出西进道路，如粤军自愿撤退我军应勿追击的指示

（1934年10月[①]26日）

林、聂、彭、杨、董、李、罗、蔡、周、黄[②]：（亲译）

现我方正与广东谈判，让出我军西进道路，敌方已有某种允诺。故当粤军自愿的撤退时，我军应勿追击及俘其官兵；但这仅限于当其自愿撤退时，并绝不能因此而消弱警觉性及经常的战斗准备。

军委

二十六日

中央档案馆：《红军长征档案史料选编》，北京：学习出版社，1996年，第18页。

① 发电月份，档案原抄件上写的是“5”月，疑误，“10月”是原编者判定的。

② 指林彪、聂荣臻、彭德怀、杨尚昆、董振堂、李卓然、罗炳辉、蔡树藩、周昆、黄甦。

朱德关于夺取先机突破沙田至城口敌封锁线的行动部署致各军团、纵队电

（1934年10月29日）

林、聂、彭、杨、董、李、周、黄、罗、蔡、叶、罗、邓[①]：

一、粤敌第一军部队现集结于大庾、南雄、新田地域，湘敌主力现向赣西及湘赣边境集结，而六十二师的主力正向汝城开动，而周纵队[②]之四个师亦向遂川集结，其企图是使我们还未进到湘南时，从两侧翼进攻我们。

二、为取得先机之利，野战军于十一月一日应进到沙田、汝城、城口及上堡、文英、长江圩地域，并通过湘敌由沙田到城口在战略上的第一道纵的封锁线。

三、各军团前进路线如下：

甲、三军团分两个纵队有占领汝城的任务，并于暖水、大坪间打开自己的前进路，依据军委二十八日十三时电令[③]派出先头师，并于三十一日应前出汝城地区。而三军团主力则分左右两纵队前进，以一个师为右纵队，由崇义经黄竹洞、古亭、集龙向汝城前进；其余部队及后方部为左纵队，由稳下圩、左溪、关田、文英、热水向汝城前进。

乙、一军团有消灭从南面进攻之敌，于大坪、城口之间打开自己前进的道路，并分左右两纵队前进。以一个师及后方部为右〈纵队〉，由铅厂经沙溪、禾溪头向大坪前进；其余两个师为左纵队，由义安经章东

① 指林彪、聂荣臻、彭德怀、杨尚昆、董振堂、李卓然、周昆、黄甦、罗炳辉、蔡树藩、叶剑英、罗迈、邓发。

② 指国民党军周浑元纵队。

③ 指朱德致各军团、纵队首长电，主要内容是：野战军针对粤军及周纵队和湘军侧击的企图，“为取得先机之利”，必须向江西省崇义县之铅厂北移，并规定了各兵团的侦察、警戒任务。

坑、青草英、聂都、内良坪、长江向城口前进。

丙、八军团有掩护野战军右翼的任务。为执行这一任务，于三军团之右侧后由杨眉寺、大坝圩经过埠、鳞潭、古亭、上堡向沙田前进。

丁、九军团有掩护野战军左翼的任务，并于一军团左纵队后跟进。

戊、军委第一纵队随三军团左纵队后跟进，第二纵队前出到新溪圩、新绥〔溪〕背后，则随一军团右纵队后跟进。

己、五军团有掩护野战军后方的任务，并分两个纵队行前〔进〕，五军团全部（缺一个师）为右纵队，在军委第一纵队后跟进；其余一个师为左纵队，在军委第二纵队后跟进。

四、上述是规定大概的方向，但在如下的分界线内，各兵团首长有确定之权。

甲、大坝圩、过埠、上堡及沙田（均含）为八军团之左方分界线。

乙、三、八军团分界线，为崇义（属三军团）、鳞潭（属八军团）、古亭（属三、八军团）、集龙、暖水（均划属三军团）。

丙、一、三军团分界线，为铅厂（属一军团）、关田、文英、热水（属三军团）、大坪（一军团）。

丁、一军团左翼线为义安圩、聂都、长江、城口（均含）。

戊、未另规定之兵团的分界线的，应准照其跟进路上的分界线行之。

五、工兵部队应派在各该兵团的前面行进，以便修补道路不良的地段。侧翼部队（八、九军团及一军团左翼队）应有系统的破坏由敌方通我处翼侧的分界线上的道路及电话联络。

六、在到达大庾北之崇义山地时，可于日间运动部队，但应严格注意对空防御和警报。

七、各兵团每日的移动及作战动作，由军委单个命令规定之，你们在未得其他电令前，军委二十八号十三时电令仍继续发生效力。

八、正确执行这一命令，要求全体指战员要有高度努力。因此必须高度加强政治工作，注意行军中卫生的救护和收容拦阻队的工作。在经过地域中，居民少、粮食缺泛〔乏〕，故必须调剂司令部与供给的工作。

朱德

二十九日七时

中央档案馆：《红军长征档案史料选编》，北京：学习出版社，1996年，第19—21页。

朱德关于我军五日至八日通过汝城至城口间封锁线的部署

（1934年11月5日）

各兵团及纵队首长：

（一）五号晚，野战军开始通过汝城到恩村间的封锁线。

（二）规定三条基本的前进道路：

A. 右边的道路由大来圩经店圩、百丈岭向文明司、山田铺方向前进，另经店圩南之延寿圩向三界圩，为辅助的道路。

B. 中央道路，由新桥经界头、燕子排、九峰山向九峰圩方向前进。

C. 左边的道路，由城口经麻坑圩向岭子头方向前进，但是确定这条道路的路线，要看粤敌的行动，由林、聂确定之。

（三）为掩护通过封锁线，规定以下的部队担任之：

A、汝城地域由三军团派出一个师任之。

B. 大坪地域由三军团派出一个团任之。

C. 为箝〔钳〕制长江及厚坑圩之故，由一军团派出一个师任之。诸掩护部队应于其他部队全部通过后为后卫跟进。

（四）通过封锁线的秩序如下：

A. 六日早三军团主力走右边的道路，一军团一个师及军委第一纵队走中央道路，一军团一个师走左边的道路，通过封锁线。三军团司令部直属队及后方部，应随在六日早通过封锁线部队的后面跟进。

B. 七号早通过的部队如下：八军团走右边的路，军委第二纵队及十三师之一个团走中央的路，九军团走左边的路，通过封锁线。

C. 八号早通过如下部队：三军团一个师加一个团的掩护队走右边的路，五军团（欠十三师之一个团及三十四师）走中央的路，一军团掩护的一个师及三十四师走左边的路，通过封锁线。

（五）掩护部队依据各该军团首长的命令，于本五号晚即占领阵地。

（六）为求得各部队有配合的移动及规定各兵团的作战任务，军委对于各兵团有单个的命令规定之。

朱德

五号十三时半

中央档案馆：《红军长征档案史料选编》，北京：学习出版社，1996年，第22—23页。

红八、九军团进行改编的命令

（1934年11月17日）

一、八、九军团应即改编为一个师的编制，并进行分编二十一师及二十二师。

二、二十一师及二十二师的人员武器，应用来补充野战军各兵团。该两师的全部人员（除两师后方机关、师属工兵连及团属重机枪连、师防空排、无线电队、电话队外），各改编为五个补充营，每营应占全师人数五分之一，其分配如下：

（1）二十一师以一个营补充八军团（二十三师），三个营补充三军团，一个营补充五军团。

（2）二十二师以两个营补充九军团（三师），两个营补充一军团，以一个营补充五军团。

三、营及以下的军政干部及团直属队，亦随其他人员一同分配；营以上的干部（团长、参谋长、参谋，师长、参谋长、参谋等），由野战军司令部依需要分配之，政治干部（师、团政委、政治部主任及政治人员）由总政治部分配之。分编后余下来的人员，送军委第四局（第一纵队）处置。

四、通讯工具的分配如下：

（1）二十三师的第二十三分队小电台，应移交三军团使用。

（2）二十二师第十七分队小电台，应交一军团使用。

（3）二十一师、二十二师的电话队，应补充八、九军团的电话队，各一排人，每排电线十二里，总机一个，单机六个，多余的送军委三局。

五、二十一、二十二两师的团属工兵排，照步兵一样分配到补充营去；师属工兵连，则二十二师的拨为一军团工兵连，二十一师的拨为三军团工兵连。

六、二十一、二十二两师的团属重机枪连六，及师防空排二，共有重机枪四十二挺，应作如下分配：

（1）以二十一、二十二两师各一连及一防空排附机枪九挺，共八个排、机枪十八挺，拨交十三师，补充为其营属机枪排。

（2）二十一师其余的两个连附机枪十二挺，拨给二十三师为其营属机枪排，另缺营属三个排，由二十三师原来三个团属的机枪连各拨出一排编成。如此，团属机枪连附机枪四挺，营属机枪排附机枪二挺。

（3）二十二师其余的两个连，则拨给三师，办法同二项。

七、二十一师轻机枪二十二挺，除照甲种师以二十挺补齐二十三师的三十二挺外，多余两挺拨交十三师；二十二师轻机枪九挺，除以五挺补充齐三师的三十二挺外，多余四挺拨交十三师。

八、二十一师现有的步枪、刺刀，应分配到五个补充营去每营得五分之一，二十二师办法同。弹药俟八、九军团报告到后，另电分配。

九、二十一、二十二两师后方机关，除能编入补充营为战士外，其余的应集中为一后方队，交由野战司令部处置之。八、九军团的后方机关，应缩小到一个师的编制：

（1）军团医院改为两个所，其收容量为一千人。

（2）兵站改为中站一、小站一。

（3）小修械所以五人。

（4）缝工三人。

（5）教导连一个：两个步兵排、一个政治排。

（6）运输队每团六十，军团一百八十，共三百六十名，其余的亦送到后方队。

所有编余的卫生机关，应组织为一个预备医院、四个所，及编余的运输队，交军委二纵队指挥。

十、八、九军团直属队，均应照师直属队编制，多余的人员除编入各连队为战士外，余亦编入后方队。迫击炮排，仍留八、九军团。

十一、九军团首长仍旧为三师的首长，八军团首长即现二十一师首长担任二十三师首长；现二十一师[①]、二十三师首长由军委另行处置。在分配直属队参谋人员及后方勤务人员时，应首先充实第三及二十三师。为作好及审查预先统计进行分编分配，特指定如下的委员会：

（1）二十二师的委员会，以凯丰[②]同志及一军团选派军政干部及李弼庭〔廷〕[③]同志各一人组织之[④]。

（2）二十一师以刘少奇[⑤]同志及三军团选派的军政干部各一人组织之。

十二、由十八号开始这一工作，并限五天内完成。为派送及分配各补充营及后方队，另指定通讯站与军团、纵队间联络，并责成总政治部督率各军团、纵队政治机关进行必要的解释工作。

军委主席　朱　德

副主席　周恩来　王稼祥

十一月十七日十八时

中共江西省委党史研究室等：《中央革命根据地历史资料文库·军事系统13》，北京：中央文献出版社，南昌：江西人民出版社，2015年，第3988页。

① 现二十一师，疑文字有误。据本命令内容，第二十一师首长已担任第八军团首长兼任第二十三师首长，此处应为："现二十二师"。

② 凯丰，指何克全，当时任红九军团中共中央代表。

③ 李弼廷，当时任红军总政治部组织部长。

④ 本命令另种档案文本上为："以凯丰同志及一军团选派军政干部各一人组成之。"

⑤ 刘少奇，当时任红八军团中共中央代表。

朱德关于我军向道县、江华、永明地域转移的部署

（1934年11月18日）

各军团、纵队首长：

一、周纵队经桂阳、宁远向道县与我们并行前进，以图向南突击我之右翼队。湘敌之一个支队于我前进路上阻我前进，其另一支队则尾追我们。粤敌有两个师正向临武前进中。

二、军委决定为取得更有利的作战及前进的条件，立即由现地转移到道县、江华、永明地域为转移地域，分两翼队西进：

甲、一、三、八军团、十三师及一纵队为右翼队，经嘉禾、蓝山间向宁远及其以南地区前进，以后则续向道县及其以南地区前进。

乙、九军团、五军团（欠十三师）及二纵队为左翼队，经蓝山城向江华城前进。

三、各军团十八日至十九日的行动如下：

甲、三、八军团归彭、杨统一指挥，前进到水乐圩、甘露田、下路桥地域，并向冷水铺及宁远派出得力的侦察队。如沿冷水铺至宁远的道上及宁远无敌或只有少数敌人时，则应迅速前出到该道上，向嘉禾派出掩护队，并迅速占领宁远城。如宁远城及其道路以东有敌人大的兵力时，则应由宁远城之南及其西南，侦察到柑子园及到油湘的道路与渡河点，以便取得由柑子园及油湘西进的两条道路于我们的手中。

乙、一军团（缺第一师）于临武地域扼〔遏〕阻粤敌，直到十九日晨。然后进到朱木铺、大树脚地域，以后则赶过第二及第一纵队前出到阴亭铺、楠木圩[1]及落山庙地域。第一师（缺第三团）于军委第一纵队

① 楠木圩，即今楠市，属湖南省蓝山县。

未到达竹管市[①]地域以前，应留虎口渡、上桥圩[②]地域，以后则向楠木圩归还主力。第三团于九军团先遣团到达蓝山后，即向楠木圩，以便归还主力。

丙、九军团于十九日晨进至蓝山地域，向万年桥派出警戒部队，并派出侦察队查明由廖村洞、樟水口经香草坪冲到咸宜亭，及由樟水口至下雾、江中的这两条山路。

丁、一纵队明十九早进到雷家岭、永盛圩地域，以后则让一军团通过，然后则前进到竹管市地区。

戊、第二纵队明十九日晨进到田心铺、雁山地域，以后则随九军团后向蓝山前进。

己、五军团至半夜止，阻止敌人于土地坪、牛头粪地域，以后则转移到粗石江、楚江圩地域，继则向田心铺前进。由田心铺地域五军团（缺十三师）随第二纵队后跟进，而十三师则受军委直接指挥，随一纵队跟进。

四、破坏道路仍照以前电示执行。

朱德

十八号十六时半

中央档案馆：《红军长征档案史料选编》，北京：学习出版社，1996年，第31—32页。

① 即竹管寺，今名竹市，属湖南省蓝山县。

② 上桥圩，应为土桥圩，今名土市，属湖南省蓝山县。

朱德关于准备与敌第二十三师等部进行决战致各军团电

（1934年11月21日）

林、聂、彭、杨、董、李、周、黄、陈、罗①：

一、军委决定，于今二十一日晨与敌二十三师、〈十五师〉②当其由嘉禾向宁远及甘露田（正义圩）方向前进时进行决战，目的为在其他敌军未到达之前消灭之。

二、各兵团在四时前应准备进入进攻出发点，以便在得到命令后可执行规定部署③。

三、政治机关应立即起来进行各兵团间之短促政治工作，电台应立即准备接收作战命令。

朱德

二十一号一时

中国人民解放军历史资料丛书编审委员会：《红军长征·文献》，北京：解放军出版社，1995年，第136页。

① 指林彪、聂荣臻、彭德怀、杨尚昆、董振堂、李卓然、周昆、黄甦、陈伯钧（时任第五军团第十三师师长）、罗华明（时任第五军团第十三师政治委员）。

② 〈十五师〉，据本电另种档案文本增补。

③ “执行规定部署”，本电另种档案文本此处是“执行朱、周部署”。

朱德关于野战军二十五日晨前西渡潇水的部署

（1934年11月23日）

林、聂、彭、杨、董、李、周、黄、罗、蔡、叶、罗、邓：

A．周敌以一部进占构〔横〕岭[①]、天堂圩，而敌二十三师已前出到张屋、南坪圩地域。

B．我野战军为执行迅速开辟西进道路，并打击尾追之敌的任务，定二十五日晨止的行动部署如下：

1．一军团（缺一个师）应于今二十三夜移至道州地域，以一个师控置〔制〕于河水东岸之瓶塘[②]、佛祖庙、七里岗地域，向宁远、天堂圩之敌布置阵地，准备突击向西追我之敌。第二师附炮兵营，待一军团先头部队开抵道州后，立即向蒋家岭、永安关搜索前进。在有利条件下，应攻占该地。第六团待三军团先头师接替任务后，即归还主力。二十四号黄昏起，一军团主力应向永安关方向移动，在河东之后卫师转移到道州地域，并破坏浮桥。

2．三军团应即以先头师及后方部由九井渡渡河（如桥未架好，则改由福禄岩[③]），进至九井渡、新车渡、福禄岩地域，接替六团任务。三军团主力如来得及，仍应以一个师随先头渡过河西。三军团主力或一个师，则应控置〔制〕在鸡公神、大坝头、石马神地域，准备明晨突击追我之敌。二十四号夜，三军团主力应全部西渡完毕，而后卫则应破坏桥梁，以后前进方向由侦察结果而定。

3．五军团今夜应移至桂里园、大欧、周塘营[④]地域占领阵地，准备

① 据另种档案文本订正为“横岭”，该地属湖南省宁远县。

② 即今坪塘，属湖南省道县。

③ 即今祥乐福，属湖南省道县。

④ 周塘营，即今周塘，属湖南省道县。

明日突击由东向我尾追之敌。部份〔分〕的参加突击由宁远方向追来之敌，严防敌向翼侧包围。从二十四〈日〉黄昏起，应迅速脱离敌人，从福禄岩、下茶园两处浮桥渡河，并在九井渡、福禄岩、薛家厂地域阻止敌人西进，并破坏浮桥。

4. 八军团今夜移至新铺地域，以一个团接替第八团，控制井塘；一个团接替薛家厂、下茶园之干部团两个营的任务，并令其于明早开咀塘归还野战司令部。如时间许可，八军团主力可于二十四〈日〉拂晓前渡过河西，如不可能，应改于二十四〈日〉黄昏时经下茶园浮桥全部渡过河西至大盘铺地域，并限三小时渡完。

5. 九军团袭取江华的任务不变。

6. 军委一纵队二十四〈日〉晨到达咀塘（福禄岩西岸四里），二纵队到达杨林塘地域。

C. 各兵团渡河后的侦察、警戒任务如下：

1. 一军团向永安关、全县，及由小坪通灌阳的道路。

2. 三军团向永明、灌阳，及由新车渡、上江圩通灌阳及永明以北程义家的平行山路。

3. 九军团向江华、永明及其通灌阳大道。

D. 二十三日抗击追敌，一、三、五军团应协同动作，并保证电台不断连〔联〕络。

E. 二十三、二十四〈日〉两夜渡河动作应迅速，绝对保证遵守时刻，严禁日间渡河。各兵团应派得力人督队收容落伍，限二十五〈日〉拂晓前止全部渡完，并破坏完浮桥，将一切船只集中西岸。

朱德

二十三号二十时

中央档案馆：《红军长征档案史料选编》，北京：学习出版社，1996年，第33—35页。

党中央及总政治部关于野战军进行突破敌人第四道封锁线战役渡过湘江的政治命令

（1934年11月25日）

（致一、三、五、八、九军团，二纵队）

各兵团首长：

一、我野战军即将进行新的最复杂的战役，要在敌人优势兵力及其部份〔分〕的完成其阻我西渡的部署条件下，来突破敌人之第四道封锁线并渡过湘江。此战役须经过粮食较缺乏之两个大山脉[①]，并要克服二条〈河〉道[②]与开阔地带，及部份〔分〕的敌人堡垒。野战军应粉碎前进路上敌人之抵抗与击溃向我翼侧进攻及尾追之敌，任务是复杂与艰巨的。但由于敌我部队质量之悬殊，我工农红军之顽强坚决、忍苦耐劳，可断言胜利是属于我们的。

二、为着胜利的进行这次战役，要求野战军全部人员最英勇坚决而不顾一切的行动。进攻部队应最坚决果断的粉碎前进路上之一切抵抗，并征服一切天然的和敌人设置的障碍，掩护部队应不顾一切阻止及部份〔分〕的扑灭尾追之敌。各兵团应不断的注意自己翼侧之安全，如敌人向我翼侧进攻时，应机断专行的坚决击溃之。同时，不应离开、放弃完成自己的前进道路。

三、对每一个指挥员要求明确的执行放在前面的战斗任务，与友军确实的协同动作，不间断的进行各种侦察、警戒，并应遵守一切战术规定，以避免不必要之损伤。指挥员应牢记争取战斗的胜利，不仅依靠个

① 指位于湘桂两省边界的都庞岭和越城岭。

② 指今广西壮族自治区西北部的灌江与湘江。

人的勇敢，而首先是在正确的指挥部队。

四、政治工作人员应不疲倦的政治宣传与鼓动及个人的模范，克服战斗员中的疲劳、落伍与各种动摇，应与指挥员一起征服为完成战斗任务上的一切客观困难，并最高限度的提高全体红色军人的战斗精神、顽强抗战及其坚定性。我野战军的基本口号应该是：不仅要安全的不受敌人损害的通过封锁线，且须击溃及消灭所遇之敌军。

五、当前战役的胜利完成，是将决定着我们突破敌人最后的封锁线，创造新的大块苏区，协同其他红军部队（二、六军团，四方面军）一致进行全线的总反攻，与澈〔彻〕底粉碎敌人五次“围剿”。

六、本政治命令随军委二十五日十七时作战命令同时下达至团、至梯队首长为止。军团、师、团政治部（处）应据此进行加强的政治工作，但不应下达提出作战任务〈的指令〉。

党中央及总政治部

二十五日

中央档案馆：《红军长征档案史料选编》，北京：学习出版社，1996年，第36—37页。

朱德关于我军向全州、兴安西北之黄山地域进军的作战命令

（1934年11月25日）

林、聂、彭、杨、董、李、周、黄、罗、蔡、叶、罗、邓：

（甲）根据敌人最后的部署，其企图是在湘江阻止我们，并从两翼突击我们。北面为敌之第一、第二路军，南面则为广西的主力，而敌之第三、第四及第五路军则直接尾追我们。

（乙）我野战军为达到前出至全州、兴安西北之黄山地域（湘桂边境）的目的，应该：

（A）我进攻部队（一军团主力及三、八军团）连续的应迅速的占领营山山脉之各关口隘路，并于全州、兴安之间渡过湘河。在此种决心下，应迅速、坚决消灭敌之第一、第二路军及与我接触之桂军部队。

（B）掩护部队（一军团一个师及五、九军团）应连续干潇水及营山诸隘口，阻止敌第三、第四、第五路军前进，当其急进时，则应坚决消灭其先头部队。

（丙）作战的第一步是前出到湘江地域。在这个阶段中，野战军分四个纵队前进：

（A）一军团主力为第一纵队，沿道州、蒋家岭、文市向全州以南前进。

（B）一军团一个师、军委第一纵队及五军团（缺一个师）为第二纵队，经雷口关或永安关及文市以南前进，以后则依侦察结果决定前进路线。

（C）三军团、军委二纵队及五军团一个师为第三纵队，经小坪、邓家源向灌阳山道前进，相机占领该城，以后则向兴安前进。

（D）八、九军团为第四纵队，经永明（如不能占领永明，则从北

绕过之）、三峰山向灌阳、兴安县道前进。

（丁）二十六日诸兵团的行动如下：

（A）一军团主力于文市地域停止，向全州派出得力的侦察队，并侦察向全州、兴安间的前进道路、渡河点及沿岸的工事情形，特别要注意麻子渡、咸水圩等水田地域。第六团则进至永安关地域。

（B）第四师占领邓家源以后，则向灌阳方向侦察前进。三军团主力于二十六日晨应进到小坪地域，以后则随四师后跟进。

（C）八军团应协同九军团之第九团占领永明城。如不能占领永明城时，则从北绕道进至武村、程义家地域，其先头部队应进占三峰山隘口。第九团则仍留永明附近，以保证九军团主力继续通过永明地域。

（D）第一师、五军团及九军团的主力则照今二十五日十时〈半〉的电令①行动。

（E）军委一纵队于二十六日晨进到高明桥地域，军委二纵队今日仍在原地休息，并准备从二十六日午刻随三军团后进到小坪地域。

（戊）各军团执行情形电告军委，此电不得下达。

朱德

二十五号十七时

中央档案馆：《红军长征档案史料选编》，北京：学习出版社，1996年，第38—39页。

① 此电为当日10时半朱德致一、三、五、九军团及一师电，主要内容是："第一师，五军团及九军团（缺一个团）有掩护我野战军西进之任务，为此至少要遏阻周敌及二十三师于潇水东岸二天"。

朱德关于夺取三峰山致红八、九军团电

（1934年11月27日）

罗、蔡、周、黄：

甲、湘敌第一路军向全州前进，桂敌主力向灌阳前进，周敌本二十七日可全部渡过潇水。

乙、我主力已至全州、灌阳之线，先头部队已前出到湘江。五军团二十八日于蒋家岭、永安关、雷口关扼〔遏〕阻周敌。

丙、我军占领灌阳或不可能，因此已令三军团占领永明至灌阳及道县至灌阳两县道的枢纽之孔家地域，三军团并由孔家派小部队与八军团取联络。

丁、八军团应不顾任何牺牲夺取三峰山①，并以强行军于二十八日晚以前进到孔家地域，如时间来得及，九军团之工兵连、迫炮排应赶至三峰山，受八军团指挥，助攻该隘口。

戊、八军团占领三峰山后，九军团即随其后跟进。

己、八、九军团后方部应于八、九军团之间行进，粮食供给则吃随带的米粮。

庚、必须不顾一切障碍坚决执行此命令，否则八、九军团有与主力相切断的可能。特别要注意在夺取三峰山后应迅速追击前进，不使敌人有可能在前进道上组织新的防御。

---

① 三峰山，位于湖南省今江永（原永明）县西北部，湘桂两省边界线附近，系都庞岭上一鞍部通道处。下同。

朱
二十七日十七时半

中共江西省委党史研究室等：《中央革命根据地历史资料文库·军事系统13》，北京：中央文献出版社，南昌：江西人民出版社，2015年，第4013页。

朱德为至三十日止全部渡过湘江对我军二十九日行动的部署

（1934年11月28日）

林、聂、彭、杨、董、李、周、黄、罗、蔡、叶、罗、邓：

（甲）敌情另电告。我们估计湘敌第一路军之两个师，明二十九日晨有可能由全州沿湘江向我进攻，其主要突击方向是沿全、桂汽车道[①]。桂军于灌阳、兴安间约各有一个至二个师，企图从南阻止我军沿灌阳至界首大道西进，并由南进行辅助突击。周敌将企图占领蒋家岭诸关口，并进行猛追。

（乙）我军应自二十八日[②]起至三十日止全部渡过湘水，并坚决击溃敌人各方的进攻。

（丙）各兵团二十九日之部署及任务：

子、一军团明二十九日晨主力应在朱塘铺、咸水圩、坪山地域，并准备消灭自全州沿汽车道或湘江前出之敌。十五师应固守小炼岭、五百岭、算井[③]地带，主力位置〔丁〕文市河[④]西岸，在敌人向文市方向强力压迫之下可转入运动防卫，并应于文市之北最后扼〔遏〕阻敌人。

丑、三军团[⑤]应确实保持石玉村、水车[⑥]、光华铺地域，并应消灭自兴安前进之敌。五师应进至四师之西南地区，并突击自南经建乡、富岁

① 指广西全州县城至桂林的汽车路。

② 另种档案文本为：“二十九日”。

③ 算井，本电另种档案文本此处为“第二团”。

④ 指灌江。

⑤ 另种档案文本此处为：“三军团四师”。据电文内容所述三军团各师部署，此处应是“三军团四师”。

⑥ 指广西兴安县属之水车。

塘两路前进之敌，并协助四师。第六师以一个团固守泡江之北，主力应移至新圩及其以南地区，以击溃自灌阳前进之敌。

寅、五军团至二十九日中午止，应扼守蒋家岭、永安关、雷口关地域，从二十九日中午后到〔则〕于蒋家岭及文市、水车①之间沿永安、雷口两道〔条〕大道进行运动防卫，并扼〔遏〕阻周敌于文市、水车之线以东，后方部则转移至古岭头。

卯、九军团二十九日晨应赶到文市，其任务为当全州之敌向文市前进时则消灭之，因此，应与在小岭之十五师之一团取得连〔联〕络，并准备经古头岭、桥南山头②（凤凰咀）方向前进。

辰、八军团二十九日中午应赶到水车地区，并与六师取得联络为其突击队，并准备经下背田、青龙山向光华铺方向前进。

巳、军委一纵队进至石塘圩以东之官山。

午、军委二纵队分两队前进，二、四梯队由邓率领，随三军团后方部行动，并受彭、杨指挥。一、三梯队由罗迈率领，随一纵队前进。二十九日晨应至上营地域。

未、各兵团应以最大的坚决性完成放在自己面前的战斗任务，各兵团后方及军委纵队应充分准备坚决抗击侵入与接近自己之敌人。

朱德

二十八号十五时

（董、李抄转罗、蔡、周、黄）

中央档案馆：《红军长征档案史料选编》，北京：学习出版社，1996年，第40—42页。

① 指广西灌阳县属之水车；本电寅、辰项中所述水车，均与此同。

② 桥南山头，本电另种档案文本为：“桥南岭”。

朱德关于我军向通道以南西进致各军团、纵队电

（1934年12月4日）

林、聂、彭、杨、董、李、周、黄、罗、蔡、叶、罗：

甲、敌十六师占领大埠头后，估计湘敌主力将出城步、通道向我截击和堵击，其一部将随我右纵队后尾追。而桂敌则〈有〉将由大溶江口、龙胜[①]袭击我军左侧之可能。

乙、我野战军以继续西进至通道以南及播扬所、长安堡[②]地域之目的，定明五日晚止，各兵团应到达下列地域，并执行如下任务：

1. 一军团主力及九军团应进至社水、沐水、茶坪地域，向城步、新宁两方警戒。由一军团留一个团在小李向大埠头之敌严密警戒，如该敌向我进攻，应以运动防御迟滞其前进。一军团另派先头师前进至皮水隘地域，向城步侦察、警戒，并派出侦察部队至横水寨，侦察经鸡心界、白水、龙坪（或杉柳坳）通通道的道路。云〔五〕牌、沐水、大湾、皮水隘诸点以北通新宁、城步的横贯大小道路统破坏之，九军团仍归林、聂指挥。

2. 三军团主力应进至中洞[③]地域，向大溶江口、灵川侦察警戒，并破坏由中洞南进之路。留一个团在洞养警戒，另前出一个师到河口、八滩地域，向龙胜派出侦察并警戒，对由河口经马蹄街、碧林，河口通长安堡，派出道路侦察。

3. 军委二纵队随三军团后前进至中洞地域，由彭、杨规定其驻地并指挥之。军委一纵队进至唐洞、源头地域。

---

① 龙胜，即今广西壮族自治区龙胜各族自治县。

② 播扬所、长安堡，均属湖南省今通道侗族自治县，播扬所今名播扬。

③ 即今金石，属今广西壮族自治区兴安县。

4. 五、八军团进至水埠塘、千家寺、雷霹州地域，向司门前、华江及大埠头方向严密警戒，并派出游击部队向以上三方游击，并彻底破坏其道路、桥梁。八军团仍归董、李指挥。

丙、执行情形，电告。

四日十六时半[①]

中央档案馆：《红军长征档案史料选编》，北京：学习出版社，1996年，第49—50页。

① 此电文后未署发电人，据另种档案确定为朱德的发电。

红八军团并入红五军团的决定及其办法

（1934年12月13日）

董李周黄[1]：

甲、军委决定八军团并入五军团，其办法如下：

1. 八军团全部人员除营以上干部外应编入十三师各团，为其作战部队。如三十九团尚未归还主力，则应以八军团较强之一团为三十九团，而编散其余的两团及军团部。

2. 八军团之工兵连、排，补入十三师各团加强其各工兵排，其余则编入步兵分队。炮兵与五军团在所属炮兵排合为一迫炮连，辖两排、炮四门。机关枪连、排并入十三师各团，使每营仍附有机枪排，团有机枪连，轻机枪则给十三师各团及军团直属队，每一连队配轻机枪一支。

3. 十三师师部取消，五军团司令部直辖十三师三个团。十三师师部全部人员及直属队应编入各团，其工兵排、机枪排如二项办法。

4. 五军团后方部，应依军委四日电令[2]立即缩小为师的编制，编余人员亦应编入各团。

5. 凡八军团及十三师师部下级指挥员及工作人员，应尽量编入作战部队，其余不能编入作战部队的，再另行编入五军团直属各部，或送军委四局及总政处理。

① 这是周恩来、朱德和王稼祥给红五军团军团长董振堂、政治委员李卓然和红八军团军团长周昆、政治委员黄甦的电报。

② 指1934年12月4日《军委命令》，命令规定缩编各部队后方机关。师、团的卫生队各缩小一半（即团三十人、师九十人）。取消兵站。军团医院：一、三军团缩编为二个所；五军团为一个所。一、三、五军团后方部内只应有教导队、军团医院和供给部附运输队；八、九军团取消后方部保留师后方机关。将后方机关、直属队编余人员补充到作战部队。抛弃、毁灭不必要的担子等。

6. 多余步枪，最坏的应即毁弃，全部工作人员应发动背枪。多余轻、重机枪及子弹应即送军委。

7. 电话队留五军团，电台则拨归军委。

乙、刘伯承调回军委，陈伯钧为五军团参谋长，周、黄[①]待改编完后即回军委，罗荣桓为五军团政治部主任，毕占云调回军委，马良骏留五军团为团长，其他军政人员除加强五军团各团外，余应送军委四局及总政。

丙、五、八军团应利用行军中的间隙执行此电令中一切规定，限十八号前全部完成。首先须进行解释，并将结果电告和用书面报告军委。

朱、周、王

十三号二十时

《周恩来军事文选》第一卷，北京：人民出版社，1997年，第358—359页。

① 周、黄，指红军第八军团军团长周昆，政治委员黄甦。

朱德关于迅速在乌江完成浮桥致红一军团先遣队电

（1935年3月29日）

周、黄、李[①]：

甲、据悉，周敌正经大平场[②]向我尾追，我军必须迅速在乌江完成渡桥，方便机动。

乙、你们须督率工兵及三团，以最大努力务于明三十号九时前在江口架好浮桥一座，不得迟误。

丙、今晚在江口强渡如成，你们应即率三团主力及电台渡过南岸，控制该渡河点，并派队肃清或监视大塘河[③]之敌，向通敌各方远出游击，迟敌增援与封锁消息，另留小部（一两连）在北岸掩护架桥。

丁、大塘口[④]如为敌（守）扼〔遏〕阻，你们应在江口附近另找一渡河点，架第二座浮桥，限明十八时完成。

戊、执行情形，速电告。

朱德

二十九号二十三时

《中国工农红军长征史料丛书》编审委员会：《中国工农红军长征史料丛书文献·文献（2）》，北京：解放军出版社，2016年，第97页。

① 周，似指周兴，时任红一军团政治保卫分局副局长；黄、李，指黄甦、李聚奎，时任红一军团第一师政治委员、师长。

② 应为太平场，属贵州省今遵义市。下同。

③④ 大塘河、大塘口，均指贵州省今金沙县东南部、乌江左（北）岸的大塘及其附近地区。下同。

朱德关于红一军团兼程赶到皎平渡渡江给林彪等的电报

（1935年5月5日）

林、聂、李、黄、陈、刘[①]：

甲、军委纵队本日已渡河完毕，三军团七号上午可渡毕五军团在皎西以南任掩护，定八号下午渡江。万[②]敌八号晚有到皎平可能。

乙、我一军团务必不顾疲劳于七号兼程赶到皎平渡，八号黄昏前渡河完毕，否则有被敌隔断〈之〉危险。

丙、从龙街经白马口、志力、鲁车沿河小路直达皎平二百四十里间不能过马、行李，如绕皎西里程或较多，则你们必须日行百三四里以上，由你们决定。但时限不能延误。

丁、鲁车两船已集中皎平，志力闻已停渡，但白马口、大平地今夜须即刻查明，派队抢船，如得手，依船数即以一部或大部从此渡河，则更捷便。

朱

五号

中共中央文献研究室，中央档案馆：《重要建党以来重要文献选编（一九二一——一九四九）第十二册》，北京：中央文献出版社，2011年，第153页。

① 指林彪、聂荣臻、李聚奎、黄甦、陈光、刘亚楼。

② 指万耀煌。

红一师主力进驻莫牙

（1935年9月7日）[①]

林、聂[②]

一、一、三团、师直属队于十四时半先后进到莫牙[③]、莫牙寺宿营，二团仍未取得联络。

二、昨晚驻的俄座寺[④]即瘠寺，瘠寺到莫牙二十五里，经石门隘口，两壁悬岩独路，两座桥未破坏，河右岸过莫牙、莫牙寺之两座桥，均被破坏，但下座桥之脚未烧，现决架莫牙寺门口这座桥。

三、战斗部队是由石门两座桥之间陡壁上一条极小的路来的，马匹、担子、电台均停在石门桥间之岩岸下。

四、莫牙寺共可驻全军。

（此电已转前敌总部）

刘、黄

七日十五时

空军《刘亚楼军事文集》编辑组：《刘亚楼军事文集》，北京：蓝天出版社，2010年，第51页。

① 这是红一方面军第一军第一师师长刘亚楼与师政治委员黄甦联名发给时任红一军军长、政治委员的电报。题目为《刘亚楼军事文集》编者所加。

② 林、聂，指时任红一军军长林彪、政治委员聂荣臻。

③ 莫牙，即今麻牙，位于今甘肃省迭部县中部。

④ 俄座寺（瘠寺），据电文所述地理位置及地貌特征，似指今旺藏寺。

林彪、聂荣臻关于占领黑朵寺、腊子口等地的行动部署致红一、二师电

（1935年9月14日）

刘、黄、陈、萧[①]：

一、一军全部有迅速以主力占领哈麻、里朵寺[②]地域，以一部占领拉子口、车眼[③]，以作我军北上之据点。

二、望即准备本日廿二时出发，经莫牙、银固花园西北找路，向哈麻前进。

三、我们拟十七时出发向莫牙前进，你们顺〔须〕待我们到后对行动作最后商决时才可动作。

林、聂

十四日十五时半

《中国工农红军长征史料丛书》编审委员会：《中国工农红军长征史料丛书·文献（4）》，北京：解放军出版社，2016年，第6页。

① 刘亚楼、黄甦、陈光、萧华。

② 哈麻，即今卡玛；里朵寺，应为黑朵寺，即今黑多寺，均属甘肃省今迭部县，位于该县东部。下同。

③ 拉子口，即腊子口；车眼，即今车念，均属甘肃省今迭部县，位于该县东北部。下同。

林彪、聂荣臻关于青石咀战况及我军八日行动计划致李英华、黄甦电

（1935年10月7日）

李、黄[①]

一、本日青石咀附近敌骑兵两连大部被我消灭，据俘护〔虏〕供称：敌骑兵第七师共十八连向平凉方面开来，今晨抵瓦店[②]、青石咀、凯城[③]之线，在凯城的有四个连。

二、尾我二纵队追击之敌今日可能到固原、连花河附近。

三、我军明日拟分两路，二、三纵队经石家沟口、翁家沟向羊城，本纵队经固城、大石沟[④]向环县与庆阳之间前进。

四、明八日第二大队应提早出发，以急行军经固城、大石沟跟我们行进路前进。

五、第一大队今晚在人仙河[⑤]向固原警戒。

林、聂

七日十九时卅分

《中国工农红军长征史料丛书》编审委员会：《中国工农红军长征史料丛书·文献（4）》，北京：解放军出版社，2016年，第33页。

① 李，指李英华，时任红军陕甘支队第1纵队第2大队大队长。黄，指黄甦，时为第1纵队第一师政治委员。

② 瓦店，应为瓦亭，属今宁夏回族自治区固原县，位于该县南部。下同。

③ 凯城，应为开城，属今宁夏回族自治区固原县，位于该县南部。下同。

④ 固城，应为古城，大石沟，应为打石沟，均属今宁夏回族自治区固原县。下同。

⑤ 人仙河，当时图名为仙山河，今名任山河，属今宁夏回族自治区固原县。下同。

毛泽东、彭德怀关于直罗镇战役战报致洛甫、周恩来电

（1935年12月2日）

洛甫、周：

甲、直罗、太白两役共得长枪三千四百支，短枪一百二十二支，轻机关枪一百七〈十〉六挺，迫击炮八门，刺刀一千三百五十九把，子弹二十二万发，无线电两架，俘虏五千三百六十七名。

乙、敌伤亡约一千名。

丙、我伤亡六八〔百〕四十八名，耗弹五万八千发。

丁、黄甦同志牺牲。

戊、部队二十九日先后集中完毕，现进行十天休息、整理、补充，这是完成〔全〕必要的。

毛、彭

十二月二号二十二时

《中国工农红军长征史料丛书》编审委员会：《中国工农红军长征史料丛书·文献（4）》，北京：解放军出版社，2016年，第94页。

第三章

回忆见证

回忆省港罢工工人纠察队（一）

甘来

罢工纠察队于1925年7月初成立。可以肯定的说，纠察队是在党的领导下建立起来的，党对纠察队的关心是无微不至的。开始成立的时候，工人反帝国主义斗争的热情很高，大家一听说纠察队是对敌斗争的武装组织，竞〔就〕争先恐后积极报名参加。可是，工人在开始时还不习惯于军事化的生活，党也了解到这种情况，在开始时期并不那么严肃，过于严肃是不可能的，因此，纠察队是逐渐走到正规化和扩大的。当时纠察队集中搞军事训练，军事化的紧张生活，工人们是感到不习惯的，党想出很多办法来调剂工人的生活。每逢星期六夜晚，凡是已结婚的队员，可以准许放假回家和家人团聚，如果不这样明文规定，队员反而很多设法“偷鸡”，用一假人盖上棉被伪装在床上睡觉，却偷偷地溜回家去。明文规定后，便没有这种情况出现。单身汉就仍必须留队，大家并没有什么意见。

当时纠察队每天三操二讲。早上5时15分起床，5时30分出操，9时收操，9时30分吃饭，吃饭后又上课或出操，完全过着军事化生活。初期出操频繁，工人们累得很，腿酸了蹲着大便都觉得痛，体力较差的就吃不消。当时纠察队员全凭自愿自觉，并没有半点强迫，如果工人觉得不习惯，不愿当纠察队员，可以申请退出，仍回原工会，照旧可以享受罢工工人的待遇。当时规定，工人加入纠察队后，给养由纠察队负责，工会将他的饭卡收回，申请回工会后，工会仍发回饭卡，在饭堂供应膳食。有些工人对纠察队三心二意的，大都给他回工会去，队员随时可以回工会，并没有任何限制，这样工人的情绪就安定下来。上课内容有国际形势、对敌斗争、罢工意义、人类进化史、劳动创造一切等基本知识，通过上课，提高工人阶级的觉悟。由于起床得很早，起床后不久立即就要集合出操，不紧张是跟不上的，所以有些懒汉晚上睡觉时穿着草鞋睡觉，明天一早省得穿草鞋的时间，可以贪睡多一会。

纠察队多数派出各地驻防缉私，第一大队驻石岐；第二大队六、八支队在前山湾仔，七支队在前山至香港一线，重点集中在关闸。纠察队派到各地后，在当地继续训练。当时国民党右派有无派人来活动很难肯定，只知道有一些在消灭杨、刘后的散兵及下级军官曾被派到纠察队当教练或小队长，这些人都是经过党同意派下来的。军事操练包括基本体操动作（日本东洋式的）、步兵操典、执行勤务、班教练、班对抗、排教练、排对抗、连教练、连对抗等。在出发期间也有上课，不过比较少，主要是操练。夜间值班勤务，轮值在深夜点至翌晨点的一班，第二天可以免予出操。第二大队的训育员是黎兴发（沙面洋务工人），我们组织有白话剧队，时常和乡民联欢。联欢大会动员农民、妇女、罢工工人参加，在会上大力作反帝国主义的宣传，纠察队和当地群众打成一片，搞得非常密切，通过当地的罢工委员会（几乎各乡都有）和群众的联系就更好了。我们曾在农村借用了一部分枪支，从而对封锁行动就更加有把握有信心，私枭也就再不敢明目张胆随便破坏罢工了。

当地人民对我们进行的封锁斗争都给予热烈支持。帝国主义对我们极尽其造谣中伤之能事，煽动一般无知者对我们不满。我们则针对敌人的阴谋，尽力加以揭发。纠察队出发各地并无批准特许证之权，但对部分必须往香港探亲的群众，我们都采取一种变通办法，由当地罢工委员会批准，纠察队可以准许他到港澳十天八天。但对粮食及其他东西一概不准带进或带出，牛奶、饼干都不准带回来，遇见带东西过境的人，一律叫他将东西带回去，如不便带回去，可留下在检查处给回收据，等他回去时领回去。我们丝毫没有苟且，有些东西沤烂了，我们都没有把它吃掉，仍旧以原物交还原主。群众表示非常感激，一致认为纠察队是一支有领导、有组织、有威信、大公无私的工人阶级自己的队伍。

当时正遇澳门缺水，澳门居民整日成群结队过界到银坑来冲凉或洗衣，澳门政府每日派船过银坑来装水回去。澳门西洋鬼（即葡萄牙人）调皮得很，我们纠察队员请假到澳门饮茶是允许的。澳门西洋鬼曾扣留过纠察队，经交涉后才放回。纠察队表示非常愤怒，六、八支队曾在一个晚饭后开会讨论，大家年青热血沸腾，准备封死它的水，不给放水，请示上级后仍给它放水。有些队员仍思报复，在一个黑夜里几个队员抓菜刀柴刀叫两只舰驶过澳门康公庙附近，杀死了葡军一个中级军官，并取到他的枪。此事震动了整个澳门。但这个行动并未请示上级，可说是自发的斗争。从此形势日益紧张，我们的封锁线也日益扩展了，从中山石岐、前山、拱北关、湾仔以至深圳、沙鱼涌、宝安一带，这时正是东征的时候。

还要补述一下，纠察队出发驻防时，就地仍有训练，系采取统一课程表。在东园总队部，建有一个训育亭，可以容纳1000多人上课。政治课多数由邓中夏同志亲自出马，普遍规定上课以50分钟为一课，但中夏同志总是一讲就两三个小时，中间吹号也不下课，学习是非常紧张的，我们党其他的主要干部上课也大都如此。熊雄上的军事课大家也极紧张，他亲自上课的时候，总是坐一只电船来，黄雍一听见电船开来，随即赶快先吹哨集合。当时有人这样怀疑："你们学军事学得这么深，为什么呢？是否将来要调到军队里去？"

纠察队纪律很好，个别贪污的被抓回来是要坐禁闭的，但只是极少数。第二大队纪律更好些，群众联系比较好。

东征胜利消灭陈炯明后，封锁线随之扩大到汕头去。汕头方面的封锁由汕头总工会、汕头罢工委员会领导。南征胜利消灭邓本殷部后，封锁线又扩展到南路广州湾（即今湛江市）、梅菉、水东一带沿海，封锁就更加严密，进一步给帝国主义以致命打击。

通过东征南征的胜利，工农联盟加强了，纠察队得到农会、农民自卫军的帮助更多。纠察队对商人的联系比较少，因为资产阶级是唯利是图的，只知个人利益，不知有国家。工农联盟加强后，我们更进一步扩大统一战线，号召工农商学兵大联合，组织了对外协会。商人在这种形势之下，也表示愿意支援罢工，曾捐献一个月的租金。但商人只要求多做生意，因而走私漏税、混水摸鱼，企图发国难财的行为仍存在，不过守法的商人仍占多数。农民方面的情况就完全不同了，除了精神上给予罢工工人以鼓励外，并且以武装力量配合纠察队对私枭进行坚决斗争。

在封锁港口、截留仇货的斗争中，农民群众起了很大的作用。一次，正当第九支队驻防顺德容奇、大良的时候，有一名叫李群的走私入口火水[①]800罐，准备在容奇桑基起货。农民探听到这个消息，立刻到纠察队部来报告。当时我们有第九支队一个小队驻容奇，距离防军十五师师部不远。十五师和私枭勾结，以武装进行走私。我们估计自己力量不足以与其周旋，于是向农民自卫军商借武装。当地农民自卫军由冯栋负责，答应全部支援我们，并派20名自卫军前来协助，分两路向他们包围，结果截获了私货，当将私货搬落船时，得到了容奇集贤工会协助，派几十名工人搬运，充分体现了阶级的友爱。第九支队队长黄苏、副队长何楠，训育员姓陈，是大学生，支队长驻大良。此次在容奇缉获走私火水，充分发挥了工农联盟的作用和工人阶级团结合作力量的伟大。

对于纠察队，党都极为重视，除了普通大队支队组织外，另成立模范队。模范队系抽调各大队中的骨干分子来训练的，其中有95%以上的成员参加了党和团。另外又成立补充模范队一、二、三个支队，非纠察队员都可参加。1926年10月10日撤销封锁之后，又成立了军事队[②]和下级干部队。军事队由纠察队中的班长、积极分子参加，准尉以上的（如大队长、支队长、训育员小队长等）编入下级干部队。2个队共约300多人。除这两队外，其余的纠察队员大部分编入缉私卫商保卫团。“四·一五”前，形势已一天天恶劣，党已作转入地下的准备，逐渐调

① 即煤油，又称“火油”“火水”。——编者注。
② 查《工人之路》，应为军士队。——编者注。

队员回来训练，训练后派到农村去搞农运或在城市搞工运。派去搞农运的至少有100人，几乎全省各地都有，当时纠察队纪律性组织性很强，绝对服从组织调派工作。

广东省政协学习和文史资料委员会：《广东文史资料存稿选编·第三卷》，广州：广东人民出版社，2005年，第306—310页。

访问广州起义领导人之一陈郁同志

永学

在广州起义三十周年纪念的前夕，记者访问了广州起义领导人之一陈郁同志。他在起义时是广州工农民主政权——广州苏维埃政府的司法委员。记者表示希望知道苏维埃政府包括司法方面做些什么工作。他笑一笑，说：当时一切为了打仗。为了挽救革命，党中央在一九二七年十一月十七日指示广东省委，要反抗国民党反动派的屠杀政策，发动武装起义，建立工农民主政权。当时，陈郁同志是省委常务委员。省委于十一月二十六日通过了在广州发动起义的决议。十二月七日，广州工人代表会召开了一个秘密的代表会议，通过了马上起义的决议。同时，会议上还选出了十个代表，和革命士兵、近郊农民分别选出的三个代表，组成广州工农兵代表会议执行委员会。十二月十一日上午三时半，起义开始了。六时，广州苏维埃政府宣布成立，红旗在广州公安局原址升起来了。工农民主政府一成立，就发布了《告全国工农兵群众以及全世界无产阶级的宣言》，公布了许多命令。

陈郁同志说，为什么当时广大工农兵群众不惜牺牲参加起义呢？这是因为工人阶级进行的革命和提出的政纲是代表全体人民利益的。

陈郁同志的工作主要是组织群众，这在当时是重要而艰巨的工作。

首先，工农民主政府组织青壮年扩大了武装队伍。起义之初，只有骨干几千人；天亮后，参加起义的已达二万余人。在这些人中，许多都是没有枪的，我们把缴来的武器武装他们。

从早到午，共发枪八千枝〔支〕。

为了扩大和巩固胜利，工农民主政府组织了大规模的宣传工作。上午七时，就派出由学生和妇女组成的宣传队，分乘汽车和缴来的铁甲车，高举红旗，在全市各街道进行宣传，高呼口号，散发传单。工农民主政府的机关报——《红旗日报》也公开出版了，还印了政府的宣言和各种文件二十五万份。八时左右，宣言和《红旗日报》就散发到了全市。

工农民主政府组织群众大力支援战斗队伍。运输、侦察、传递消息、救护、制造军用材料和旗帜等工作，都组织群众去完成。还组织了临时饮食处，把从大堆栈中没收来的饼干，分发给起义群众，组织伙房煮饭。

为了巩固人民政权，工农民主政府还组织群众搜捕反革命分子和工贼头目，并进行邮电检查工作。

陈郁同志说，起义群众的觉悟是很高的，一切工作都靠他们自觉去完成。

提起广大群众的革命斗争精神，陈郁同志便沉浸在深远的回忆中。在那艰苦的年代里，人们不仅没有被危险和困难吓倒，为了人民的解放，他们更加英勇地战斗着。工人赤卫队在斗争中前仆后继，表现了多么顽强的斗争精神。他们用土制手榴弹、手枪，甚至铁尺、木棍，对有正规装备的反动军警以至军舰作战。他们配合教导团的一部，不到两三小时，就攻下了广州公安局，并独自攻下了城内各区的敌警察署，占领了邮政局、无线电局、国民党省党部和其他反动政府的机关。在敌人反扑的时候，赤卫队逐巷逐屋同敌人争夺，直到剩下两三个人仍然坚持战斗。

这种英勇壮烈的精神，在起义之前就充分表现出来了。那时敌已逮捕杀害了我们许多同志，但他们何尝有半点畏缩呢！有两个青年女子的英雄形象，永远活在人们的心中。陈郁同志还记得她们的名字，一个是邓金娣，一个是罗大妹，都是共青团员，海员工人的女儿，她们在一德路散发罢工宣言，被捕后沿街高呼“共产党万岁！”。其中一个在枪毙之前还高声喊道：“工人弟兄们，我们休息去了，当反革命的国民党未推倒以前，你们必须继续我们的工作，共产党万岁！”她响亮的声音，使敌人发抖。敌人只能用叫嚣和对她们进行残酷的凌辱，来掩盖自己内心的怯懦，而英雄们的声音则永远萦回在人们的心中。

陈郁同志在起义之前是海员工会负责人，他说，当时工人的革命精神，是在斗争中经过千锤百炼培养起来的。工人在斗争中得到了一些利益，但在“四·一五”反革命政变后都被敌人夺去了。资本家不仅降低工人的工资，延长工时，还任意解雇和开除；谁要反抗，就被加上共产党的“罪名”，马上逮捕。工人们曾寄希望于武汉政府回师广东，但七月十五日汪精卫策划的武汉反革命叛变，把工人的希望化为泡影。汪精卫、陈公博到广州，准备帮助张发奎以“国民党左派”的伪装欺骗群众。第二天，被裁撤和驱逐的工人们包围了汪精卫在东山的住所，游行示威，要求复工；汪精卫拒绝不见，还逮捕了三十多个工人。这样刽子手们的真面目便逐渐被工人们看穿，工人的觉悟也逐渐提高了。工人们

广东省会公安局

是经常在国民党军警的包围中举行集会和示威游行的。如六月二十三日沙基惨案二周年纪念，就有三万工人在国民党警察和保安队包围之下开会，并提出了“打倒蒋介石”等口号。十月二十三日，广州工人代表大会原定举行总罢工、总示威，但敌人到处抓人，警察、宪兵昼夜巡街。对此，工人们便分成一百个组，每组十人，分布全城，到晚上两点钟，警察都以为不会发生示威时，他们突然出现在街头，拿着红旗，散发传单，使警察措手不及。陈郁同志说，那时候，反动政府天天捉人，国民党公安局和南石头监狱，都有人满之患；但是，工人们并不畏缩，天天同敌人对垒、斗争。工人们组织了纠察队，每逢召开群众大会时，就出来保护群众，对付反动军警。在起义开始后，有一万多群众是自动来参加斗争的。

在这日日夜夜的斗争中，培养了许多坚强的战士。陈郁同志谈到这里，想起了他的战友李源和黄苏。这两位同志都是香港罢工工人，李是工人纠察队的大队指导员，黄是纠察队的小队长。起义时，两人都是一个区的赤卫队的指挥员，勇敢非常。起义失败后，李源被任为省委书记。几年后，黄苏经过长征到达陕北，担任一个师的政治委员。最后他们都在战斗中牺牲了。但是，烈士的血并没有白流，他们追求的理想今天已经开花结果。

广东革命历史博物馆：《广州起义资料（下）》，北京：人民出版社，1985年，第19—22页。

回忆华南交通总站的建立和工作情况

饶卫华

一九三〇年九月党中央在六届三中全会后，为建立从上海党中央到闽西苏区和广西左右江苏区间经常的交通联系，决定在香港成立华南交通总站，直属党中央交通局，并将我从南方局秘书长的岗位上调出来，专职领导这项工作。

一九二九年下半年全国许多地区的党组织贯彻执行党的“六大”决议，在各地领导武装起义，推翻国民党反革命政权，建立工农红军和工农民主政府，形势如星火燎原。这一年，我湘赣边的工农红军三次大规模向赣南、闽西地区出击，将湘赣边、赣南苏区和闽西苏区连成一片，建立起包括赣南和闽西几十个县的根据地，并向闽粤边的饶、和、埔三县边界发展。同年驻在广西的国民党桂系部队在俞作豫、李明瑞、张云逸等同志领导下，先后发动了广西第七军、第八军左右江起义，建立我红七军、红八军和百色、龙州地区的工农民主政权。我们突破国民党蒋介石的四面围攻和层层封锁，在闽粤边的永定、大埔两县交界地区打开一条从闽西虎岗乡（闽西特委机关所在地，属永定县境）经过大埔、潮汕、汕头到上海的交通路线。由于从上海到闽西和到广西苏区的交通线上水陆路线过长，中间经过地区政治情况复杂，为了保证旅途交通安全，便于就近掌握情况的变化及时加以解决，这个交通总站的建立是非常必要的。当时我工农红军连打胜仗，根据地不断扩大，新政权和红军的政治军事干部需要不断充实，以加强党的领导；同时为了打破国民党的包围封锁，解决红军中新建起来的无线电通讯用具和其它器材、药品等的购买补充，也需要这个交通站来协助解决。所以这个交通总站担负的任务是很繁重的。

华南交通总站成立后，我们在香港铜锣湾建立了一所秘密机关和招待所，以接待党中央从上海送来的干部。党中央和南方局先后调来第一批专职交通员，他们当中有肖桂昌（广东中山县人，工人出身，原是香港区委委员）、黄华（原名丘延林，广东大埔坪沙乡人，当时才十六岁。他在坪沙小学读书时，便参加了由党的埔北区委组织的狙击国民党两位作恶多端的高级联络参谋丘文和廖武进攻游击区的斗争）、曾浪波（后改名曾昌明，海南文昌县人，是在暹罗参加革命斗争，被捕后被打上烙印又驱逐出境的党员）、洪胜（广东丰顺县人）、卢伟良（广东梅县人，学生出身，原任闽西到香港、上海的交通员）、王福田（山东人，原是第一次世界大战中我国派到法国参战的华工，战后留在法国做工，在法国参加中国共产党。他当年已五十多岁，留下两撮胡子，能讲流利的法语，专任由香港经安南到百色苏区的交通员）等。他们都是政治觉悟高，较熟悉地方情况，勇敢机智的同志。

一九三〇年一月起，党中央保卫局先后派出黄尚英、丘德和一位朝鲜同志到香港，在九龙的上海街，建立起一座南方局的秘密无线电台，与党中央的电台经常保持通讯联系。所有中央派到苏区的同志在上海起程前，通过地下电台先将人数、姓名、性别、政治情况，他们到香港住何旅馆，接头暗语等电告我们，他们到了香港如果情况正常，便由交通员带同出发。从香港起程，坐轮船到汕头，然后搭潮汕铁路的火车到潮州，再转乘韩江小轮船到大埔县城。当轮船停下后，我们便把预先安排好的小木船靠拢过来，由交通员引到自己的木船上，再逆流上行三十余华里[①]，便到达闽粤边境的青溪乡。青溪乡属大埔县，是一个约有二百户人家的乡村，当时仍是国民党统治区，我们有地下党组织及交通联络站和专门接送过境干部的同志。因邻近几乡都建有反动民团，在大埔县城当时还驻有国民党军队陈绍武的一个团，这些反动武装有时会到青溪

① 1华里等于500米。——编者注。

来骚扰，所以我们要尽量避免引起敌人的注意。到青溪乡的时间，是选择黄昏的时候木船才靠岸进村，从小路到乡外的松林里隐蔽下来。先由交通员到交通站联系，再由交通站派出同志引路，代挑行李。当时青溪交通站的负责人是蔡雨青同志夫妇：蔡是大埔高陂人，原是我党埔北区委的负责人，他爱人叫谢美莲，是埔北长教村人。夫妇俩都在埔北区长期工作，熟悉地方情况。管木船的同志叫余家顺、余宜头、余良宜、余维基四人，都是青溪本地人。他们的船就停在青溪乡江边的沙岗头码头。沙岗头当年有几间小店。有一家叫"永丰"号的夫妻店，是当地的余良晋和他老伴黄莲开的，专门卖烧酒、糕点之类的食物，店内设有床铺，可以休息。店有后门可以通到后山，遇有意外，随时可以从后门逃避。我们的交通员，常常到他店里吃东西。但这里不是我们开设的接头店。"永丰"店的隔邻住着一位单身的党员叫余灿昌，常常帮助送信。负责带路挑行李的三位党员是余均平、余川生、余枳邦，他们都是忠实可靠的好同志。听说这三个同志在一九三六年被邻村铁坑的邹高轩、邹维尊两个坏蛋向国民党驻军陈绍武团告密，结果都被捕。敌人用尽酷刑逼他们讲出红军情况，但他们坚决不从，后来三位同志都被陈绍武杀害了。这一事情发生后，我们游击队即将邹高轩捕捉、镇压了。邹维尊后来亦被陈绍武杀了。

在青溪乡，我们的同志都不停留，趁夜出发，再行三十多里山路，便到达永定县属的陶坑。这里是我游击队控制的小村，可以稍事休息后继续前进。再走几十里山路，天就亮了，然后再向前走一段路就到永定县城。这是当年进闽西苏区的第一个县城，已建立工农民主政府和地方游击队，有交通站可以休息，从永定县城继续出发，不用再走夜路，经过金沙、合溪等地约两天的路程，便到达闽西特委（以后改为省委）所在地虎岗乡。这里仍属永定县，是一个有近千户的大乡，地形很险要，群众基础很好。大家休息后，再由特委派出武装护送，再走几天路便到达赣南中央苏区。闽西特委当时的书记是由香港新调来的邓发同志。

一九三〇年九月至十二月期间，香港交通总站转送到闽西的同志共有几十人，大多数是从上海党中央送来的：他们是叶剑英、左权、肖劲光、傅钟、李俊杰（李卓然）、蔡树藩、徐特立、张爱萍、朱瑞、刘伯坚夫妇、顾作霖夫妇、李六如、贾拓夫等同志。叶剑英、左权、肖劲光等都是刚从苏联学习后回国的。多数同志过去没有在广东工作，这一路没有认识的人，所以他们化装成商人随着交通员行动，路上不互相发生联系。刘伯坚同志原是在冯玉祥西北军中公开工作的同志，他的夫人是放脚的，走路很不方便。顾作霖同志原是共青团中央负责人，这两对夫妇同行，也很自然，徐特立同志当时年纪较大，他扮成老教师，在路上还带着数学课本，抓紧时间学习。这些都掩护得很好。但叶剑英同志是广东梅县人，又是广州起义的领导人，认识他的人多，掩护不好就容易被人发现，所以我们当时就改道从汕头经澄海，转到饶平县的黄岗到上下善，然后到大埔县境的和村。这是埔东的游击区，党的饶、和、埔县委设在这里，当时的县委书记是丘宗海同志（大埔高陂人，大埔中学毕业，一九二六年参加党，后在闽西战斗中牺牲）。他们知道叶剑英同志经过此地后，热情接待。在县委休息几天后再继续步行到永定县的雷湖，然后到闽西特委所在地虎岗。特委书记邓发同志为安全护送叶剑英同志，事前派卢伟良同志先去探索这条由汕头经过饶平入闽西的新路。这条路大部分是偏僻、崎岖难行的山路，要走几天，但对叶剑英同志来说是比较安全的。

第二类同志是由南方局选派的干部，这批人大多是参加过省港罢工或广州起义斗争的工人同志。如邓发、陈慧清夫妇、黄甦（香港金属业工人，广东省委委员、香港区委委员，他到中央苏区后在红军中工作，长征时任师级干部，到陕北后在洛川战斗[①]中光荣牺牲），包括何端和

①此处应为直罗镇战斗。——编者注。

后来任闽西省委书记的卢永炽（即卢德光）夫妇（卢永炽是香港金属业工人，广州起义后回到香港，任省委委员、省委组织部长、南方局书记等职，一九三〇年南方局的电台便设在他家里。一九三〇年冬，因省委委员江惠芳被捕叛变，将卢的住址出卖，卢被捕，电台亦被破坏。后经党组织找律师保释他出狱，调到闽西任省委书记）。

第三类则是从东南亚各地参加斗争被捕后被当地政府驱逐出境，回到香港找到党组织的同志，以及从广州南石头惩戒场监狱坐牢刑满出狱的同志，如张昔龙、詹行祥、谢育才等。安南籍的香港缝纫工人何端（后改名何畏）是参加省港罢工工人纠察队后入党的同志，他也参加广州起义，失败后回到香港。党组织要他负责联系省港罢工纠察队的工友，用同学会名义组织起来。凡身体好，无家庭负担，愿意到苏区参加红军的，党都帮助送他们到苏区去参加红军。当年曾有十余人是由交通站派交通员送他们到闽西的。何端本人因熟悉从广州湾到东兴越过十万大山入广西到龙州的路线，他要求派他去开辟这条交通新线路。我们信任他，即发路费派他前去探路。一九三八年我到延安，遇见他在抗大学习。他见到我，非常高兴。告诉我自一九三〇年从香港出发，他越过十万大山入广西最后到了龙州苏区，找到了党，分配他在红七军中工作。以后随红军转战到了中央苏区，参加红军长征，后来又转到红四方面军，最后到了延安。他身经百战，身上负伤多处，已成为军级干部，党中央派他到抗大学习。

为加强对交通员的思想领导，我们每次在交通员出发和完成任务回来后，交通站都要找他们详细谈话，听取他们出发和执行任务后的报告，遇到问题即帮他们解决，表扬和鼓励他们的成绩，有错误，也进行批评。当年大家的生活都很困难，工作环境又艰苦，随时都有被捕杀头的危险。这些同志能机智勇敢地完成党交给他们的任务。有几次他们从苏区出来，党组织叫他们带黄金、白银和港币到香港，上海购买无线电器材和军用望远镜、药品等，他们都安全地将这些财物带回交通站。他们生活艰苦，但从未发生过贪污、遗失的事件。有一次一位同志将黄金熔成的金条用布袋缠在身上，因天热路又远，皮肤磨擦受伤后化脓成疮，他忘记自己的痛苦，终于将任务完成。这种为革命牺牲一切的高贵品质和革命精神，是永远值得学习的。

党中央在上海印刷，送到香港发行的报刊，当时我们是通过由上海至香港轮船上的海员同志（或工会会员）代为携带。这种宣传品数量比较多，容易被敌人发现，通过海员同志的携带则较安全。每逢轮船到岸后，我们就派人上船去接受这些书刊，经常负责这项工作的是潘云波同志。干这种工作需要胆量、机警、沉着，才不至被守在码头上的警探发现。潘云波同志每次都很出色地完成任务，从未发生问题。

一九三〇年底，由于省委内部交通员莫叔葆叛变，使南方局遭受一次空前严重的破坏，南方局的组织部、宣传部、秘书处、印刷所等全部被破坏，各部负责同志都被捕，只存下来李富春、蔡畅同志和中央交通站及招待所机关未受到波及。一九三〇年底[①]党中央决定将李富春同志夫妇和我全部撤离香港，另派王弼同志接替我的工作，另派蔡和森同志到香港任广东省委书记，重新成立广东省委。我到上海后，仍分配在中央交通局工作。

一九三一年一月中央召开了六届四中全会，王明、博古等在共产国际和苏联党的支持下，从一个普通党员一下子提升为中央委员，而且成为中央政治局的领导。破坏了中国党的组织原则。他们到中央后，执行一条比李立三错误更“左”的政策。当时全党还不认识他们问题的严重性。中央交通局的局长仍是吴德峰同志。他分配我仍管华南交通线兼管中央和福建、浙江的内部交通联系。交通局的工作人员还有刘蜀夫[②]同志负责管长江线交通，吴德峰同志自己兼管北方交通线。各线各有几

① 据《中共广东党史大事记》记载，李富春是一九三一年五月调中央工作的。

② 即陈刚同志。

位交通员，但都互不认识。到浙江宁波、温州两特委的有两位交通员，来往于上海与浙江之间。到福建省厦门、福州的交通员叫王裕统、韦正业。王是在暹罗被驱逐出境的工人同志，他与韦正业都是海南岛人，韦正业是学生出身，年纪较轻。厦门市委通过闽南到闽西特委，亦有来往。当时福建省委秘书处刚被国民党破坏，省委书记罗明到了闽西未回来，另一位省委委员邓子恢同志则留在厦门鼓浪屿日本人医院养病。陶铸同志原是福建省委的军委负责人，他仍常来往于厦门、福州之间，指导两个市的工作。在这半年多期间，中央交通局仍送出一大批同志经过香港到苏区（如杨尚昆、李伯钊、危拱之等）。

一九三一年四月，长江交通线遭受一次大破坏。三月间，中央派沈泽民同志和张国焘到鄂豫皖苏区红四方面军工作。中央保卫局派顾顺章由上海护送前往。顾回来经过武汉时，竟自己跑到新市场的游艺场作公开魔术表演，被一位姓王的叛徒发现，即报特务机关将顾逮捕。顾顺章在当天即叛变，将我党在武汉的组织和我们驻汉口的交通机关，鄂西苏区和红二军团驻汉口的办事处，连同一位在汉口“英商祥泰木材行”运木材的船上舵手，长期来掩护中央领导同志来往的党员老陈同志都被捕了。又将一九三〇年被捕，没有被国民党发觉而关在苏州监狱的恽代英同志告发，而立即被国民党在监狱杀害。顾顺章被捕前，原是中央政治局委员，他曾长期负责中央保卫局工作，所以党中央机关、周恩来同志等负责人和江苏省委，以及驻上海的国际机关的地址，他都知道。他叛变后即向蒋介石完全出卖。幸而被我党打进敌人特务机关作反间谍工作的钱壮飞同志及时发现，急派他女婿连夜赶到上海向党中央报告。周恩来同志在陈云同志协助下，赶在敌人前面采取紧急措施，将顾顺章所知的干部地址和他所能利用的重要关系，都搬了家，保卫了党中央和江苏省委等机关的安全，粉碎了敌人一网打尽我党领导同志的大阴谋，避免了一场特大的破坏。

顾顺章的叛变，使我党长江线的交通联系受到完全破坏。中央交通局的人员（包括吴德峰、连德生、刘蜀夫等同志）凡是顾顺章熟悉的都作了调动，并废止过去的秘密工作方法。由于采取这一紧急措施，才使我们华南交通线没有受到影响，得以安全继续工作。

一九三一年九月中央交通局派我和肖桂昌同志去闽西苏区接受一项任务。我们经过潮州时，正好是九月十八日，日本帝国主义者入侵我国东北，占我沈阳。我们从当天的报纸上看到了这一消息，感到国难深重，心里无限激愤。我们到了大埔，找到我们自己的木船转到青溪。当晚遇到民团来骚扰，交通站蔡雨青同志不在。他爱人谢美兰告诉我们有严重情况，要我们急速乘船回到埔城暂避。肖桂昌同志让我暂回埔城等候消息，他自己走另一条山路先过去。那天晚上我们在松林里分手后，我坐木船回到埔城，他和谢美兰乘黑夜走山路出发了。以后，我在木船上等了一星期不见消息，又不便再住下去了，只好决定先回上海。肖桂昌同志后来也安全到达了闽西。我回上海后不久，党中央组织部另调我任中央巡视员，到厦门、福州，向两地的市委传达党中央“九·一八”后的紧急指示，并检查福建党的工作。我先到了厦门，后到福州，找到两个市委，传达了中央指示后，正遇上“一·二八”淞沪战争爆发。到三月以后，才找到轮船回上海。接着中央又要我到沦陷后的东北，找满洲省委，传达党中央在敌后开展抗日游击战争，建立抗日义勇军的指示。当时从上海到大连的交通，日本人检查旅客特别严，我改道从青岛乘轮船到大连，企图避开日本警探的注意。但是在大连一上码头，就遇上一群日本特务逐个检查旅客。他们问我那里人，到大连干什么？听我口音不是北方人，怀疑我是朝鲜人，当时我急中生智，骗他们说是福建人，是郑孝胥（伪“满州〔洲〕国”的宰相）的亲戚，是到新京（长春）去见郑找事做的。日本狗腿子听我回答得这样爽快，说我是“自己人”，便放我上岸。我便脱险乘车到了哈尔滨，经过一番周折，终于找到省委。参加省委扩大会议传达中央指示后，我又到党的工作基础较好的东满的海龙、盘石两县，通过党组织，见到省委派去的杨靖宇同志

（当时叫马向德，化名“张大个子”）。经过县委讨论，发动和建立了东满第一支党领导的抗日义勇军。是年九月，我又回到上海。但不久就在江苏省委召开的上海区委会议上被内奸出卖而被捕，送到南京，判处无期徒刑，在南京中央军人监狱坐牢。

一九三三年肖桂昌同志亦在上海被捕，他也被送到南京判无期徒刑。后来我们在监狱里一块服苦役，又互相见到面。他告诉我，一九三一年底，我被捕后他接替我的岗位，又负责护送周恩来同志经过汕头，到大埔的青溪，进入闽西。告诉我这条交通线经过再整顿，人员作了一些更调补充，更扩大了，党采取了许多措施来巩固这条交通线，将保证来往更加安全，工作将继续坚持下去，成为上海与苏区联系的红色交通干线。当时全国革命武装斗争正在发展，我们虽被判处重刑，但终有一天会和同志们见面的。我们互相鼓励，对革命的前途充满着胜利的信心。

中共广东省委党史研究室，中共汕头市委党史研究室：《红色交通线》，2009年，第115—123页。

追悼我们的黄甦同志

邓发[1]

中央红军经过二万五千里的长途行军，与二十五、二十六、二十七军联合后，第一次直罗镇的战斗，就获得了伟大的胜利。这胜利，给卖国贼张学良迎头痛击，粉碎了帝国主义国民党对陕甘宁苏区的三次“围剿”，巩固和扩大了陕甘苏区。

在这一胜利中，我们的黄甦同志光荣地牺牲了。黄甦同志是我们红军中一个很好的政治委员，同时是我们党中央委员之一。黄甦同志的牺牲，不仅使红军受着大的损失，就是我们党里，也减殒了一个优秀的干部。但是，我们追悼黄甦同志，我们并不悲哀流泪！而是要学习他始终如一的革命精神，誓为共产主义事业奋斗到底。

黄甦同志是一个香港电灯公司的电器工人。因为他家内的贫苦，所以，十四岁时即过学徒生活，十七岁成了熟练工人。一九二五年香港罢工运动爆发，黄甦同志即毅然离开工厂，参加了香港罢工和反帝斗争。罢工回到广州后二月，即加入共产党，同时也开始了他的军事生活，在工人纠察队的上级干部队[2]学习军事。一九二七年国民党叛变，“四一五”广州举行“清党”时，坚持二年的香港罢工被解散了，所有工人纠察队武装被收缴了。黄甦同志即从公开的干部队学生，一夜成为秘密组织的工人自卫军的干部。广州工人自卫军经过了一个时期的组织

① 邓发（1906—1946），广东云浮人。1922年参加香港海员大罢工，1925年参加省港大罢工，被选入省港罢工委员会，任工人纠察队队长等职。1927年参加广州起义。1928年，任中共香港市委书记、广州市委书记、广东省委常委等职。1930年当选为中共中央委员。历任中华苏维埃共和国中央执行委员、中央政治局候补委员、第一任国家政治保卫局局长等职。

② 1926年10月，省港罢工纠察队委员会成立特别训练所，将罢工纠察队各队的小队长编成下级干部队，未有发现上级干部队，此处上级干部队疑为下级干部队之误。——编者注。

和训练，后来成为广州暴动的基干队伍之一。因为黄甦同志在每次示威中，都显示了英勇的模范，所以在广州暴动时，党决定给黄甦同志负担极重要的工作——“广暴”的破坏队长。“广暴”失败后，他即被派到广东北部仁化一带组织农民暴动，直至一九二八年才回到香港参加广东省委代表大会[①]。此时黄甦同志即被选为省委常委，仍被派往北江工作。黄甦同志在工作中表现出他具有坚强的阶级意识的立场，忠实和蔼的态度，同时具有刚毅勇敢机警的精神。正因为如此，所以他能够战胜不止一次的危险。我曾记得一次他被派往北江巡视工作，在出发前韶关交通机关被破坏了，叛徒带着侦探在火车站上候他。这一情形被他机警地发现后，他即在火车未停时从车上跃下，绕道通过车站，使侦探叛徒枉费一番心思。

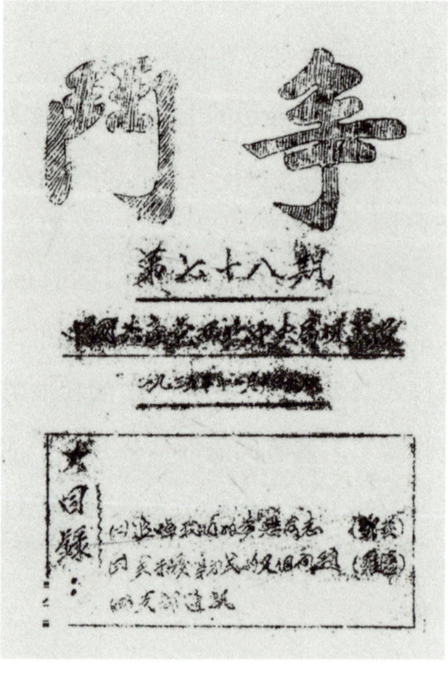

《斗争》第 78 期

① 据陆定一回忆，1927年12月下旬在香港召开的广东省委会议有黄甦参与。1928年4月，黄甦被选为广东省委委员，次年4月黄甦被中共中央指定为省委常委。——编者注。

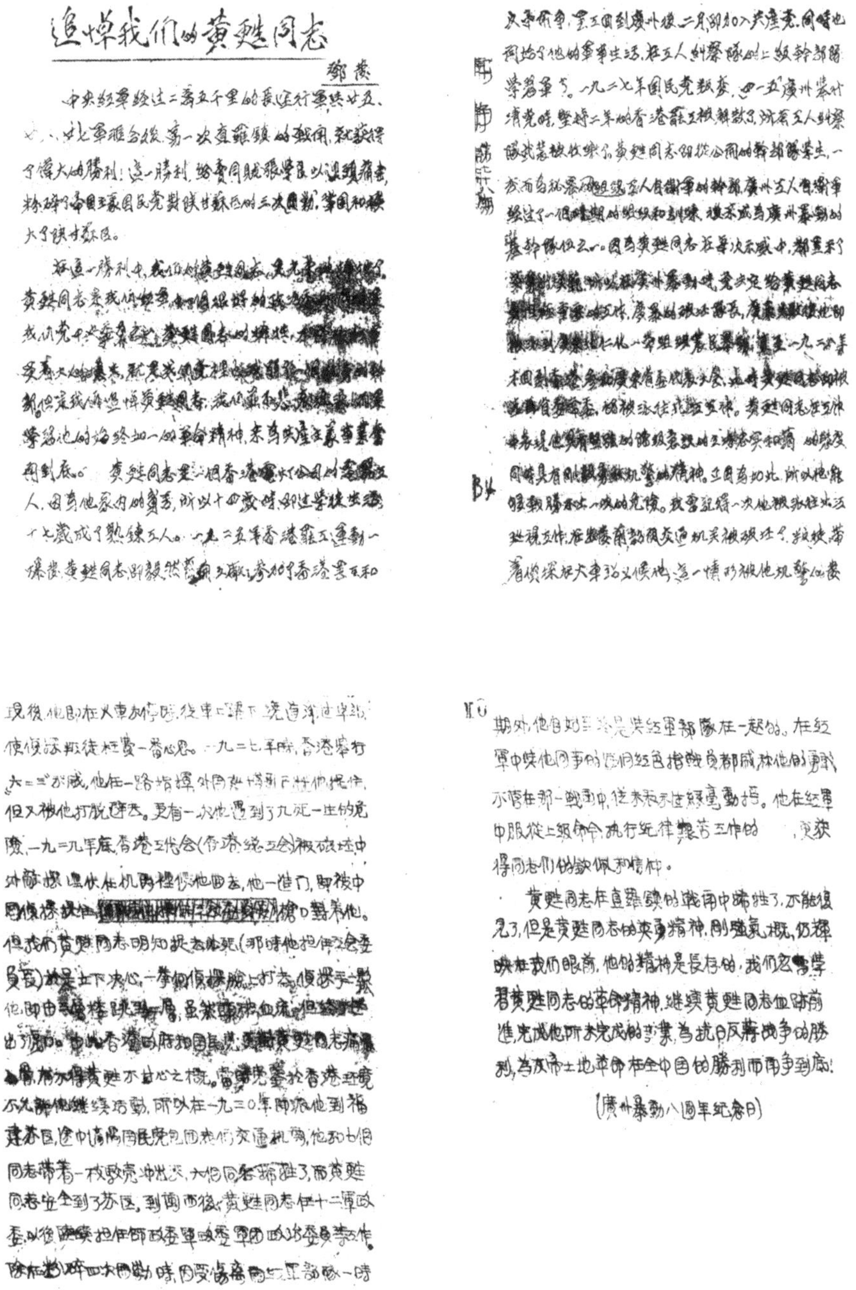
追悼我们的黄甦同志
邓发
（广州暴动八周年纪念日）

邓发《追悼我们的黄甦同志》手稿

一九二七年时，香港举行“六二三”示威，他在一路指挥，外国巡捕车已将他捉住，但又被他打脱避去。更有一次他遇到九死一生的危险，一九二九年底，香港工代会（香港总工会）被破坏，中外敌探埋伏在机关里候他回去，他一进门，即被中国侦探捉住，枪口对着他。但我们黄甦同志明知捉去必死（那时他担任工会委员长），于是立下决心，一拳向侦探脸上打去，侦探手一松，他即由三层楼跳到二层，虽然头破血流，但终于逃出了虎口。由此香港政府和国民党更对黄甦同志痛恨入骨，有不得黄甦不甘心之概。当时党鉴于香港环境，不允许他继续活动，所以在一九三〇年即派他到福建苏区，途中适遇国民党包围我们交通机关，他和六个同志带着一支驳壳冲出来，六个同志牺牲了，而黄甦同志安全到了苏区。到闽西后，黄甦同志任十二军政委，以后陆续担任师政委、军政委、军团政治委员等工作。除在粉碎四次“围剿”时因受伤离开红军部队一时期外，他自始至终是与红军部队在一起的。在红军中与他同事的每个红色指战员都盛赞他的勇敢，不管在哪一战斗中，从未丝毫动摇。他在红军中服从上级命令，执行纪律艰苦工作的精神，更获得同志们的钦佩和敬仰。

黄甦同志在直罗镇的战斗中牺牲，不能复见了，但是黄甦同志的英勇精神、刚强气概，仍辉映在我们眼前。他的精神是长存的！我们应当学习黄甦同志的革命精神，继续黄甦同志血迹前进，完成他所未完成的事业，为抗日反蒋战争的胜利，为反帝土地革命在全中国的胜利而斗争到底！

中共中央西北局：《斗争》，1935年第78期，第2—5页。

忆瑞金工农红军大学校[1]

何长工[2]

工农红军大学校是工农红军学校改编的。红军学校是在1931年秋粉碎国民党军第3次“围剿”之后，将红军第一、第三军团的随军教导队和闽西之彭杨学校（为纪念彭湃、杨殷两同志而命名）合编组成的。胡汉标、蒋耀德、李国华是第1期生，方强、罗华生是第2期生，张济民、文年生、康克清（女）是第3期生。办到第4期[3]末时，已是1933年秋、冬之交，那时已是九一八事变之后，国民党军第26路军为抗议蒋介石“对外投降，对内剿共”的错误政策，已举行有名的宁都起义后为红军第五军团。红军已粉碎了国民党军的4次“围剿”，第二次全国工农兵代表大会将届，红军于红色区域正处于猛烈发展的阶段。在这样的情况下，于1933年11月7日[4]，“红大”这个宏伟响亮的呼号，诞生于江西之瑞金。当时农谣云：“南京、北京，赶不上瑞京（金）”，以此来赞美红色区域的民主与自由。“红大”当时组织极简单，分高级指挥科、上级政治科、指挥科、参谋科，附设教导队、高射队、测绘队。教职员共16人，并请中央负责同志兼课。“红大”是红色指战员所仰慕的，广大工农群众所拱望的一颗红星。它是在中共中央直接领导抚育下培养红军干部的熔炉。它的教育方针和教育内容，是随着党的全部政策，当时的组织形式与斗争形式，以及红军的技术条件的转变而转变的。

① 此文原载1941年《抗大》五周年纪念特刊，1980年作者略作修改。

② 何长工（1900—1987），原名何坤，湖南华容人。1927年参加秋收起义。1933年任红军大学校长兼政治委员。新中国成立后历任地质部副部长、中国人民解放军军政大学副校长等职。

③ 应为第5期、第6期。

④ 1933年10月17日，中央军委下达《关于改编红军学校的命令》。此处应为1933年10月17日。——编者注。

"红大"的教育方针，是着重阶级教育与党性锻炼以及国际主义的教育，是根据斯大林同志在庆祝苏联红军诞生10周年时，给红军任务的指示："我们红军力量雄厚的根源就在于它从诞生的那一天起就是受着以国际主义为主旨的教育，受着以尊重其它民族为主旨的教育，受着以爱和尊敬世界各国工人为主旨的教育，是以认定全世界工人利益一致为主旨的教育，所以我们的军队就是全世界各国工人的军队。"以上的指示训育了我们的干部，使之具有政治远见和真正国际主义的胸怀，不是只拘守于眼前的、狭隘的、保守的圈子内，局限束缚于一隅，而是要有追求新事物的知觉，负起民族与社会解放的重任。

"红大"的学生来源，是中央军委与总政治部，以命令从红军部队中，轮番抽调久经战斗锻炼，有实际工作经验，质量优秀，可堪深造的干部，绝大多数是工农出身。当时高级科有程子华、彭雪枫、宋任穷、曹里怀、张宗逊、郭天民、邹建屏、黄苏、周子昆、杨梅生等；上级政治科有刘道生、韦国清、吴克华、唐亮、陈外欧、刘兴隆等。这些同志，都对建设红军有功绩，是迭次反"围剿"战争中功勋卓著者，其中有荣膺中央军委红星奖章的。

"红大"对红军的革命化、正规化建设，起了应有的作用。它很重视干部素质的提高，教育干部在战时如何灵活领导与指挥战斗；在平时如何管理教育部队，建立正规军队生活，建立政治工作制度，提高政治委员的威信，巩固政委制度。特别是反对分散主义、游击主义、军阀残余的斗争，作得很深入，开展得很广泛。每个干部都要求具有高度的政治觉悟，高度的军事技术与指挥艺术，以及模范的铁的纪律，艰苦奋斗，英勇牺牲，顽强胜利的战斗作风。

"红大"的工作具有高度的联系性、批判性。它不是闭关自守，自满自足的，它经常与彭杨、公略、特科、供给、卫生、通信等学校有密切的联系，而"红大"是起着教育的核心作用的。在人事上说，这些学校的干部，都出自一个源泉——从红军学校分编出来的。在作风上，生活习惯上，都有共同之点，只有职责上的分工不同，而奋斗目标是一致的，均在军委统一战略意志之下进行教育。所以，团结友爱精神是很好的。工作能互相通报，能开诚布公地进行自我批评。脚踏实地，实事求是，艰苦深入的工作精神，是为当时领导者所密切注视着的。大家都以怕人家不批评自己，不供给实际战斗经验为憾。工作紧张，未曾稍懈，没有丝毫虚伪在其中。

“红大”是十年斗争中最后艰苦阶段的有力支持者之一，它常贡献定下战略决心的资料，亦常为战略组织的重要因素之一。它是伴着党、红军、红色政权三大建设而建设起来的；它是依靠着党、政、军、民的爱护与抚育，而主观上亦注意紧握着这些校外的联系，特别与红军部队的联系。“红大”与红军是休戚相关，血肉不分的。“红大”就是红军的缩影。“红大”所教所学的，也就是红军所做所用的。

“红大”是在与一切困难搏斗中生长起来的，冲破过前进途中的障碍与困难。如，内部的人力、物力、财力，特别是开始缺乏经验，摸索试探等困难，以及外部袭来的反革命的阴谋破坏等困难。它是阶级敌人的眼中钉，帝国主义驻南京的顾问意图下的轰炸目标。但这一切并不能阻碍它的前进，“红大”全体同志是坦白、忠诚、谨慎，日夜孜孜以提高教育质量为念，以吸收新的知识为荣。虽然受着外部的严密封锁，工业用品难以进口，有一时期连食盐都很困难，但因为富有创造性，凭主观的能力，忠诚于教育事业，始终不懈的苦干，实干，随时都以崭新的姿态，飞跃迈进着。“红大”曾博得了社会上热烈的同情与红军部队的信赖，当时红军中的干部，多以不得早入学受训为憾；每次选送干部入校时，纷纷请求，应接不暇。

“红大”的社会活动是以斗争为轴心的。每次在反“围剿”之前的一切动员工作，都能按着党、军委、工农民主政府的具体号召，争先恐后地作响亮的回答。只要是一个有战役意义，稍带全面性的动员，“红大”都参与这种实际需要的活动。无论是何种突击动员，如扩军、选举、查田、查阶级、生产节约、武装保卫、春耕秋收、慰劳、祝捷及整理新兵师团、教导团等等，无不参与，也曾受到《红色中华》《红星报》的好评。

“红大”校舍是在瑞金西郊6公里处的大树林下。这里原是一片漫无人烟的旷野，雅静常青的森林（松柏树）可作四季天然的伪装。校舍的建筑是利用了政府以苦工代监禁的200多个罪犯，他们中有懂百工技艺的，他们深感工农民主政府对他们的宽大，都愿痛改前非，劳动热忱是很高的。在政府与群众帮助下，材料人工大都是乐捐的。费了3个多月的工程，风景绝佳、环境宜人的新校舍落成了。特别是高级指挥科同学彭雪枫、程子华、周子昆、邹建屏、郭天民、曹里怀等，每在星期日这天，都到工人中去用他们紧张的劳动者的双手，搬砖、挖土、泥墙，谁也认不出他们就是红军的师级领导干部。由于这种集体劳动的结果，公路的两翼，森林的边缘，一栋一栋的新式两层楼房，巍峨对峙，整齐地排列在小小的山岗上，挖成了安全的防空掩蔽部。俱乐部、模型室由赵品三、危拱之（女）领导，成为课外活动的中心。每隔一星期一次晚会，是由教职学员拼凑的，也看不出平常谁是管谁的。

“红大”经常生产建设，有红军军人书店、军人合作社、畜牧场、碾坊、学校园圃，都是自力更生，自足自给，为改善生活而经营的；同时，又是教职学员脑力与体力相结合的劳动场所。可惜这座红色将士们亲手建设的校舍，听说被那些“勇于对内，怯于对外”的“剿共”专门家所摧毁，已化成一片焦土了。

1934年秋，红军开始长征，为保守军事秘密，把“红大”等校隐名为“干部团”，它在突破赣、湘、粤、桂、黔、川、陕、甘、宁等省的封锁线，渡过著名的赣江、潇水、湘江、乌江、金沙江、大渡河，越过历史上天险的五岭、雪山等山脉的崇山峻岭中，都作了强有力的开路先锋军，或左右翼，或首尾顽强的掩护队。“红大”经常负荷着艰苦而繁重的战斗任务，特别是具有战略意义的遵义会战之后，它显示了无比的威力，打得“剿共”将军薛岳落花流水、弃甲丢兵而逃，展开了长征胜利的新局面。以后在继续征途中，干部团的铁兜军，配合着主力军团，强渡金沙江，打得刘元瑭、刘元璋兄弟提心吊胆，不敢越雷池一步。在惊心动魄的大渡河边，安顺场强渡，泸定抢铁索桥，干部团过了悬崖绝壁的隘路，它更发扬着高度的警惕性，掩护中央，安全到达抗日前进阵地的陕甘宁边区。天上的飞机，地上的堡垒，前面堵，尾后追，两侧迂回，包围截击，都被他们灵活的战略战术粉碎了。

1936年6月1日，在西北角的高原上，红军大学的名称又呈现了。这是中国人民宝贵的资本，也是东方弱小民族谋求解放的一支铁的队伍。红军大学只有3个工作员，在党中央及其领袖毛泽东同志直接领导扶植下，胜利地向前扩展着。1937年春，国内和平告成，红军大学改名为中国人民抗日军事政治大学，于是抗大这面大旗子，飘扬在庄严古老的延安城。

中国人民解放军历史资料丛书编审委员会：《院校·回忆史料》，北京：解放军出版社，1995年，第56—59页。

中央苏区的最高军事学府

张宗逊[①]

中国工农红军大学校（简称“红大”）是在1933年10月以工农红军学校高级班为基础成立的。校址在距瑞金西郊约6公里的大树下。这是个没有人居住的荒山坡，山上苍松翠柏，山下泉水淙淙，因为它掩映在丛林中，大家管它叫“森林中的大学”。这所大学是白手起家，校舍是自己动手建造的。第一任校长兼政委是何长工。他早年留法勤工俭学期间在比利时学过点建筑技术，因而主持了校园和校舍的设计工作。在政府大力支持和群众热情帮助下，“红大”边招生边建校。学校工作人员和第1期学员来校的第一课就是搞“土木工程”，积极参加建校劳动。“红大”很快就建起几座两层的简易楼房，建造了一个能容纳500人的礼堂和一个操练运动场，还建设了俱乐部和模型室……，使“红大”初具规模，受到军委领导同志的赞扬。

“红大”成立正是王明“左”倾机会主义路线统治时期。李德（华夫）充任“红大”的顾问，他不适当地强调正规化，规定“红大”的任务是培养正规化的红军军政干部，强调以苏联红军的建军经验和合同战术、条令为“红大”的主要教学内容。在第5次反“围剿”战斗频繁而且空前残酷的情况下，他们拿不出明确的办校宗旨和教育方针来，所以“红大”的教育方针基本上仍遵循原来工农红军学校的方针。“红大”培养的干部，既具有坚定的政治方向，又能运用灵活机动的战略战术，能独当一面地创建游击根据地。

① 张宗逊（1908—1998），陕西渭南人。1926年入黄埔军校第五期学习，同年由中国共产主义青年团转入中国共产党。曾任红十二军军长、瑞金红军大学校长、西北野战军副司令员等职。1955年授上将军衔。

“红大”的组织机构简单，名义上设训练部、政治部和校务部，实际上没有多少工作人员。学员队分设高级指挥科、上级指挥科和上级政治科，附设教导队、高射机枪队、测绘队，到开办第3期的时候，只办上述的3个科。

“红大”的领导人何长工在1934年1月调粤赣军区工作后，由周昆代校长，徐梦秋代政委。我是在1934年4月底广昌保卫战之后，调“红大”第3期学习的。6月周昆调前线工作之后，由我接任校长兼政委。钟纬剑任参谋长（训练部长），徐梦秋任政治部主任。

“红大”的学员是由中央革命军事委员会总政治部从红军各部队调来的。来校学习的都是跟随毛泽东久经战争考验的指挥员，他们都是在红军建设上有功绩、在多次反“围剿”中有作战经验，受到毛泽东军事思想影响的干部。这些同志来“红大”深造，都能做到理论联系实际，认真总结历次反“围剿”的经验教训，从理论上加以认识和提高。“红大”学制为3个多月，每期学员100多名。在“红大”第1、第2期学习过的，有宋任穷、程子华、彭雪枫、黄苏、宋时轮、刘道生、周子昆、郭天民、曹里怀、周建屏、吴克华、唐亮、杨梅生、陈外欧、蔡顺礼、刘兴隆、帅荣等。第3期高级班是团以上干部，学员有蔡会文、龚楚、邓华、姚喆、马良骏、袁良惠等；上级班的学员主要是营以上干部，记得优秀学员中有韦国清、张爱萍等。当时学员都是20多岁的年轻人，勤奋好学，除龚楚那样个别的人以后叛变革命外，多数成长为党政军的高级干部，有的在革命斗争中贡献了自己宝贵的生命，令人缅怀不已。“红大”不愧是造就干部的红色熔炉。

“红大”教员有肖劲光、周士第、苏进、边章伍等，主要请中央负责同志和中央各部门的负责同志兼课，还请前线回瑞金的将领来校作报告。“红大”建校初期，周恩来、朱德、王稼祥、董必武、徐特立、谢觉哉、林伯渠、邓小平等负责同志都曾来校作过军事、政治、经济、文化等专题报告。在我所在的第3期，继续邀请了一些负责同志来校兼课，如瞿秋白来高级班讲过列宁主义；李德也曾来校为高级班主讲军事课，讲什么“短促突击”等；伍修权担任翻译兼射击教员，翻译了许多苏联革命战争的材料；担任翻译的还有王智涛，他主要翻译有关技术专业的材料。上级为了发挥被俘的国民党军军官的一技之长，把他们放到学校充任教员。他们中不少人曾在保定和黄埔军校学习过，又熟知国民党军队的那一套，这对搞好教学是很有好处的。

校政治部着重抓阶级教育、党性教育和国际主义的教育，并研究怎样管理教育部队，建立政治工作制度，巩固政治委员制度，特别是反对分散主义，反对军阀残余等等。

在教学中贯穿着理论联系实际、理论与实际并重的原则，并使前方与后方结合。由于学员都是从红军中抽来的军政、参谋和后勤人员，他们都有丰富的实践经验，在理论学习过程中，可以现身说法，经过讨论把经验系统化，然后运用到今后的斗争中去。学校有时也派人去前方参加指挥战斗，并把经验带回学校来。在教学过程中，还举行各种军事演习，由学员分工作出演习想定计划；组成演习的指挥集团，调配一定的战斗部队由他们指挥，分成红、白两军对阵，以锻炼指挥员作战指挥的能力。随时收集战例和作战经验，更好地充实教学内容，使教学更加生动、丰富，具有极大的现实性。在国民党军队开始对中央苏区进行第5次“围剿”的时候，朱总司令曾到“红大”主持过一次战术讲演比赛，他根据敌人这次“围剿”采取堡垒战术，拟订了《论敌人的堡垒战术》和《积极防御的实质是什么？》两个题目，他坐在台子上，细心听完每一个发言，最后作了一个总结发言。

“红大”围绕当时的斗争办学，积极参加苏区的各项活动，如扩大红军、选举、查田、春耕、秋收、慰劳、祝捷以及整编新兵部队等等，受到中华苏维埃民主政府机关报《红色中华》和总政治部出版的《红星报》的表扬。

尽管学校当时处在反“围剿”战争的艰苦环境，但“红大”的课余文体活动仍然搞得相当出色。以俱乐部为中心开展了各种各样的丰富多采〔彩〕的活动，俱乐部主任赵品三、党总支书记危拱之，还有石联星等，是课余活动的主要组织者；校外胡底、李伯钊和上海来的搞文艺的知识分子，如左联的音乐家崔音波等热情支持，使俱乐部工作不断提高。“红大”各科都有列宁室，各单位墙报办得文图并茂，颇受欢迎。“红大”定期组织军体会和球赛。当时不容易买到篮球，就用几个补了又补的旧篮球，但大家比赛的热情仍然很高，使学校办得很有生气。赵品三主持的话剧团经常演出，在瑞金还颇有名气。由于“红大”办得生动活泼，前线回来的同志，中央苏区和其他根据地来瑞金办事的同志，都抽空来“红大”参观。“红大”的名气大概敌人也知道，在反革命“围剿”中“红大”成了他们空袭的目标。

当时，中央苏区军民的物质生活相当困难。建校初期，中革军委为了使“红大”有“正规化”的军容，专门给学员发一身蓝色阴丹士林布做的军装；还每月给学员多发1元钱的菜金，所以菜碗里隔几天还能有点肉。但是其他方面确实困难，日用品奇缺，特别是缺乏药品和食盐，牙膏牙刷都很难搞到。为战胜困难，校务部提出减轻人民负担的口号，自力更生地创办了军人书店、军人合作社、畜牧场、碾坊、园圃，使大家每顿饭能吃到青菜、萝卜、豆腐。“红大”的物质生活虽然艰苦，但工作人员和学员仍精神饱满地投入工作和学习。

1934年9月29日，“红大”第3期学员毕业，以后我也调出了学校。10月，“红大”除主要干部分配了工作外，其余人员同红军步兵学校、特科学校等一起编为干部团参加了长征。

（1989年5月）

中国人民解放军历史资料丛书编审委员会：《院校·回忆史料》，北京：解放军出版社，1995年，第60—63页。

红八军团组建始终

张宜步①

一九三四年八月二十五日，江西赣南独立团改为六十三团与六十一团、六十二团组建成红二十一师，九月二十一日中央革命军事委员会决定以二十一师、二十三师（原中央警卫师）六十七、六十八、六十九团合编为中国工农红军第八军团。刘少奇任党代表，周昆任军团长兼二十一师师长，黄甦任军团政委兼二十一师政委，唐浚任军团参谋长兼二十一师参谋长（后是张云逸、毕占云），罗荣桓任军团政治部主任兼二十一师政治部主任，全军团共八千余人。

开始我被分到军团卫生部任书记，几天后调到军团部任书记。九月底红八军团组建完成，其任务是“以运动防御为主，阻击由龙岗方向推进之国民党第六路军期纵队的敌军前进，为中央红军主力准备突围争取时间”。红八军团有的部队已在前线参加第五次反“围剿”，由于敌人在“围剿”中采用步步为营，稳打稳扎的碉堡政策，加上我军是在王明路线中采取消极防御，部队在夜间做好的工事第二天就被敌人的飞机、大炮摧毁了，我军后撤一个山头敌人前进一个山头。虽然我军部队有时也组织向敌人反击，但效果不大，只见天天丢失阵地，天天后退，苏区日益缩小，我军将士的心里很沉重。军团首长有时私下说：这个仗不知要打多久，照这样打下去苏区快丢光了。红八军团是新建起来的部队，战斗经验不足，武器弹药又不多，有些子弹还是自己翻造的土子弹，只

① 张宜步（1913—2011），福建永定人。1931年参加红军，1934年加入中国共产党。革命生涯历任战士、文印员、班长、团书记、分队长、政治处主任、政治委员、后勤部长等职，参加了五次反“围剿”、长征、百团大战、千里挺进大别山、淮海、渡江、解放大西南等战役战斗。1955年授海军大校军衔，1964年4月晋升为少将军衔。

见消耗加上部队减员，又没有补充。就这样红八军团在极其困难的处境中坚持战斗，在第五次反“围剿”中消灭了大量的敌人，自身也受到很大损失。

红八军团政委黄甦是个既能打仗但平日里又和蔼可亲的人。记得有一次我在给直属团起草军团命令后交给黄政委看，黄政委看后对我说：小张啊，你写的太复杂了。当时我看到他严肃的样子，心里有些紧张。黄政委看了我一眼，微笑的对我说：你不要紧张嘛，你念了几年书啊。我说在家乡念过四年小学，文化程度不高。黄政委笑着又说：这不能怪你，没有学过公文格式。接着他思考了一下，细心的一字一句的教我公文书写格式，公文写好后他笑着对我说：你有一些文化，在部队里要发挥好的作用，但年轻人要好好学，不懂的要多问，将来就会有大的进步。此后，黄政委一有空就教我学文化，讲革命理想和革命的道理，使我的思想觉悟得到很大的提高，同时工作也得到进步，使我一生都受益匪浅。可惜的是，黄政委在渡过湘江后黎城整编时调到红一军团二师四团当代理政委，在陕北直罗镇战役中牺牲了。

一九三四年十月上旬的一个晚上，在兴国境内的一个村庄里，军团团以上干部正在开会，月亮升起很高会还没开完。当时我不知道开的什

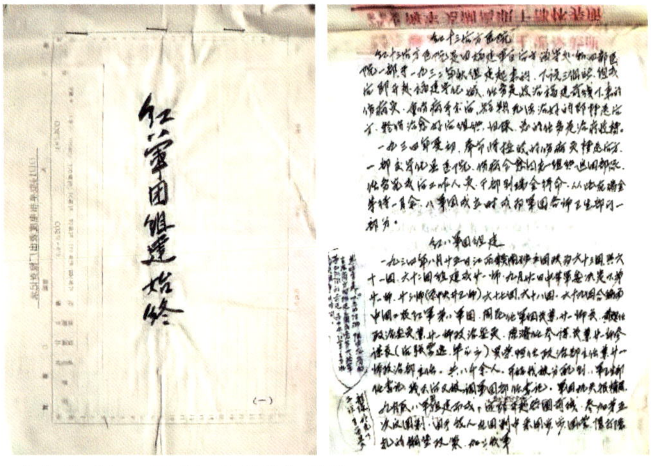
红八军团组建始终

（一）

张宜步《红八军团组建始终》手稿

于都县长征出发旧址今貌

么会，可是会开完后军团的管理科长就不辞而别了。军团领导的面容都很严肃，前沿的部队在往下撤，我知道部队要转移了，但往哪里转移确不知道。

这时红八军团经过补充已有一万余人，部队往东南行动，第三天我们冒着蒙蒙细雨到达于都河附近。军团首长戴着斗笠指挥部队静静的过河，当时的渡河工具有小船和竹排，只见船工们一次又一次的往返，把红军战士们送过河，沿河的父老乡亲不停地向我们挥手告别。部队上岸后，看到许多红军部队在不同的地点上岸，向南偏西方向前进，从此，红军开始了漫长的征途。

渡过于都河的第三天，部队到达信丰附近，迅速突破敌人第一道封锁线，红八军团跟随红三军团在中央纵队左翼行进。由于大搬家，行李笨重，部队行动速度很慢，在汝城口之间通过敌人第二道封锁线后又在良田宜章间通过平汉路突破敌人第三道封锁线。

在红军长征途中，国民党军队前堵后追，前有湘粤军，后有中央军十几个师尾追。红军冒着天上飞机空袭，走的是崎岖的羊肠小道，机关部队走不动，队伍走走停停。唐参谋长亲自指挥军团机关大小行立的行军，战士们挑着担子在行进中损失了不少。有一天，唐参谋长没回机关来，后来听说他被王明路线错误地杀害了，成了王明路线的直接受害者。

上级先派张云逸任参谋长，没多久就调走了。后来毕占云任参谋长，他待人和蔼，平易近人，关心体谅下级。在长征途中，我在他的直接领导下工作，行军宿营后他总是让我多睡一会，常常他自己先起来亲自起草第二天〈的〉行军命令，然后才把我叫醒。由于行李损失，我随身携带的复写纸都没有颜色了，每次命令复写五份，下面的都看不清楚。毕参谋长教我用火烤一下复写纸再用，文件的确清楚了很多。可是，天长日久还是不行，毕参谋长就和我一起抄五份。有一次直属团马团长问我，为什么下达的命令总是看不清，我心里很不安，毕参谋长就耐心地向他解释原因。在通过敌人第三道封锁线时，我在夜行军中不慎右脚扭伤了，痛得不能行走，毕参谋长把自己的马给我骑，并亲自把我扶上马背，自己走路。行军的路又窄又挤，天又黑走得又快，加上风大雨大，在通过一条沟时我从马背上掉下来，马一惊跑了。我心想到哪里去找马啊，如何向毕参谋长交代呢。幸好天亮后后续部队把马送回军团部来了，可是光有马鞍，马达〔鞑〕子和行李都跑丢了。当我一瘸一拐又沮丧的向毕参谋长报告时，他丝毫没有责怪我并亲切地对我说：东西丢了没关系，可以克服，你没有跌伤回来就好。我望着他慈祥的面容，感到好亲切，我被感动的不禁流下热泪，长时间说不出话来。我内心在想，一定要做好工作，来报答关心爱护我的好领导，我们的好参谋长。

突破第三道封锁线后，前面一条是潇水，一条是湘江。为了迅速突破湘江，红一、红三军团在两翼强占渡江口要点高地，红八军团临时改变任务，奉命折回道州附近。我们日夜兼程追赶主力，有时还和敌人平行前进。由于急行军部队二天二夜吃不上饭，又不能停下休息，战士们非常疲劳，行军时，战士们走着走着，便一头栽倒在路旁呼呼睡着了，怎么喊也喊不醒。面对如柴禾摆列的一长串“睡兵”，军团政委黄甦急得双眼冒烟，用马鞭子朝躺着的战士们一鞭鞭劈去，可这也收效甚微，抽醒了这一个，那一个又躺下了。这种情形，令慢性子的军团长周昆都憋不住发急，从机枪班一个战士手中夺过一挺轻机枪，朝空中扣了一梭子。这招倒也有些效果，还在梦中的战士被枪声惊醒，以为又同敌人遭遇，一下子弹跳起来，懵懵懂懂朝前乱跑，有的撞在树干上，有的跌进沟坎里，有的跑错了方向……好不容易到了水车才宿营，第二天天尚未明就随红九军团之后继续前进。

这天是突破敌人第四道封锁线的第一天，枪声很急，敌机在空中投弹、扫射，走了一段看到水车方向担任掩护任务的红五军团三十四师阻击敌人的战斗开始了，红八军团无形之中也成了全军的后卫。红八军团接到中革军委由三十四师转来的十万火急电，要求红八军团不惜一切代价于三十日中午赶到全州青龙山宿营。军团首长命令我们快速前进，红八军团刚出水车不远，后面便有急讯传来，说敌人卷上来了，黑鸦鸦的，至少有两个师的兵力。这种消息在队伍中引起的惊慌是不难想象的。岂料，应对之策未出，又有消息传来，左翼也有大队敌人出现。途中又听到右方也响起了密集的枪声，原来这是刚从灌阳方向赶来的敌人，是企图打红九军团后卫部队和掉队的红军的。这时红九军团主力已通过，红八军团已成了孤军。敌人从四面八方围了上来，顷刻间枪声大作，弹线交错流曳，炮弹在四下里腾起了巨大的火团。我先头部队一到达，立即投入战斗。步、机枪声更加激烈了。由于敌人占领了有利地形堵住了红八军团的去路，而这时水车方向敌人的枪声也越来越近，已接近红八军团的后卫部队。一下子，红八军团部队全盘乱了套。建制乱了，队形乱了，官找不到兵，兵找不到官，四处都是涌动的人群。至此，军团领导也别无他法，军团首长听枪声判断，估计掩护部队被敌人切断了，我军腹背受敌，情况万分危急，有被敌人包围歼灭的可能。军团政委黄甦有一种巨大灾祸即将降临的感觉，急切地问周昆："怎么办？"周昆在黑暗中咧了一下嘴，果断且悲戚地喝令："让第二十三师断后掩护，其余的尽快往前冲，非战斗单位也一律跑步前进。"这道命令加剧了恐慌，机关人员全部拿起了武器，加入了前进的行列中。这时敌人的飞机来了，俯冲向我们的队伍轰炸、扫射，敌人的子弹疯狂地向我们的队伍射击。这时的情况糟糕的程度简直是无法形容，红八军团被敌人分割成几段，掉队的，走岔了方向的，跌伤了手脚的，产生失望情绪而开溜的……敌人不时从侧后搅进来，黑暗中敌我难分，乱仗纷纷，有时不免出现自相残杀的惨局。一路过去，伤亡遍地，溃兵四散，到处都有丢弃的辎重物资。

红八军团先头部队一停，后续部队不明情况纷纷赶到集中在狭小的区域里，这时敌人的飞机又折回来了，在敌机的轰炸扫射下，红八军团损失惨重。混乱开始时，军团政治部主任罗荣桓还尽力组织政治部一干人集体行动，但他的苦心很快付诸东流，途中几场仓促的战斗，把他周围的人都打散了，他不得不和机关人员一样，掏出手枪直接参加战斗。突围时，我和毕占云参谋长一直在一起，可是到后来我们被冲散了，我背着油印机跟在罗荣桓主任后面一起往前突。这时军团首长决定命令掩护部队不惜一切代价占领两翼，主力部队从右侧方向突围。部队由前卫作掩护，前卫变后卫、后卫改前卫向右侧方前进。由于当时通讯工具缺乏，军团对部队的指挥非常困难，只能靠通讯兵的两条腿去传送。有时通讯兵出去了回不来，首长很着急就派参谋、干事去传送。这时有报告说红一、红三军团已突破湘江，正在两侧掩护军委纵队过江。我们离江边还有几十里路程，必须尽快接近主力红军。在红五军团十三师支援下，我红八军团与敌人展开激战，终于打退了敌军。这时的部队又饥又饿太疲劳了，军团首长命令剩余的部队不要休息继续往前突，尽量保证中央纵队的安全。

敌人的先头部队离中央纵队过江的凤凰嘴渡口只有不到三十里了，由金州来的敌人正在向我军掩护部队猛攻，有些敌人已突破我军的阻击向凤凰嘴渡口急进。在这个严重时刻，我红八军团首长命令部队暂停前进，占领两翼高地，坚决担负起掩护中央纵队过江的责任，在离凤凰嘴渡口十余里的区域里与敌人展开殊死战斗。同时，军团直属团一面阻击一面组织突击队掩护军团机关向江边急进，赶到湘江边的凤凰嘴渡口。前卫部队过江时，五六架敌机朝渡口飞来。敌机向红军队伍扫射、轰炸，红八军团伤亡更加惨重。敌机刚飞走，追来的敌军突破红八军团后卫，向凤凰嘴渡口冲来，军团首长亲自率领军直属队向敌人发起冲锋，将敌军击退。这时，敌人已将主要火力放在了这支红军最后过江的部队上。只能涉水渡江的红八军团官兵，面对敌人各种枪弹扫射、炮弹轰炸，几乎没有还手之力和招架之功，成了敌人的活靶子。俯冲的敌机简直有恃无恐，甚至像要触到水面，机腹上的青天白日图案清晰可辨。

又一批敌机飞来猛烈轰炸，疯狂扫射渡江的红军战士，正在涉渡的红军战士成批的倒下，江水慢慢变成了红色。红八军团奋勇冲过湘江凤凰嘴渡口，顽强的向着东岸前进，由于红军战士的英勇顽强，浴血奋战，部队终于杀出一条血路突出了重围。我一直跟在军团政治部罗荣桓主任后面突围，当我们渡过湘江，看到江中巨大的水浪此起彼伏，不断有人沉下去，不断有尸体、枪支翻上来，整个湘江血水茫茫！心情万份〔分〕悲痛！欲哭无泪！近万红八军团战士，血染湘江，从此就成了我心中永远的痛！

在湘江战役中，由于我红八军团奋力阻击敌人，加上年轻的部队缺乏作战经验，连续征战，他们有的在突围时牺牲，有的被打散，一部份〔分〕无法过江被敌人围歼，还有一部份〔分〕牺牲在过江途中，大部份〔分〕没有能过湘江，损失太惨重了。过了江的只有军团机关和少数战斗部队，红八军团只剩下一千二百多人。过了江后由于部队编制被打乱，无法集结，只好随主力部队向越城岭前进。红八军团由于严重减员，十二月月中旬军委决定撤销红八军团建制，在贵州黎平附近，余部并入红五军团，红八军团组建在前后不到半年时间就结束了。

张宜步原著，张培舟整理，原文为手写稿。原件现藏于闽西革命历史博物馆。

我们还会回来的

袁光[①]

1934年9月，我奉命率领无线电队来到兴国县龙口圩，加入新组建的红八军团的行列。

那时，中央根据地第五次反“围剿”的战争已经持续了一年。红军主力东奔西驰，与敌人殊死血战，但是在“左”倾冒险主义者指挥下，纵然付出惨重代价，也无法阻遏敌“围剿军”向我根据地腹心推进。眼看败局已定，在根据地内线打破“围剿”已经不可能了，“左”倾错误的领导人只得决定放弃中央根据地，进行逃跑主义的突围。为此，早在7月间，就以红七军团组成中国工农红军北上抗日先遣队向闽浙皖赣边前进，以吸引敌人的兵力，减弱对中央根据地的压力；8月间，又命令红六军团退出湘赣根据地，实行战略转移，为主力红军探索突围方向；9月21日，决定以成立不久的二十一、二十三两个师合编为红八军团，为全军最后突围做准备。

我们到达龙口圩的夜里，正好下了一场细雨。清早起来，天高气爽，视野宽阔，呈现在我们眼前的山村就像刚洗过澡似的，格外明净清新；山上树木苍翠，河里碧水清澈，金黄的稻谷、雪白的棉花点缀着田野，像一幅五彩缤纷的美丽的画卷，根据地人民又迎来了一个丰收年。可是，谁能想到，这就要到手的丰硕果实却将被王明“左”倾冒险主义的错误领导断送掉。

在这种形势下，红八军团组建工作十分仓促。这个新军团以周昆任

---

① 袁光（1909—1998），江西泰和人。1927年在家乡江西参加农民暴动后加入农民赤卫军。1930年参加红军。1931—1935年在红军总司令部无线电队先后任上士、司务长、分队政委等职。

军团长，黄苏任政治委员，唐浚（后为毕占云）任参谋长，罗荣桓任政治部主任。起初，军团未设直属队，以二十一师司令部为军团司令部。军团机构也很不健全，我只记得有组织部长甘渭汉、宣传部长莫文骅、总支书记段达明，我是无线电队政委兼任总支副书记。

年轻的红八军团从诞生的第一天起，就投入了紧张的战斗。按照军委的命令，红八军团在兴国以运动防御阻止敌人向古龙岗前进，并将独二团、独三团配属红八军团。在二十一师正面，是敌人的主力五十九师及九十三师，兵力是我军的数倍。因此，战斗一开始就十分激烈，一些阵地几度易手。我们的战士多数是参军不久的根据地青年，尽管缺乏战斗经验，斗志却很高昂。在敌人猛烈的炮火下，部队伤亡很大，但是，几天的激战，敌人未能前进一步。10月7日，我们接到军委命令，遂于当日撤出阵地，赶到古龙岗荫蔽待命。

在古龙岗，全军团进行了休整。不久，部队向于都集中，供给部门下放的装备运来了，部队立刻“阔气”起来，每人从头到脚都是一身新，弹药能背动多少就发多少，还发了许多日用品。对于供给部前所未有的“慷慨”，同志们既高兴又纳闷。有经验的老兵议论开了：“准是要去打大仗”，“一定是开始反攻了”；新入伍的小鬼们也一个个乐得合不拢嘴。

实际上，我们电台的干部知道得很清楚，形势已经很紧急了。北路的敌人，已经占领了宁都、石城；东路的敌人也从连城、清流一线向瑞金逼近。这时，我们电台也接到了新的指示：日夜开机待命。这意味着眼下进入了非常时期，越发证实了同志们的猜测。

10月16日夜里，我合衣躺在床上想要休息一下，刚刚闭上眼睛，就被急匆匆闯进来的值班通信员叫起来：“政委，军委发来了一份万万火急的电报。”我翻身跳下床，叫起已经睡着了的译电员，便三步并作两步地赶去。万万火急，是最紧急的电报了，我到电台四年也还是第一次碰见这样的情况。我知道，这份电报一定有着特殊的分量。

在明亮的灯光下，报务员紧张地抄收着电报。抄完一页，我就接过来交给译电员赶快译出来。我一看译出来的电文，简直不敢相信自己的眼睛。原来，电报中提出红军要突围，要离开中央根据地。可是，这清清楚楚的字迹，使我不能有丝毫的迟疑，电文译完，来不及登记就急忙送到军团部。当夜，军团首长要各单位迅速做好出发准备。我们无线电队也接到了通知。

第二天，军团政治部召开了紧急干部会议，罗荣桓主任向到会干部宣布了军委指令，并强调了这次行动的重大意义，提出政治干部要向部队进行充分的宣传解释工作，振奋全体指战员准备投入反攻的战斗精神，树立胜利的信心。我回到队里，立即根据罗主任的指示召开了支委会，研究整个行动计划。接着开了党、团员大会，宣布红军即将转移并传达布置了上级的部署之后，我根据党支部的意见，向党、团员郑重地提出：

第一，要在行军战斗中以身作则，克服困难，巩固部队，加强团结，发扬友爱精神，保证一个同志也不掉队，保证电台安全；

第二，要严守《三大纪律，八项注意》，保护群众利益，积极开展宣传鼓动工作，每人每天要写三条标语；

第三，开展扩红活动，每个党、团员在一个月内要完成扩充一名新战士的任务；

第四，遇到困难，党、团员都要做解释工作，使全队同志保持旺盛的斗志和必胜的信心，还要及时向组织汇报自己的工作。

然后，又召开全队军人大会，由我向所有同志传达了上级的命令和要求。

党、团员们无条件地接受了党组织交给的任务，纷纷向支部表示：一定要起模范带头作用，不怕流血牺牲，为电台争光，为实现反攻胜利奋斗。在党、团员带动下，全队同志士气高昂，抓紧时间捆铺草，上门板，打扫院子，归还物品，个个忙个不停。报务员、机务员把电台的所有器材擦了一遍又一遍，检查了一次又一次，连个小螺丝钉也不放过。很快，全队一切准备工作都已就绪，人人整装待发，只等一声号令。

当时，由于时间仓促，我们来不及召开大会向群众告别。然而根据地的人民群众凭着自己的斗争经验，虽然不知道我们到哪里去，但是看出我们要出征了。各级地方组织也在布置工作，准备红军离开后的游击战争。乡亲们像往常一样，为红军要上前方想方设法表示自己的心意：老人们为我们准备了最好吃的东西，青年们为我们打草鞋，妇女们不声不响地为我们缝补衣服，孩子们也争抢着为红军做事情……男女老少都在为将要出征的亲人忙碌着。

时间过得真快，不知不觉地太阳落山了，晚霞染红了大地，嘹亮的军号声从四面八方响了起来，全军团各部都集合好队伍，准备出发。这是1934年10月17日，是我难忘的一天！就在这一天，我们红八军团随同中央红军开始了离别中央根据地的远征。那时，谁能想到这是工农红军震撼世界的二万五千里长征的第一步啊！

队伍出发了。

驻地的乡亲们家家户户都走出来，从白发苍苍的老人到刚刚学步的娃娃，都站在大路两旁为我们送行。在这依依惜别的时刻，乡亲们都以留恋、期望的目光注视着我们，好像在说：“打了胜仗就回来呀！一定要回来呀！”深深的离情，同样地牵动着红军战士的心弦，脚步显得分外沉重，似乎想尽量在这块熟悉的土地上多停留片刻。随着红军战士脚步的移动，人们眼睛润湿了。这情形，使我的泪水再也无法抑制了。是啊，人们纷飞的泪水，包含了千言万语，凝聚着红军战士和根据地人民鲜血铸成的骨肉之情！半个小时过去了，队伍还没有走出一里路。乡亲们擦拭着泪水，一边把热乎乎的鸡蛋、糯米粑和一双双新布鞋塞到战士们的手里，一边夺下战士的背包，军民互相搀扶着，叮咛着走出很远。一村接一村的乡亲们点着火把，聚在村头送别着过往的红军，直到深夜，还不肯离去……

走出一程又一程，部队中出奇的肃静。也许，大家同我一样在想心思。我知道，这次离开中央根据地，不知什么时候才能回来。几年了，我们在这块红色的土地上洒过多少鲜血，付出多少代价，才建设起我们自己的工农政权，现在却要离开了。留在根据地的党组织、红军和赤卫队，面临着严酷的考验。想到敌人的兽蹄就要践踏这养育我的家乡，想到留在家里的父亲，我的心疼痛起来。但是，无论如何，我仍然有着一个信念：经过几次反“围剿”锻炼的根据地的人民群众是绝不会在敌人面前屈服的，他们一定会像那高高的闽山一样昂然屹立，一定会像那滔滔的赣水一样百折不挠。今天，我们虽然离开了根据地，但是，这里的人民是绝不会停止战斗的。

10月22日晚，红八军团奉命在王母渡、立濑圩之间渡过桃江。命令传来，大家都知道，一过河部队就走出根据地了。渡河之前，队伍突然放慢了脚步。同志们一个个默默无言，不时回头眺望着，想再多看一眼可爱的家乡。夜幕中，燃着火把的队伍像一条条火龙在山路上蜿蜒移动，火光下战士们都噙着眼泪。有的人弯腰抓起一把泥土，仔细地包起来揣在怀中。是啊，就要离开老家了，这块土地养育了我们，这块土地上还有着我们的亲人，谁能不感慨万端呢？

我也深情地注视着即将离别的家乡：再见了，根据地的父老兄弟！再见了，根据地的一草一木！总有一天，我们还会回来的！

袁光：《风烟滚滚的岁月》，北京：战士出版社，1982年，第91—97页。

长征日记（节选）

肖锋[①]

一九三四年

十二月十六日

在新柳休整一天。原红七军的老干部黄甦同志来担任红一师政委。我团召开了政工会，分析了全州战斗失利情况，总结了半个月来行军打仗的经验教训，提出要抓紧扩大红军的工作。

这两天，全团扩红七十五名。有许多苗胞参军，他们熟悉环境，熟悉道路，使我们行军、宿营、生活都更方便了。

十二月三十日　雨

赖传珠代政委又回红五团当政委去了，前不久新调到我们师的黄甦政委率我们红三团行动。出发时，以二营为前卫，中午经激战，袭占余庆城，消灭王家烈“双枪兵”（一支步枪，一支鸦片烟枪）一个营，余敌向大乌江逃跑了。我团和师部进驻城内，由师部民运科统一领导打土豪。该县城有八百多户人家，三千二百多人。城里有商店四十五家，其中地主经商的二十五家。另有小商贩近百户，官僚地主八户。

红军派出的宣传队在城乡积极宣传，说明红军是工农的子弟兵，主张全国各族人民团结起来抗日救国。元旦准备加餐，民运科分给三团二十五头猪和三百多只鸡、鸭，准备好好吃一顿。

十二月三十一日　阴雨

部队隐蔽休息。在余庆县万寿宫，谭政主任主持召开全师连以上军

① 肖锋（1916—1991），原名萧忠渭，后改名萧锋（又写作肖锋），江西泰和人。1927年参加万安农民暴动。1928年参加中国工农红军。1955年授大校军衔。

政干部会议，李聚奎师长、黄甦政委作了出征以来的军政报告，分析了形势。黄政委还传达了中央政治局猴场会议[①]的精神，红军要打到遵义去，创造新的根据地。正在开会时，师长接军团部电令：一师立即出发，限一月三日前强渡乌江。接着，黄政委说明强渡乌江的意义，要粉碎蒋介石、王家烈军阀利用乌江天险夹击红军的阴谋，迎接一九三五年的到来。

我部于下午四时出发，打土豪得来的鸡和猪肉也没时间吃了，有的送给工农，有的煮得半熟，边走边吃。敌机炸来炸去，我们也不管，一个劲地走。大家边走边骂蒋介石，害得我们连过个元旦都没有时间。根据师政治部的指示，我们火速分人到各连，边走边传达军团的命令，保证实现一月三日前强渡乌江的计划。

一九三五年

一月二日　雨

晨七时从龙溪圩出发，一路急行军，行程一百二十里。敌人在乌江两岸封锁严密，我们要找个地方打过去。师部研究决定，我们红三团为第二梯队，主要任务是配合第一梯队红一团强渡乌江。　团团长杨得志、政委黎林、参谋长胡发坚以及一营长孙继先、二营长陈正湘、三营长尹国赤等同志和我们一起研究渡江方案，决定由一团一营二连强渡乌江。这个连队人多，战斗力强，大家相信熊尚林连长能担负起这个光荣的任务。

接师政通知：由于全军即将过乌江，中央政治局作出了新的决定，要立即准备在黔、滇、川边广大地区转入反攻，建立新的苏区。首先要建立以遵义为中心的黔北根据地，然后向川南、滇北发展，这是目前最中心的任务。

① 中央政治局猴场会议于1935年1月1日召开，此处疑为中央政治局黎平会议。——编者注。

一月六日　阴

部队追到兴隆场、围溪、黄家坝一带。在高台镇，师政治部召开会议，黄政委传达中央政治局一月一日发的关于野战军过乌江后行动方针的决定，主要精神是：由于我野战军已跨进遵义地带，因此，立刻准备在黔、滇、川边广大地区内转入反攻，建立黔滇川边新根据地，然后向四川发展，力争同红四方面军会师。

二月六日　阴雨

上午八时出发，途遇敌机数架扫轰。部队营、连间隔距离大点，继续前进。经桃竹岩、莆家沟、相子园，看到地主家养了几只猴子，有钱人寻开心。到车冈场休息，这是个大镇。聂参谋长、李师长、黄政委到三团，交待今晚袭占赤水县的任务。午后继续行军，三团一营为前卫，经复兴场、青龙嘴、尖兵到新草房，突然发现刘湘军阀部队，我先头部队展开战斗，抢占了碾子坝、校马湾高地。打了半天，把敌人打了下去，歼敌两个营，缴枪数百支，机枪数挺，迫击炮数门。不一会，敌人又疯狂反击，我方伤亡五十余人。师首长下令撤退，回复兴场大教堂处理伤员。审问俘虏得知，蒋介石纠集二十万大军，拼凑百余架飞机，妄想在赤水河、土城一带消灭红军。

二月二十日　阴

军团命令部队原地休息。中午，我在高桥参加全师营以上干部会。会议由谭主任主持，黄甦政委传达党中央一月在遵义开的政治局扩大会议精神，指出自一九三一年以后，尤其是第五次反“围剿”以来，机会主义认为敌人过于强大，“围剿”根本不能粉碎，在军事行动上是保守主义、拼命主义，折损了红军主力。最后又是逃跑主义，丢掉了中央苏区，来了个大搬家。遵义会议指出，我们虽然受到损失，但中国的工农革命还是在前进，我们的许多有利条件依然存在，敌人方面的矛盾与困难大大增加了，我们的困难，在全体同志努力之下，是可以克服的。

听完传达后，分组讨论了两天。广大干部对机会主义者错误指挥造成的损失很不满，有的气得直冒火。上级指出，主要是总结经验，不要过多责备个人。我们贯彻遵义会议精神，就是要在党中央、毛主席的领导下，高举苏维埃的红旗，克服困难，搞好创建黔滇川边苏区的工作，执行北上抗日方针。

二月二十二日　阴雨

黄甦政委根据两天来的讨论，解答了很多问题，并表示坚决拥护毛主席回到领导岗位上来，坚决拥护军委组成三人小组统帅全军，度过难关，走向胜利。大家听后精神振奋，纷纷表示要打回遵义去，消灭国民党反动派，为创建黔滇川边苏区而英勇战斗。

三月四日　阴

师政首长要我负责战地后勤，协同遵义县苏维埃政府搞担架。这〈一〉带群众热爱红军，积极帮助安置伤员。

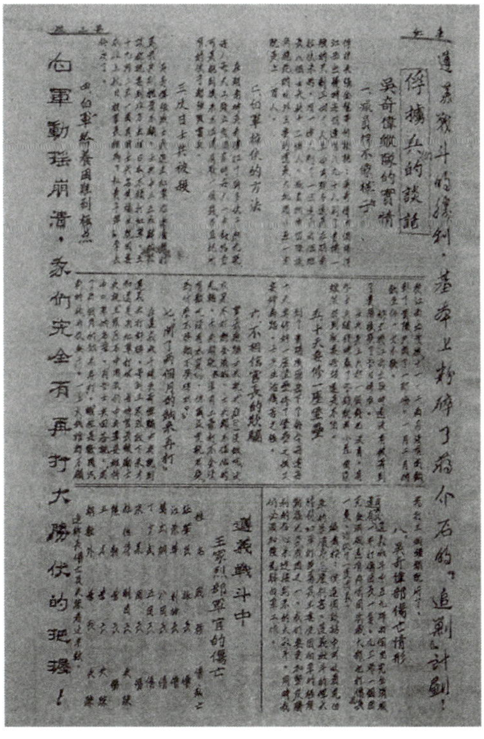
遵義戰斗的勝利，基本上粉碎了蔣介石的"追剿"計劃！
俘擄兵的談話
吳奇偉軍隊的實情
白軍動搖崩潰，我們完全有再打大勝仗的把握！
遵義戰斗中王家烈部軍官的傷亡

1935 年 3 月 4 日《红星报》关于遵义战役胜利的报道和国民党军王家烈部的伤亡统计

师政首长说，军委决定全野战部队利用遵义有利地势，集中全力向薛、吴纵队和王家烈匪军发起猛攻。干部团在陈赓团长、宋任穷政委率领下，在城西南凤凰山一带，顶住薛、吴纵队进攻，争夺遵义西南高地。三军团也在红花岗一带侧击。午后敌攻势更猛。李聚奎师长、黄甦政委在全师战斗动员大会上说，这场战斗一定要打好，而且能打好，因为敌人都装入我们的大口袋了。我师准备在遵义东侧严家湾、沙子河一线投入左侧反击，协同红二师由左侧打到乌江桥，要打乱薛、吴纵队的指挥中心。这是遵义会议以来红军打的第一个好战役，我们信心都很足。担架队源源不断上前线，各级后勤保证工作较好，战士、干部负伤后有保障，战斗格外勇敢。

四月二十八日　晴

我跟三团经稻堆山、三家村、中所来到曲靖城外。团部驻在柳树村。两个营占领东、南、北三关，将敌反击回曲靖城。侦察排进驻飞机场。午后三时，一架敌机想降落，飞得极低，侦察排立即作好准备，想等它一降落就缴获，可敌机发现红军已占领机场，在空中转了几圈就跑了，真可惜。

晚，三团攻城，因为敌多，攻了半夜未攻下。李师长、黄政委决定不要硬攻。于是，部队撤了下来。

五月五日　晴

午找李师长、黄政委询问过河情况，心里挺急。敌人仍在对岸打枪，我们一只船也没有。谭主任说，一团参加强渡。部队极疲劳，但想到前有金沙江，后有蒋介石，四处悬崖陡壁，穷山恶水，往哪里转？一定要渡过金沙江去，这是关系到红军生存，关系到苏维埃运动的命运，关系到北上抗日的大事。毛主席、周副主席、朱总司令很关切渡河的事。这是关键时刻，四个军团都在想〈办〉法渡江。据讲，干部团已在皎平渡巧渡成功。革命是闯出来的，江山是打出来的，从来不靠神仙皇帝。

五月二十五日　阴

强渡大渡河的任务，是毛主席亲自布置的，由先遣支队司令刘伯承、政委聂荣臻直接指挥。一团杨得志、黎林同志紧张准备，杨团长带一营夺占安顺场，由二连化装成“中央军”从东堡子疾进新民街渡口。渡口有民团和川军两个连防守，对岸有敌人一个营，上游泸定、冷碛有敌人三个团，下游石棉有敌人两个团。那些民团还以为红二连真的是“中央军”，连忙招待吸烟喝茶。二连突然命令他们缴枪，敌人愣了。他们万没想到，昨天红军还在很远的冕宁县，今晨便象〔像〕天兵降临新民街。我们俘虏了敌连长，缴获了他们摆渡的一只船。

刘司令、聂政委由李师长、黄政委、谭主任等陪同来到新民街渡口，只见江水咆哮，枪声激烈，对岸川军不时地向我射击，企图打烂这只船。二连连长熊尚林立即招呼战士们把船藏起来，这船是我们渡大渡河的宝贝呀！

六月三日　晴

师政召开政工会议，由谭主任主持，黄甦政委传达军委指示：继续北上，要打几仗，翻过雪山到懋功去同红四方面军会师。

上级提出几点要求：

1．要充分理解北上会师的意义；

2．要整顿纪律，加强组织纪律性，克服在白区行动大半年造成的松懈现象；

3．加强党支部的堡垒作用，坚决执行党的阶级路线，注意群众纪律，人人都理个发，穿好点，振作精神，准备过雪山后同红四方面军会师。

十一月十八日　晴

昨晚七时起运动部队，今日拂晓前，我一军团和十五军团已将东北军牛元峰的一〇九师包围在直罗镇旁的一条山川里，将董英斌的一〇六师围堵在黑水寺旁。红军按照毛主席的命令，要在直罗镇一带打一个大

红一军团与红十五军团会师遗址

歼灭战，庆贺中央红军和陕北红军胜利会师。

晨七时，正在行军中，前面的同志一个接一个传送军团首长的指示：肖忠渭同志速来有事。我立即跑步到军团首长那里，聂荣臻政委、左权参谋长要我带个通讯员下山，向毛主席、周副主席汇报：我们一军团已于凌晨五点半钟在直罗镇东北、正北和西北方向全面展开，十三团在直罗镇东北协同十五军团的部队拦腰阻击敌人，红二师在直罗镇西北大山上，红四师正向黑水寺运动，一切按照毛主席的指示作了部署。军团指挥所在南山坡。问毛主席有什么指示。接受任务后，我带着通讯员飞跑起来。到了北山坡上，我走到毛主席跟前，行了个军礼，将军团首长的话报告了他。毛主席听后沉思了片刻，随即站起身来，右手指向直罗镇南山说，你回去告诉你们军团首长，这个仗一定要打好！你们二师突击到直罗镇时要很好协同十五军团作战，彭德怀同志跟十五军团行动，要特别注意同他联系，要加强团结和协作。毛主席用十分肯定的口气说：我们要的是歼灭战，不要击溃战。我牢牢记住毛主席的指示，迅速赶回军团指挥所去。

在归途中，路过第五个山头时，看到黄甦政委的遗体。前天他还对我说，中央调他到陕南七十三师当政委，直罗镇战役传到他耳边，他坚决要求等打完这一仗后再去任职，现在却不幸中弹牺牲了。[①]黄甦同志是红军的好指挥员，中国共产党的优秀儿子。他参加过广州暴动、左右江暴动，是红七军的领导者之一。我悲痛地脱帽、立正，站在黄甦同志的遗体旁，静默三分钟，然后向黄甦同志说：敬爱的老政委，向您默哀！向您学习！

晚七时左右，在一个山梁斜坡的小沟边，找到了军团首长，转达了毛主席的指示。这时，红二师已冲进直罗镇，十五军团在南山把敌人的指挥系统打乱了，敌人就象〔像〕乱杆下的鸭子溃败下来。经过两个多小时的激战，牛元峰的一〇九师被歼，牛师长被活捉。董英斌一〇六师的一个团也被歼。敌一〇八师、一一一师不得不退回甘肃合水县。敌东路一一七师也不得不退出鄜县。陕北苏区出现了一个新的局面。

这次战斗中，我军团直属队捉到四百多名俘虏，缴获牲口百余匹，枪炮无数。

战斗结束后，部队转移到桃岸宿营。深夜，我的心一直不能平静，不时眼望北山坡，似远处有灯火，也许毛主席、周副主席仍在指挥阵地上，拨弄蒋介石继续犯错误。毛主席、周副主席多么辛苦，率领我们一路长征，到陕北后，脚未歇，就亲临前线，指挥这场有决定意义的战役。

肖锋：《长征日记》，上海：上海人民出版社，1979年，第25—139页。

① 黄甦牺牲于1935年11月21日，此处11月18日，或为作者补记。——编者注。

回忆长征[①]

耿飚[②]

长征中我有一架照相机，拍了不少照片。有战场风光的，也有俘虏群或战利品的。大多数是为同志们拍的生活照。我还坚持天天记日记。翻着那本厚厚的日记，一路上的山山水水又浮现在眼前。

日记上记载着我们先后攻占的几十个城镇，跨过的十多个省区，建立的数百个苏维埃政府，上千名支援过红军的各族人民。一年中，打仗的时间仅有月余，休整的时间六七十天，其余的二百六十多天，我们一直在行军，这真是一次名副其实的二万五千里远征啊！

长征使我这个不会游水的“旱鸭子”，不得不在枪林弹雨中渡过一条条湍急的河流。有于都河、信丰河、潇水河、湘江、清水江、乌江、赤水河、北盘江、金沙江、大渡河、白龙江、渭河、洛河……以及它们数不清的支流。为了夺取那些险要的关隘，我们还翻过了五岭山、苗山、雷公山、娄山、云雾山、大凉山、六盘山……这些山中大大小小的山峰上，都留下了红军的一串串足迹……

使我久久注视的还有那些在长征中拍下的照片，许多战友已经长眠了。

这是毛振华烈士，强渡乌江的英雄。他在桐梓城留下的身影，充满了青春活力。他老是念念不忘，在“八一”起义后，丢失了一把为贺龙同志保管的小勺，总是担心“胜利后见到贺军长该怎么说呢？”……他

① 题目为编著所加。——编者注。

② 耿飚（1909—2000），湖南醴陵人。1925年加入中国共产主义青年团，1928年转入中国共产党。1930年7月起参加红军。曾任国务院副总理，中央军委常委、秘书长，国务委员兼国防部长等职。

没有等到那一天，在长征最后的一场战斗里，洒尽了青春热血。

这是黄甦同志。他是省港罢工的纠察队长，广州起义的敢死队长。在藤田改编时，我们曾吃过一次只有盐巴的“白斩鸡”。在草地绝粮的时候，我们猎到了一只黄羊，可他又偏偏是个不吃羊肉的人，当时我只能拿出最后几支烟让他压压饿。他看我抱歉的样子，开朗地说：“参谋长你不用遗憾，等到了根据地，你尽管请我吃鸡、吃鱼、吃肉，我会有请必到的。”我说：“黄政委，讲定了，到时可别不来哟！”哈达铺改编时我们分手，他到四团去代理政委。直罗镇战斗之前，他接到了到新单位去任政委的通知。由于杨成武同志（改编后任团长）住院，他坚决要求打完再走，谁知竟不幸中弹，把鲜血浇在了奠基礼的土地上；永远留在直罗镇的还有原红四团参谋长李英华。他可真是名符其实的一代“英才”和“精华”。在我们所有的合影里，他总是用右手卡着腰，似乎随时都要投入战斗。就在他已经担负起指挥一个团的重任时，被敌机打中，我军又一颗将星溘然殒落……

这个总是以马为背景的是我的马夫老谢。福建建宁人，长着北方人般的络腮胡子，憨厚得像个庄稼汉。在两河口，我那匹骡子走失后，他难过得三天没吃下饭，只是一再把着旱烟袋生自己的闷气，想一阵，捶着自己的脑袋骂一句：“该死哟！”在水草地上，他把能找到的食用草都喂了马，自己吃棉絮……他在走出草地后的白龙江栈道上，为了哄马过山，失足掉进了深渊……

哦！这个只留下一张照片的是我的叔叔——我从家乡带出来当红军的耿道丰同志。他是四团通信排副排长。长年累月的篾匠生涯使他的背有些佝偻，人们爱喊他“醴陵驼子”。他打的草鞋是全团闻名的，总是比别人打的多两道绊子，又结实又跟脚，有多少同志从他那里领到过草鞋哟……他病倒在乌蒙山那雾蒙蒙的深林里，与大山化为一体了。战友们只能把一个电话线的木拐埋在他的坟头，算是墓碑吧！

……

一九三六年，我在“红大”学习，莫文骅同志曾对我说，让我们写一本长征二万五千里的书吧！我说，应该写，我有日记和照片为素材。他对这些宝贵的资料赞叹不已。由于斯诺正在延安访问，陆定一同志把这些照片和资料借去供他参考，可惜辗转丢失了。只有那架老式照相机，无声地向人们诉说着它曾见到的一切。

我补记了直罗镇战斗的日记。明天，将有新的征途在等待着我们。

耿飚：《耿飚回忆录》，北京：解放军出版社，1991年，第323—326页。

毛泽东同志亲自传达遵义会议精神

李聚奎[1]

当我师在猿猴场渡口准备渡河时，毛泽东同志派总司令部的一位参谋到渡口来找我们，要我和政委黄甦、参谋长耿飚、政治部主任谭政同志到他们那里去。这是我在长征途中第三次见到毛泽东同志。

毛泽东同志这次见到我们（耿飚同志因指挥部队过河未到）时，对我们讲了三个问题。第一个问题是遵义会议。毛泽东同志告诉我们中央召开了政治局扩大会议，解决了军委的领导问题。并说恩来同志起了重要作用。

这是我们红一师的领导同志第一次听到了遵义会议的有关情况。而且还是由毛泽东同志亲自给我们讲的。因此印象特别深刻。

当我们听到这次会议"解决了军委的领导问题"时，大家非常高兴。因为这个问题，是长征以来大家最关心的问题，是当时党心所向，军心所归。虽然黎平会议决定转兵黔北以后，我军已由原来处处同敌人"决一死战"的方针改为"避强攻弱""避实击虚"的方针，不再往敌人布置好的口袋里钻了。但是军事领导上的问题不解决，还难以从根本上保证长征的胜利。遵义会议精神所以过了十多天以后才传到红一师，分析起来，大概有以下几方面的原因。一方面因为一军团在党中央召开遵义会议之前，已进到离遵义五十公里以外的桐梓、松坎地区，且遵义会议一结束，我师就奉命作为先头部队向赤水方向前进。军情紧急，来不及向我们传达。另一方面是参加遵义会议的军团政委聂荣臻同志，因

① 李聚奎（1901—1995），湖南安化人。1926年参加国民革命军。1928年7月参加平江起义。1958年授上将军衔。长征时担任红一军团第一师师长，与黄甦搭档。

脚打泡化脓未好，坐担架随中央纵队行军，没有回到前方部队。再一方面，不能不说同林彪对遵义会议的态度暧昧有关。在第五次反“围剿”中，林彪是李德“短促突击”战术的积极鼓吹者和追随者；在遵义会议上当李德受到批评时，林彪又没有发什么言，遵义会议结束后，林彪又同意李德跟一军团行动“体验生活”。因此，虽然林彪在参加遵义会议后就回到了部队，但却没有及时地给我们传达会议精神。当然，这是事后的分析，当时我并没有察觉到这一点。

毛泽东同志讲的第二个问题是关于机动灵活的战略战术问题。他说：“你们一师在长征途中几次被敌人侧击，都随机应变地处理得很好，你们避开了敌人的锋芒，按照军委的意图，当机立断，这是正确地执行了军委的命令，今后这样的情况还会很多，就是要发挥机动灵活的作战方法。”

机动灵活，是毛泽东同志一贯倡导的战略战术指导原则。在中央苏区的一、二、三次反“围剿”中，毛泽东同志面对强大的敌人，采取了诱敌深入，隐蔽主力，突然袭击，先打弱敌，后打强敌，各个击破等一系列机动灵活的战略战术原则，指挥我军连续取得胜利。在第四次反“围剿”中，也由于继续运用了毛泽东同志关于机动灵活的战略战术思想，因此仍然取得了伟大的胜利。而这时毛泽东同志所以又再强调发挥机动灵活的作战方法，其用意，按我当时的理解，除了要我们不要忘记五次反“围剿”以来的经验教训之外，着重还是告诉我们，不要因为目前军委改变从宜宾到泸州一带北渡长江的计划而产生别的什么想法；而且“今后这样的情况还会很多”，要作好思想上的准备。

毛泽东同志对我们讲的第三个问题是关于部队的缩编问题，毛泽东同志说：“部队到扎西以后要进行缩编。准备把师改为团。你（指我）这个师长就要当团长啦！”接着，毛泽东同志问我：

“你看行不行？”

“行！没有问题！”我回答说。

“对啊！应该没有问题，你就只有那几个兵嘛！名义上虽是一个师，实际上只是一个团。”

毛主席又问：“你们一师还有多少人？”

“还有三千多人。”我回答说。

“三千多人编一个团又太多了点，这个到时候根据情况再定吧！”（后来到扎西，一军团除把师直属队精简之外，其余编制未变。）

当时我和黄甦、谭政同志都为能得到毛泽东的亲自指示而特别高兴，回来后立即向师里的其他干部作了传达。大家听了都非常兴奋，表示一定要按毛泽东同志讲的办。

“红军的作战线，服从于红军的作战方向。作战方向不固定，影响到作战线不固定。大方向虽在一个时期中是不变更的，然而大方向内的小方向则是随时变更的，一个方向受了限制，就得转到另一个方向去。一个时期之后大方向也受了限制，就连这种大方向也得变更了。”这是毛泽东同志一九三六年写进《中国革命战争的战略问题》中的话，而在当时也就是这样做的。

李聚奎：《李聚奎回忆录》，北京：解放军出版社，1986年，第132—136页。

四渡赤水　再克遵义

耿飚

一九三五年一月十七日，我奉命调到红一师任参谋长。

命令来的有些突然，当时，我们红四团正在松坎休整，总结乌江和娄山关战斗，并负责警戒四川重庆方面来的敌人。我们把前哨一直放到二十里外的山上，从那里可以隔江看到川南的情况。

当时还不知道遵义正在召开具有伟大历史意义的中央政治局扩大会议（即遵义会议），只是按照命令在松坎警戒。连日无战事，我与杨成武同志在巡视部队之余，常常借一块向阳的土坎或背风的草垛，躺在那里晒太阳。因为他是伤口初愈，我是大病刚好，借着早春那暖洋洋的日光，恢复一下体力，迎接更大的战斗。我那一阵迷上了口琴，一躺下来，便拿出口琴吹支歌子。有一次，不知哪位同志和着我的口琴声唱了起来：

哎呀来！
炮火声呀战号声，
唱个山歌给你听，
快与敌人决死战，
红军哥呀，
一马打到抚州城。
哎呀来！
多捉师长送你们，
姐妹不必挂在心，
前次捉了陈麻子，
同志妹哟，
这次要捉“总司令”……

这是在江西时红军剧社编的一首男女声对唱，这位同志又学男又学女，唱得警卫员们都拍手叫好。我正吹得在兴头上，二十一岁的杨成武同志翻身坐起，推动我的身子，让我停下来：

“哎！我说同志哥，等革命胜利了，你最大的愿望是哪样？”

我先不回答他，“多多米米”地吹下去，逗得这个比我年轻四岁的小老弟发急了，然后才慢慢地反问：

“你说呢？”

“他们都说莫斯科不错，咱们将来要能到那里去一趟，该多好。”他又翻身躺下去。这时，我从他的脸上看到了娃娃般的天真神情。而我大概也“成熟”不了多少，便接话道：

“对！咱们呀，一块去。”

“带上红四团。”杨成武同志说。

“要得要得。还是潘峰带侦察队当前兵（即尖兵）。不过，我可得换换骡子，你那匹骡子蹬蹶子呢。”

“……哈哈哈。”温馨的春日里，回响起一阵阵爽朗的笑声。

那时，我们觉得世界上只有莫斯科是个“圣地”，一有空就猜那“红场”有多大。建国后我出任大使，路过莫斯科，特意去了一趟红场。结果使我有点遗憾：原来，那红场还没咱们天安门广场三分之一大。

当然，那时我们向往红场，主要是因为那里是列宁领导俄国革命取得胜利的地方。

我与杨成武同志在一起两年的时间，带领红四团浴血奋战，结下了很深的战斗友谊。所以当接到调我去红一师的命令后，彼此都有点恋恋不舍。那时也没什么条件搞欢送会，我们一起到连排去看望了同志们，有的同志还抹眼泪。

我说，反正还在一个军团，在战场上会天天见面的。

新任团长卢子美还未到任。我向杨成武和李英华同志交待了工作和指挥器材，便上路了。考虑到杨成武同志的腿伤，我执意要把我那头比较温顺的骡子留给他。因为在没有团长的情况下，政委的担子就更重了，没有顺心的脚力怎么行？

杨成武同志说什么也不肯留。他说：“你当了师参谋长，比我的担子更重，更需要。骑走，骑走！”

告别那天，杨成武同志送了一程又一程，我的警卫员杨力牵着那匹性情温顺的骡子跟在后边。直到一道高高的土坎上，我们才依依惜别，我上马挥手，直向桐梓奔去。

桐梓城已经成了红一军团的大本营，到处是大标语。红军战士在街上宣传共产党的主张。往日军阀豪绅住的那些小洋楼，驻满了红军机关和部队，市面上秩序井然，红军买卖公平，许多店铺正在为各部队赶制定做的干粮和服装。当时红军的纸币在这里还不流通。各单位便到毛泽民同志领导的“中央人民政府银行”去兑换成光洋。群众连夸红军“好！好！”穿上了新军装的战士们列队行进在街上，可神气了。

我到了一师师部，向师长李聚奎、政委黄甦报到，接替了原参谋长聂鹤亭的职务。我在红三军九师任参谋长时，李聚奎同志就担任过九师师长，他指挥战斗的特点我十分熟悉。熟人相见，分外亲切。中午，师部还专门杀了一口肥猪，我们用大脸盆盛肉，围在一起，吃了个痛快。

我到任的当天，军团长林彪也从遵义开完会回来了（聂政委由于脚伤未到），与他一起来的还有“共产国际代表”李德。李德一句话也不说，神情抑郁，怕见人似地溜到他的住处，一直没有露面。当晚，军团命令我们向川西宜宾、泸州一线进军。

从各方面汇拢来的敌情是这样的：我一方面军攻下遵义后，蒋介石既怕中央红军北进四川，同活跃在那里的四方面军会合；又怕中央红军东出湖南，同战斗在那里的红二军团和红六军团会合，因此，他急令湘、鄂、川、陕四省敌军，加紧对红四方面军及二、六军团的围攻，同时，调集了他的嫡系薛岳兵团和全部黔军以及四川、湖南、云南、广西的主力部队，向遵义实施进逼包围。我们收到的军团通报说，薛岳指挥的吴奇伟、周浑元两个纵队共八个师之众，已经尾追我军进入贵州。军委命令我们向川南急进，目的是打破敌人这种四面围攻的严重局面，北渡长江。

红一师作为右纵从桐梓出发，经箭头垭进入四川，驻在一个叫石壕村的小地方。这一路上没有大的战斗，因为敌人主力还在调动中，但沿途那些地主民团的武装十分讨厌。这一带地主武装的格局，与我们在江西见到的那些“土围子”不同。他们往往利用山上的巨大溶洞做据点，纠集一些亡命之徒（其中大部分是顽匪），骚扰和袭击我们。这些可恶的家伙“狡兔三窟”，十分难缠。为了保证主力部队顺利行军，我便派出几个侦察小组，配以工兵，沿途在前方一定范围内专打这些匪洞。只要把他们面向我们行军路径的洞口炸塌，这些地方民团也就没什么大威胁了。

从石壕出发后，陆续与敌人主力接触，但都没有发生大的战斗。一月二十四日，我们抵达土城镇。黔军刘翰吾部队已占领了一些高地，一见红军到达，跑得比兔子还快，窜回赤水县城去了。

刘翰吾从土城逃回赤水，大造“赤匪大兵压境，无力阻挡”的舆论，以掩盖其败绩。这种惊恐的情绪，使敌人慌忙调大军堵截。川军章安平旅急急从先市过赤水河，沿公路迎头杀来。敌十三旅达凤冈部，进入赤水县城，与逃往那里的“双枪将”侯之担残部，联手布防，其一个团沿赤水河逆流而上，做前卫阻击状。

二十五日，我红一师到达旺隆场，决定按军委命令，拿下赤水县城。作为参谋长，我便带领侦察队前出，了解赤水敌情。我们化装成一些找活干的老百姓，在一个小镇子上打尖。这时，恰好敌人的镇长在抓挑夫，要把一捆捆的谷草挑到赤水县城去给刚刚开到县城的川军做铺草用。他看见了我们，就想抓我们。我一看苗头不对，就派一名侦察队员去和他周旋，其余的人，乘着乱烘烘〔哄哄〕的情景，迅速偷偷离开。过了一会，那名侦察队员也溜回来了。

我向李聚奎同志汇报了这个情况，觉得可以利用“送干草”为掩护，把一支尖兵派进城去，待攻城时做个内应。当天晚上，我们在旺隆场召开作战会议，决定由红三团做前卫并派出尖兵入城。

我连夜与他们商定了作战方案。选两个排的兵力，将枪支藏在草捆里，化装成挑夫。前卫营尾随其后相隔约半里路光景跟进，第二天拂晓行动。

哪知，第二天当我们按计划行动后，化妆〔装〕成挑夫的尖兵，与两股敌人遭遇，敌人在盘问中，发现这些“挑夫”的口音不对，说的是“江西式贵州话”，便发生怀疑。前卫营一见不妙，立即先敌开火，一场遭遇战就这样打响了。

红三团与敌人交火时，师部主力尚在行军中。敌抢先占领了右侧的高地，先与三团形成对峙，接着，敌人设在左侧的堡垒也展开火力，把我们压制在狭窄的正面上，不能展开作战。李聚奎同志命令设法解除敌钳制，我当即率能攻善战的红一团占领黄皮洞高地，居高临下向敌人反击，局势稍有缓和。但这时，敌人右卫第二团又增援上来，在羊蹄山、平桥附近与我军接触，旋即抢占鸡公山，控制了右翼。

尽管是一场遭遇战，且形势于我不利，但红军将士异常勇敢。已经交火的部队，拼死扩大防线；尚未展开的部队，在指挥员的率领下，快速机动，克服一切困难占领有利地形，投入战斗。尽管敌人又有几个团相继赶来参战，并增配了炮兵，仍然不能前进一步，双方形成对峙。

就在我们大战黄皮洞的同时，中央纵队与三、五、九军团也已抵达土城。他们与温水开来的郭勋祺旅和潘佐旅第六团（均为川军）在青杠坡、石羔嘴一带，也打成了对峙。是日，整个土城地区枪炮齐鸣，杀声震天，这场恶战整整打了一天。

这股川军是初出巢穴，锐气正炽，敌人的旅、团长等都上阵督战，因此比较难啃。但是他们同其他敌军一样，深知与我军作战，时间拖长了于自己不利，都急于尽快取胜，便频频向后方呼叫援兵。四川省“主席”兼“剿匪总司令”刘湘所调集的三十多个团的兵力，便从四面八方围来。

激战中，刚开完遵义会议的毛泽东、周恩来、朱德等同志都亲临现场指挥。鉴于鏖战终日，虽歼敌一部，但敌人援兵将至，原定占赤水、向北渡长江的计划，已经注定受阻，久战对我不利。于是，军委当机立断，下令连夜撤出战斗。一军团二师返回元厚集结，我们红一师做后卫，在旺隆至元厚间阻击敌人。我与红二团一起，坚持到第二天黄昏才撤出战斗。

我与谭政主任（一师政治部主任）处理好伤员时，已是二十八日晚上，军团长林彪打电话给我，要我到渡口去指挥部队渡河。林彪在电话里说，你去当个调整哨，过河要快，但不能乱。

赤水河是长江的一条支流，发源于乌蒙山（云南镇雄），河面时宽时窄，流速时缓时疾，是川、黔、滇交界处的一条重要水道。为了解决背水迎敌的困境，必须迅速架起一座要渡几万兵马的浮桥。工兵分队的同志们做了最大的努力，一夜之间，架成了两座浮桥。

我们的渡河地点在猿猴渡口（即元厚场），仍然是军委工兵营长王耀南同志在指挥架桥。我赶到现场后，用七只盐船搭成的浮桥已经架好。这些船是伪区长范小赖拉的民船，准备接应川军用的，现在成了我们的渡河工具。我站在桥头，命令先到达的部队过河，告诉他们不要拥挤，不要在桥上走齐步。就这样送走一支，再接一支，整整过了一夜。

为了防止这些船再被敌人利用，我们向船主付了钱，把船炸毁，以断敌追路。

当我回到师部后，才知道在我指挥部队过河时，毛泽东同志曾经派总司令部的同志通知，要李聚奎、黄甦、谭政和我到他那里去。由于我未能去，毛主席便给我写了一封信带回。毛主席那天向我们师的领导传达了遵义会议精神。据李聚奎同志回忆，毛泽东同志说，遵义会议解决了军委领导问题，并说，周恩来同志起了重要作用。毛主席还讲了我们应采取的灵活机动战略战术和部队整编问题。

毛主席在给我捎来的信中，表扬了我和原四团同志们在道州、乌江几次架桥的任务完成得好，保障了大部队通过。我听到这些消息和接到毛主席的信，自然十分高兴。

我军一渡赤水后，把川军远远地甩在后面。我红一师派三团围着赤水河打转转，掩护我军主力行动。红三团曾多次陷入敌人重围，队伍被打散又聚起来，与主力失掉联系，又根据兄弟部队用过的路标找回来，在团长黄永胜、政委林龙发的带领下，于二月十五日归建。二月二十日，红军二渡赤水，彻底摆脱了川军，使蒋介石包围红军的美梦破灭。

二渡赤水前，李聚奎师长让我给部队作一个形势和任务的报告，我就趁在云南镇州短期休整的机会，召集全师军人大会。那时还没有秘书起草报告的条件，我便画了一张很大的地图，画好之后走到一百多步的地方试试是否看得见，就以这张图做辅助，讲了敌人四十万大军从东南、西南、正北三个方向向我军紧逼的情况。由于敌我双方用红黑颜色做了区别，因此大家听得、看得都十分明白。我说："为了突破这个包围圈，我军暂不向西了，要在贵州、云南、四川边界上实施战略机动，与蒋介石捉上一阵子迷藏再说。"我最后特别说明"这是毛主席决定的"时，大家热烈地鼓起掌来。

我们在古蔺二渡赤水以后，红一师的行动路线大体上是磨家山—二朗滩—水口寺—太平渡—黄泥坡—范家田—圆水罐—梭坎上—观音石—岔水—施家坟—团山堡—金堂寺，然后一头扎进桐梓县境，占领高桥镇。

这是一段"弯弯绕"式的奇特行军，有的同志说："哎呀，我都转迷糊了。"我说："那就说明蒋介石更迷糊了。"过去那总是追在屁股后面的枪炮声不见了，我们可以安安稳稳地休整几天了。因为，那个振奋人心的遵义会议决议，还没来得及向部队传达哩。黄甦政委和我开玩笑说："你这当参谋长的，可得给咱找个好地方开会哟。"我说："要得嘛，没别的，大地主四合院，拣最好的作会场，警戒放出去二十里，保证会议开得舒服、安全。”

我们用两天的时间在营以上干部中传达学习了遵义会议决议，每人发一张《告红军指战员书》。这份珍贵的历史文件，我一直保存在身边。

中央军委审时度势，纵观全局，决定利用敌人判断我军仍要“向北流窜”的错觉，挥戈东南，给比较薄弱的黔军以出其不意的打击，再克遵义，重入贵州。

毛主席这一着，真是一手绝妙好棋。

当时，敌人的各路大军，几乎全部被我们引到了川滇黔边界，我四方面军也在长江以北积极配合。敌人断定，我中央红军必向北渡长江，与四方面军会合无疑。当我们红一团突然掉头攻击桐梓城的时候，城里只有两个连的守敌。这些被我军打怕了的“双枪兵”立即向娄山关逃去。二十五日拂晓，我军重占桐梓，第二次攻占遵义的战役打响了。各路红军沿公路向南急进。这一带是我们刚刚离开的地方，地形很熟悉，人民记忆犹新，甚至连向导都是告别不久的熟人，一听说红军又回来了，纷纷打问各部队番号，自动前来引路。同时有许多伤员也伤愈归队。

耿飚：《耿飚回忆录》，北京：中华书局，2009年，第273—284页。

会合红四方面军

李聚奎

我师占领芦山后，一军团二师担任前卫，经宝兴翻过夹金山与红四方面军的第四军会合。一师随二师跟进。夹金山海拔四千二百多公尺，山上终年积雪，人称“神仙山”，意思是说只有神仙才能过得去。红军从云南进入四川时，正是炎热的夏天，部队指战员都是南方人，从来没有见过冰天雪地，更料想不到六月天气山上还有雪。可是当我们进入宝兴境内时，只见前面山峰高耸入云，团团云雾在它的四周盘旋，满山白雪皑皑，反射出刺眼的光芒，这一奇异的景色使大家惊叹不已。

这时，不断传来先头部队红二师从当地群众那里了解到的情况：据当地居民讲，山上大雪纷飞，气候变幻无常，要想过山，必须在上午九时以后，下午三时以前，而且要多穿衣服，喝些白酒、辣椒汤，使身体温暖。最好拿根拐棍，防止滑倒。此外，居民还说在山上不准大声讲话，不准哈笑，不准坐下，如果那样，山神就会把你打死。在山上不要大声讲话、哈笑和坐下，在那种气候条件下，是有一定科学道理的，因为大声讲话、哈笑，消耗人的气力；坐下，不活动，会把人冻僵。但居民把这些现象说成是山神的惩罚，则是由于对他们不能作科学解释的缘故。

当时，我们对过夹金山在精神上和物质上的准备是比较充分的。早在从芦山出发时，各级指挥员就向部队作了过雪山的动员，并不断把在雪山上可能遇到的困难向部队作了交代。同时组织了强帮弱，大助小，争取不掉一个人，不失一匹马。此外，每个人都准备了足够的干粮，一路上部队的情绪很高。“翻越夹金山，气死活神仙！”“制服大雪山，会合四方面军！”的口号声彼伏此起。

六月十三日九时，我师部队浩浩荡荡向夹金山进发。刚到山上接近积雪的地段时，便觉寒冷透骨。像赤身进入冰窖一般。开始路还好走，也不太陡，一进入积雪中心地带，只见左右雪崖陡立，道路晶亮溜滑，稍不小心，就会滚下山崖、掉进雪堆里。越往上爬，越觉奇寒袭身，浑身哆嗦，牙齿打颤，不少战士虽然把被子、毯子披在身上，也无济于事。到了山顶，气候变化莫测，时而狂风呼啸，雪花飞扬，天地混沌一片；时而阳光喷薄，四外炽白，刺得人眼难睁。同时，越到高处，空气也越稀薄，使人呼吸困难，头晕腿软，喘不过气，大家只能闷着头往前走。这时，有的同志累极了，想坐下来休息。各级干部连忙前后招呼："同志们，赶紧走！快到懋功会合四方面军去，这里不能停呀！"同志们听到呼喊，坚持着向前走了；一些已经坐下的同志，也马上站了起来，在别人的搀扶下前进了。

约摸是下午三四点钟的光景，大家终于爬到了山顶。该下坡了，下坡比上坡好走得多。这时大家的劲头更大了，步子迈得特别快。当天傍晚我师翻过了夹金山。

翻过夹金山以后，部队进入了藏民游牧区。这一带的藏民信奉喇嘛教，每个圩镇都有建得富丽堂皇的喇嘛寺，晚上一家人均团聚在一起烤火念经。他们生活简单，以牛、羊肉和青稞为主要食品；民性甚强，为人讲义气，重信用，民族团结心很强。四川一些商人，经常出入这带做生意，他们用一些日用品换取藏民的牛羊、皮毛，运往四川成都出卖，但交换很不合理。据说四川商人用一盒火柴（当时叫洋火）就可以向藏民换到一只羊，所以根本不是什么等价交换。可是当时藏民都很乐意，认为这是给他们带来了"光明"。有的商人换到牛、羊以后，一时带不走，就寄在卖主家里代养，藏民不但无代价地代为饲养，而且连从寄养的牛、羊中产下的仔子，都如数交给买主。

我们来到这个地区，开始大家很高兴，以为到了游牧区，吃肉肯定没什么问题。可是由于藏民误信敌人的宣传，不但把牛、羊赶走了，而且人也跑光了，粮食也埋藏起来了。而我们所带的粮食已经吃完，顿时部队的口粮无以为继，饥饿成了严重的问题。

部队到达马河口时已经断炊两天了，个人带的一点干粮也吃完了。怎么办呢？有的提出来说，地里的豌豆苗可以采摘来吃。师政治委员黄甦同志觉得这是违犯群众纪律，不同意。可是人总是要吃饭的，红军也不例外，总不能饿着肚子行军。后来，师政治部主任谭政同志出了个主意。他说，为了不损害群众的利益，可以在摘采群众的豌豆苗后，在地头上放上几块钱作为赔偿，并插上木牌说明。大家觉得这是没有办法的办法，也就这样做了。

我师越过懋功（没有进入懋功城）抵两河口时，就同红四方面军的三十军第八十八师会合了。两师相会，像遇到了久别的亲人一样，高兴的情景，真是无法形容。

那时八十八师已在两河口驻扎多时了。我们部队到达后，我和师里的其他领导同志即会见了八十八师的师长熊厚发、政治委员郑维山。熊厚发同志那时才二十一岁，身材不高，圆盘脸上长着一双炯炯有神的大眼睛，举止文雅，初看去，很像一个大姑娘。郑维山同志那时也不过二十四五岁，也是一个长得很英俊的小伙子。一见面，熊师长操着满口的湖北口音说："欢迎！欢迎！我们早就盼望着会合红一方面军了，这一天终于到来了！"两军会合了，今后红军的力量更加强大了。因此双方都很高兴，很激动，一直谈了几个小时才离开。八十八师部队还在我们来到两河口时，从给养上给了我们一些支援，使我们很受感动。

六月二十五日，毛泽东、周恩来、朱德、张闻天、博古等中央领导同志和总参谋长刘伯承从抚边来到两河口，欢迎政治局委员、四方面军领导人张国焘。那天张国焘在一个警卫排的保护之下，从茂县赶来与中央领导同志会晤。会见时，部队还在大雨滂沱中举行了欢迎仪式。欢迎仪式由一军团政治委员聂荣臻同志主持，朱德同志和张国焘讲话。接着就召开了中央政治局会议，讨论了一、四方面军会合后的战略方针问题。会议决定：在一、四方面军会合后，我们的战略方针是集中主力向北进攻，在运动战中大量歼灭敌人，首先取得甘肃南部，以创造川陕甘苏区根据地，使中国苏维埃运动放在更巩固、更广大的基础上，以争取中国西北各省以至全中国的胜利。

两河口会议以后，我师在军团首长的率领下，继续向北前进，中间又翻越了梦笔山、长板山等不亚于夹金山的大雪山，但由于大家有了经验，准备充足，就没有像过夹金山那样紧张了。随后，我师部队到了毛儿盖，并在那里驻了一个多月的时间。

李聚奎：《李聚奎回忆录》，北京：解放军出版社，1986年，第152—156页。

打直罗镇　献奠基礼

聂荣臻

一九三五年的十一月，陕北高原早已是雪花飘飘了。

由徐海东同志率领先期到达陕北的红二十五军与刘志丹同志领导的红二十七军合编为十五军团。一军团和十五军团合称为第一方面军。此外，尚有陕北地方主力部队红二十六军和二十八军。同时西北革命军事委员会也宣布成立，由毛泽东任主席，周恩来、彭德怀同志任副主席，统一指挥红军作战。红军在陕北的阵容大振，这时候蒋介石胁迫东北军组织了五个师，向陕北根据地进攻，企图合围我军于葫芦河与洛河之间的地区而消灭之。敌南路六十七军王以哲的一一七师，沿洛川、鄜县（今富县）大道北上，敌西路由五十七军董英斌率领一〇九、一〇六、一〇八、一一一等四个师，从甘肃庆阳、合水沿葫芦河向鄜县方向前进。其先头两个师，一〇九师和一〇六师，十一月初占领了太白镇以后又占领了黑水寺，有向直罗镇方向前进的模样。这两个师就成为毛泽东同志物色歼灭的目标。歼灭地点就预先选定在直罗镇。

这是一个严寒的冬天，而一军团当时尚缺两千多套棉衣补给不上，部队在陕北透骨钻心的寒风中致病送医院的先后达千余人次。部队靠士气旺盛御寒，寄希望于打一个胜仗解决棉衣等军需、给养问题。

毛泽东同志亲自指挥红十五军团和一军团打了这一漂亮的歼灭战。十一月五日，毛泽东同志就要我和林彪到象鼻子湾军委总部开会，确定了打直罗镇战役的总的决心，开始研究制定战役计划。战役发起的前两天，毛泽东同志即组织十五军团和一军团团以上的干部在张村驿会合，到直罗镇西南面的小山头上看地形，研究具体部署。直罗镇是一个不到百户人家的小镇子，三面环山，镇子的北面有一条小河流过。镇子的东头有座古老的破寨子。大家认为把敌人放进直罗镇歼灭，地形对我十分有利。

二十日下午在我们小部队节节抗击下，敌人进了直罗镇。先开进直罗镇的是敌人的一〇九师的三个团和一一一师的一个团，后面的一〇九师开到黑水寺附近，就不太敢向前进了。于是一〇九师就成为我们先歼灭的对象。

规定接敌的那一天晚上，我们一军团走错了路，毛泽东同志比我们还先到。我们带着部队到达时，他说："唉呀，我等你们好久了，你们怎么现在才到。"于是，赶紧按预先区分的任务，开进接敌。

整个的部署是按毛泽东同志"要的是歼灭战"的指导思想部署的。十五军团基本上是由南向北，一军团是由北向南，当天夜间从四面八方包围了直罗镇。

一军团的二师和四师都参加了这次战斗。当时进到直罗镇的敌人部署是：在河北面是一〇九师的两个团和师直属队，另两个团在河南。我军的大体部署是这样的：十三团配合十五军团从药埠头以北地区，由南向北拦头突击敌人，四师一个团直插黑水寺，一方面堵住敌人的退路，一方面钳制黑水寺的敌人。二师、第一团及四师另两个团由北向南直接攻击直罗镇的敌军。

毛泽东同志的指挥所设在北山坡吴家台北端高地几个破窑洞附近，直接观察战场情况，指挥战斗。彭德怀司令、徐海东军团长则指挥十五军团和十三团，我和林彪跟随一军团主力，直接指挥作战。十一月二十一日拂晓前五时半，我们已部署完毕，拂晓发起战斗。冲锋号一响，山鸣谷应。千军万马，直冲敌人营垒。冲杀拼刺之声震天。打到上午十一时左右，二师已攻入直罗镇，十五军团也将敌人设在南面山上的阵地攻破。敌人在天上虽然有六架飞机耀武扬威，但是地面的指挥体系已被打乱。不过敌人还想垂死挣扎。打到中午，忽然上来一股敌人，约摸有一团人的样子，直向一军团指挥部所在的山头上冲来，企图向西突围出去。敌人向我们越逼越近。这个阵地，原来我们是命令二师陈光带一个团来占领的。可是他们还没有到达，敌人就上来了，我们只得带着直属部队，面对面地阻击敌人。我们当时身边只有一个警卫排，将警卫连派去保卫毛泽东同志去了。我们命令这个警卫排就地死守，左权参谋长叫通信员赶紧把侦察连、工兵连调上来，还命令直属队所有的人都拿起枪进入阵地，保证不叫敌人冲出去。可是直属部队没有充足的子弹，每人才只有四发，而且警卫排又没有长枪，只有用驳壳枪射击敌人。战斗打得十分艰苦。我的一个老警卫员叫孙起锋，差不多是从江西瑞金参军以后就跟着我的，这次就在离我不远的阵地上，冲锋时中弹牺牲了。直到后来，还是警卫连上来了，我才带着这个连将冲上来的敌人压下山去。为了表彰孙起锋同志的英勇，我将他牺牲时背的一只带血的图囊一直保存着，直到进北京交给了军事博物馆。直罗镇上的战斗，打到当天中午，敌人河北一〇九师的两个团和其师直属队被我全部歼灭，无一漏网。镇子东头那座破土寨子等地的敌人，二十三日突围，也被我十五军团在追击途中将其消灭。

在这次战斗中，四团代政委黄甦同志英勇牺牲了。他是省港罢工的纠察队长，参加过广州起义当敢死队队长，任过八军团政委，是“六大”选出的中央委员。军委本已决定：或者将他调到一个新单位去任政委，或者到中央去工作。他本人也知道马上就要离任，可是他坚决要求等打完这一仗再去就任新职。他是一位很好的同志，这次不幸中弹，为革命过早地献出了自己的生命。

解决直罗镇之敌以后，我们回头北进，想消灭黑水寺的一〇六师。一〇六师得知直罗镇一〇九师被歼，立即逃跑。林彪有事，毛泽东同志命我带一军团追击。当时，雪大路滑，我一直跟着前面的部队，追到了太白镇，消灭了敌人一个团。一〇六师师长沈克过去跟我们有些关系，毛泽东同志要我在前线释放几个俘虏军官，并捎话，只要东北军同意反蒋抗日，与红军停战，我们俘虏的人枪，日后可以如数归还。在太白镇附近，通过一〇六师我地下党员在中间传话，与沈克谈判几次，沈克吞吞吐吐，始终不予明确答复。毛泽东同志认为再谈无益，我们一军团就奉命撤回。这次战役，俘虏的敌人真不少。后来，我们对这些俘虏进行教育后，将他们都放回去了。这对于日后争取东北军建立抗日民族统一战线，起了很好的作用。

整个直罗镇歼灭战的结果是：敌一〇九师被歼灭，师长牛元峰被击毙，还捉住了敌人的好几个营长和团长。我军共俘虏敌人五千三百多名，打死打伤敌一千多人，缴获枪三千五百多支，轻机枪一百七十六挺，迫击炮八门，无线电台两架，子弹二十二万多发，大大地改善了红军的装备。

受此惨重打击，敌一〇六师的残部和董英斌的另外两个师，不得不退回甘肃合水县。敌东路的一一七师也不得不退出鄜县。

直罗镇战役结束以后，十一月三十日，毛泽东同志在一方面军营以上干部大会上，对直罗镇战役胜利的经验和意义作了详细的总结，大家很受鼓舞。以后，毛泽东同志在评价这次战斗时又说："长征一完结，新局面就开始。直罗镇一仗，中央红军同西北红军兄弟般的团结，粉碎了卖国贼蒋介石向着陕甘边区的'围剿'，给党中央把全国革命大本营放在西北的任务，举行了一个奠基礼。"

我们荣幸地参加了这个奠基礼。

聂荣臻：《聂荣臻回忆录》，北京：战士出版社，1983年，第295—300页。

直罗镇战斗

陈正湘[①]

1935年10月，中央红军到达陕北后，与十五军团合编，恢复了一方面军的番号。我被调到一军团二师四团当团长。政委是杨成武同志。

当时，敌人正对我陕甘根据地进行第三次“围剿”，企图乘我立足未稳，东西两路夹击，一举消灭我红军。西路是敌人五十七军指挥四个师，从甘肃庆阳出发，沿葫芦河东进。东路是敌人六十七军一个师，从陕西洛川向西前进。上级决定采取诱敌深入的方针，集中优势兵力，在直罗镇地区首先歼灭西路的敌人。

大约是11月17日或18日，我们中央红军和十五军团团以上干部一起到直罗镇看了地形。直罗镇村子不大，南北都是起伏的山脉，中间是一道狭长的山谷。我们一致认为，要想占领直罗镇，必须先控制住南北的山头。

11月20日清早，敌西路的先头部队一〇九师被我军引至预定作战的直罗镇地区。

20日因为杨成武政委患病不能参加战斗，军团调黄甦同志担任四团政委。黄甦同志是广东人，曾经是省港大罢工时的工人领袖，担任过军团军、师各级政委，当时是中央候补委员。这样一位老领导来我们团当政委，可以看出上级对此次战斗的重视，我也预感到我团可能要担负重要的任务。同时，我也有些担心，不知该怎样和这位老首长一起开展工作。黄政委是20日下午来到四团的，他个子不高，稍微有些胖，圆圆的

① 陈正湘（1911—1993），湖南新化人。1926年参加国民革命军。1930年9月由南康新城起义加入红军。1955年授中将军衔。

脸，皮肤有些黑。新政委到来，我叫人搞点好吃的，黄政委说打完仗再说，等打了胜仗，我们再好好打打牙祭。黄甦同志对人很热情，完全是同志式的态度，一点架子也没有，很快就和同志们打成了一片。

11月20日晚，我们接到命令，一军团从北往南，十五军团从南往北，于21日拂晓前包围了直罗镇的敌人。我们四团担任从北往南的主攻。接受任务之后，我们马上召开了干部会议。我传达了上级的命令，对明天的战斗做了具体部署。黄甦同志做了战斗动员。他是搞工人运动出身的，讲话很有鼓动性。动员之后我们分头下到各连检查准备落实情况，一直搞到半夜。拂晓前就要行动，觉得睡不成了，我们就披着大衣烤火聊天。交谈中我们都认为明天的战斗是决定红军命运的关键，只能胜利不能失败。黄甦同志还对我说了很多鼓励的话。他说，上级让我来和你搭伙合作的，不是来领导你的，你的情况我了解，军事上你大胆抓，我配合好你的工作。黄甦同志这样一讲，我的担心完全被消除了。后来确实是这样，他在战斗的每一个阶段都虚心征求大家的意见。对我的指挥他都积极支持，军事指挥上有什么看法也都是以建议的口吻提出来。

按照预定计划，十五军团从南往北打，我们中央红军从北往南打，中央红军二师（师长刘亚楼）在中间，右边是四师（师长陈光），左边是十三团（团长陈赓），一团（团长杨得志）担任预备队。我们四团作为主攻首先向直罗镇北的几个山头发起攻击。11月21日拂晓攻击时间一到，我们几个连队迅速向敌人阵地扑去，十五军团的部队也同时向敌人发起进攻。顿时直罗镇南北都响起激烈的枪炮声。敌人是昨天才进入直罗镇的，可能是时间短，也可能是轻视我们，山上并没有修像样的工事。在我〈军〉突然打击之下，敌人有些慌乱，时间不长，镇北的各个山头都被我〈军〉占领了，除了极少数敌人逃到直罗镇外，绝大多数被我〈军〉就地歼灭。

初战告捷之后，我和黄政委到各个连队了解战况，调整部署，准备站稳脚跟后即向直罗镇发起进攻。这时我们看到敌人黑鸦鸦一大片从直罗镇向我阵地扑来，大约有一两个团的兵力。看来敌人是倾巢出动，志在必得。敌人的企图是很明显的，如果北面的山头阵地被占领，既可以此为支点，掩护直罗镇的敌人向西北黑水寺突围，又可以在突围不成时，占据有利地形固守，等待20多里外的黑水寺的敌一〇六师前来增援。如果这样，不光是延长战斗时间，增加我军伤亡，我一军团将被敌人截断，战斗形势很可能就此发生逆转。我和黄政委立刻从山脚下赶回主阵地。主阵地是在最高的一个山头上，控制住主阵地即可控制直罗镇北面的几个山头。我们刚登上山头，敌人已经到了下面的小山头。守小山头的部队和敌人展开了激战。我主阵地立即用火力给予强大的支援。敌人攻不动我团的阵地，又向军团指挥所所在的山头冲过去。我用望远镜观察了一会，觉得不对劲，敌人怎么这么快就冲上山了？我和黄政委商量决定，由他继续坚守主阵地，我带一个连迅速增援军团指挥所。我们赶到军团指挥所时，见军团首长林彪、聂荣臻、左权都拿起枪亲自参加战斗，情况确实很危险。后来我才知道，军团警卫连调去保卫毛主席了，结果防守出现漏洞，让敌人钻了空子。军团首长看我们到来，叫我们先把敌人打下去，巩固阵地。我们即和军团机关的同志一起将敌人打下山去。这时，大量的敌人仍聚集在山下狭窄的山谷中，这正是歼敌的好时机。林彪军团长当即命令我们反击，务必将敌人主力消灭在山下。反击仍然以四团在中间，左面是十三团，右面是二师其他部队。在火力掩护下，我带四团的二连三连向山下冲去，我团其余部队随后跟进。我们居高临下迅速接近敌人，一排手榴弹把敌人打乱了，敌人被我压在山沟里。这时十三团和二师其他部队也在敌人的侧面发起了进攻。山谷里杀声震天，敌人陷入绝境，不是被击毙就是举手投降。大约中午12点，镇外的敌人即被肃清。我们又和一、五、十三团一起冲进直罗镇，和十五军团一起向镇内的敌人发起进攻。到下午两点，除少数敌人逃到镇东南的土寨，被我十五军团包围外，其余敌人全部被我消灭了，后来土寨内的敌人也在突围时被十五军团歼灭，敌师长牛元峰被我俘获。

消灭了直罗镇的敌人，我们又和兄弟部队打退了敌人的增援，接着又乘胜追击。那天部队沿着一座山的半山腰前进，走到一处靠近山梁的地方，黄甦同志说："我上去看看。"当时山另一侧情况不明，我赶紧制止他说："不要上去，危险！"黄政委说："没关系，我看一下。"一边说着，几步就爬上山梁。当他刚立起身，想拿望远镜观察的时候，对面突然响了几枪。原来敌人就在山的另一侧不远的地方，和我们仅仅隔着一道山梁。我和警卫员赶紧把他拉下来，一看他的腹部中了枪弹。我一面叫人包扎抢救，一面组织火力压制敌人。等腾出身来看黄政委时，他已经不行了。黄甦同志就这样牺牲了。指战员们默默地看着担架把黄甦同志抬下去，心情都很沉重。我更感到十分痛心。我们在一起虽然只是短短的两天，但是他给我留下了很深的印象。他对同志热情，对工作负责，作战十分勇敢，处处表现出成熟的政治工作者的风范。他的牺牲的确是我军的一大损失。当天我们召开了全团干部会，会上我要求大家化悲痛为力量，以更大的胜利来悼念黄甦同志。

第二天我们向张家湾追击前进，一路上消灭了一些零散的敌人。张家湾驻有敌一〇六师的一个团。张家湾外有一片树林，里面有敌人一〇六师一个特务营，他们见我们来势凶猛，就没敢阻拦。等我们主力过去，敌人突然从树林里冲出来，想把走在最后的一连"吃"掉。我在前面听到枪声，急忙赶回去。因为那天杨尚昆同志和部分方面军的干部就走在我团后面，如果被敌袭击，损失就大了。我赶到一连，没有见到杨尚昆同志，可能是听到枪声绕道走了。我即命令我团主力迅速来支援一连，同时派人通知后面的五团，请他们和我团一起两面夹击消灭敌人。我刚刚安排好，敌人就冲到面前了。我即指挥一连就地抵抗，打退了敌人的进攻。敌人从树林里用猛烈的火力压制我们，打得我们不能前进。我想，我们必须先占据有利地形，再和援兵一起消灭敌人。随即命令一连后撤，迅速占领有利地形。我那时习惯带着马刀指挥战斗，下命令时我把马刀一挥，可能是敌人看到了马刀的闪光，一排子弹打来，打中了我的手臂。警卫员小罗非常机警，马上把我扶到一个山坡下面，一连也赶紧撤向有利地形。我们一撤，敌人马上追了过来。正在这时，我们四团主力和五团都赶了过来，我即命令一连调头向敌人反击，这样就将敌人夹在了中间，不长时间将敌特务营全歼了，敌营长也被打死了。这时我兄弟部队也对张家湾的敌人发动进攻，将其余敌人也都歼灭了。

整个直罗镇战役，我军共歼灭敌人一个师加一个团，俘虏了师长以下几千人，缴获了大量的武器弹药，彻底粉碎了敌人的“围剿”。我军从此在陕北站稳了脚跟，正如毛主席指出的，直罗镇战役，是为党中央把全国革命大本营放在西北，举行了一个奠基礼。我们四团作为中央红军的主攻团，能参加这样的关键性的战役，确实很荣幸。战斗中我团付出的牺牲也最大。团政委黄甦同志英勇牺牲，170多名干部战士伤亡，约占全团人数的百分之十多。这些同志都经过了两万五千里长征的考验，都是身经百战的。遗憾的是，由于我到四团的时间太短，许多烈士的名字我都叫不上来。但是他们英勇无畏的气概永远活在我的心里，光荣和功绩应该归于黄甦同志和其他牺牲的烈士们。

直罗镇战役之后，1936年初，一军团又恢复了一师的番号，我调回老部队一团任团长，罗元发任政委。这样，在一军团的三个有名团队，红一团，红四团，红五团，我都担任过主要军事指挥员。这在我的战斗生涯里是很有意义的，正是这些光荣的部队培育了我，锻炼了我，使我逐步成长起来。

石同欣：《光辉的足迹：华夏名将陈正湘》，北京：华艺出版社，2000年，第60—65页。

第四章

黄甦年谱

1903年　出生[1]

生于南海县佛山镇一个贫困的粤剧艺人家庭。父亲勤奋朴实，喜好拳术，在粤剧戏班从事底层杂活，年轻时在镇属或镇郊巡唱大戏。

1908年　5岁

母亲病逝，肩负起照料弟弟的责任。父亲弃艺从工，转业入土木建筑行业，在佛山镇兆祥黄公祠做工，租住在塔坡庙附近。

1910年　7岁

入黄氏宗祠家塾学习。父亲续弦，家境贫苦。

1914年　11岁

随父亲在佛山鸿胜馆学习武术，打下一定的武术基础。

① 黄甦（Wong So），又名黄苏，或音传为王甦（苏）。关于黄甦的生年，一说为1908年，最早见于曾国方撰写的《黄甦》（1985年），《南粤英烈传（第三辑）》《解放军将领传》《中共党史人物传第64辑》《广东军事人物志》等著作都沿袭此说。2024年5月14日，黄甦革命史料征集与研究小组前往中央档案馆查阅档案，发现馆藏的1945年中组部和总政治部合编的《军队烈士英名录　第二册　土地革命时期烈士》中记载：“黄甦　原八军团政委　广东　一九〇三年　大革命　一九三五年　任一军团组织部长时　在直罗镇战斗中阵亡。”《中国工农红军第一方面军人物志》（1995年）也认为黄甦生于1903年。因此本书从1903年之说。——编者注。

1918年　15岁

赴香港打工。给一个洋老板做勤杂工，因不堪暴虐，愤而辞职。[①]

1919年　16岁

得到一位老电器工人的帮助，进入香港电灯公司[②]工作，学习检修灯泡。勤奋学习技艺，很快成为一名熟练的电器工人。

香港首间电力公司“香港电灯有限公司”

① 一说14岁。

② 香港电灯有限公司创立于1889年，1890年12月1日开始运作。该公司第一间发电厂位于湾仔区。1919年，第二间发电厂北角发电厂开始投入服务。

1921年　18岁

2月　加入香港电器工会。

1922年　19岁

1月—3月　参加声援香港海员大罢工的斗争。

香港民众欢庆海员大罢工胜利

1924年　21岁

1月20日—30日　在孙中山主持下，中国国民党在广州召开第一次全国代表大会，通过共产党人参加起草的以反帝反封建为主要内容的宣言，事实上确立了联俄、联共、扶助农工的三大革命政策。大会选举产生中国国民党中央执行委员会，共产党员李大钊、谭平山、毛泽东等10人当选为中央执行委员或候补执行委员。大会的召开标志着第一次国共合作正式形成。

5月10日—15日　中共中央第三届执行委员会第一次扩大会议召开。会议要求在产业工人中大力发展共产党的组织，并成立中共香港小组，由中共广州地委领导。香港的党团组织建立以后，党、团员以香港为基地，深入工人群众中进行各种革命活动。

1925年　22岁

2月　中共香港支部成立。

5月1日—9日　全国第二次劳动大会在广州召开，取消中国劳动组合书记部，正式成立了中华全国总工会（简称“全总”），统一领导全国的工会，办公地址在广州市越秀南路惠州会馆。按照同年1月中共四大关于实行党团制度的规定，中国共产党在全总设立党团，邓中夏任书记。

6月上旬　为声援上海五卅运动，中共广东区委指派邓中夏、杨殷、杨匏安和苏兆征组成“党团”，作为领导发动罢工斗争的直接指挥机构。中共广东区委一方面命邓中夏、孙云鹏等赴香港组织工人实行罢工，另一方面要求李森、刘尔崧、冯菊坡等到沙面发动洋务工人，响应香港的罢工斗争。同时派李启汉、林伟民等负责提前做好接待香港返省工友之准备工作。

1925 年省港大罢工，罢工人数多达 25 万人

6月中旬 邓中夏、孙云鹏、杨殷、杨匏安等抵香港，与苏兆征、何耀全、黄平等人密切配合，分别在香港西环杏花楼、中环车衣工会举行会议，联络香港各工会领袖、工会代表，策动全港总同盟罢工，并成立了以苏兆征为干事局长的“全港工团联合会”，统一指挥香港工人罢工行动。

6月 作为电器工会骨干代表参加在中环车衣工会的会议，聆听了邓中夏等人的宣传教育。

6月19日 香港海员、电车、印务等三个行业的工人首先举行罢工，继之洋务、码头搬运、清洁、医务、邮务、电器、木匠、皮革等各行业工人相继罢工，并在各工会领导人和骨干分子带领下离港回粤。据当时中共广东区委估计，参加罢工的香港工人有超过三分之二返回广东原籍，三分之一返回广州。还乡者以沿广九路、南路、江门、中山等处为多，总共37000人[①]。21日，广州沙面洋务工人和广州市内各洋行工人宣布总罢工。到6月底，省港两地罢工人数达25万。

6月23日 省港两地罢工工人及广州工、农、学、商、兵各界群众集会和示威游行。当游行队伍经过沙面对岸的沙基时，遭租界英法军警开枪射击，当场被打死50多人，被打伤170多人，造成“沙基惨案”。血腥屠杀促使省港反帝罢工斗争规模进一步扩大，香港电灯、煤气部门的工人冲破香港机器总会会长韩文惠等人的压制和阻挠参加罢工，香港供电照明系统为之瘫痪。

6月下旬 参加省港大罢工，返回广州。

7月1日 广东成立中华民国国民政府，所辖军队改为国民革命军。

△临时省港罢工工人第四次代表大会在海员工会举行，到会代表71人（代表71个工团）。会议通过全港工团委员会所选出的纠察队职员，

① 见中央档案馆、广东省档案馆：《广东革命历史文件汇集（一九二一——一九二六）》，1982年，第30页。

并选举邓中夏为训育长，谭华泽、徐公侠二人为会审员。决议组织武装纠察队并协同军警在江门、石岐、容奇、深圳、河口、石龙、大鹏等处封锁粮食出口。

7月3日 根据罢工工人代表大会的决议，成立中华全国总工会省港罢工委员会，作为罢工工人代表大会的常设机构，苏兆征任委员长，曾子严、何耀全任副委员长。委员会设干事局，执行一切事务。中共广东区委建立罢工委员会党团，邓中夏任党团书记。罢工斗争的策略均由党团开会研究，再由罢工委员会具体贯彻执行。

7月5日 省港罢工委员会纠察队编队仪式在东园举行，成立2000多人的工人武装纠察队。第一支队至第五支队为第一大队，由教练赵自选编配，以10人为一班，10班为一支队。第六支队至第十一支队为第二大队，由教练莫奇标编配。第三大队已选出冯剑光为大队长，陈兴汉为副大队长。[①]徐成章为总教练，邓中夏为训育长。

7月 加入工人纠察队，任小队长。

7月10日 省港罢工委员会正式宣布对香港实行武装封锁，禁止所有轮船、轮渡开往香港和新界口岸。

7月14日 省港罢工委员会在东园召开工人纠察队支队长、大队长会议，讨论纠察队的粮食、出巡、教练、训育和编队等问题。

△《工人之路特号》公布工人纠察队的主要责任：维持秩序，截留粮食，严拿走狗，侦缉工贼。

7月15日 《工人之路特号》公示已编订各大队的支队长名单、队员所属工会以及驻扎地点。罢工纠察队共有5个大队，每大队下辖4个支队（第五大队暂编2个支队），共有18个支队。第一大队驻东堤东园、长堤海珠前；第二大队驻河南紫来街、南楼、太平南路、闽漳会馆等；

① 纠察队成立大会记，《工人之路特号》1925年7月1日第1版。

1925年，省港罢工委员会委员合影

罢工委员会与工人纠察队总部

第三大队驻东堤东园、广九路东站等地；第四大队驻维新北路、东堤东园；第五大队驻东堤一带。

8月19日　省港罢工委员会纠察队成立一个多月以来，增加到6个大队，22个支队，每个支队125人，统计实有2600余人。

9月5日　省港罢工工人委员会发布取消许可证制度的善后条例。善后条例仍坚持“单独对英”的原则，只要不是英国货、不是英国船以及不经过香港及澳门的，都可以自由贸易及来往。

9月　被选送到省港罢工工人委员会军政学习班学习。该班是按大队级别设立的军事训练班，旨在“养成班长及队长人材”。

10月2日　中共中央扩大执行委员会通过《组织问题议决案》，认为扩大党的组织是第一要务，要吸收无产阶级及先进的智识阶级中最革命的分子入党，“尤其大产业工人，本是天然的共产党员，只要他有阶级觉悟及忠于革命，便可加入，不必更有其他条件，何况在此革命时期”[①]。根据会议精神，中共广东区委提出“努力发展党员的数量和严整党的组织”，在罢工工人中大量吸收工人入党。

10月　加入中国共产党。

11月4日　省港罢工委员会纠察队进行改组，成立纠察队委员会，作为纠察队的最高执行机关。

11月12日　考入模范纠察队，后任小队长。省港罢工委员会建立模范纠察队，负责督查纠察队职员与队员的行为。队员要经过取考手续，并限于省港各工会的会员报考。

11月25日　纠察队委员会提出扩大防线的封锁港口计划，其中包括：汕头、汕尾、澳头、深圳、东莞、太平、石岐、前山、陈村、容奇、大良、江门、台山、广海、阳江、水东、雷州、北海、海口等处。

① 中共中央组织部，中共中央党史研究室，中央档案馆：《中国共产党组织史资料第八卷　文献选编（上）（1921.7—1949.9）》，北京：中共党史出版社，2000年，第67页。

到1925年底，纠察队的防线东至汕头，西至北海，共设驻防七个区、六个办事处，扩大为起初的十倍。

12月14日 纠察队委员会第18次会议决定调整罢工工人纠察队，重新对纠察队进行编制，共编制为9个支队。其中第九支队驻防第二区（顺德陈村、大良、容奇等）。

同年末 任工人纠察队第九支队支队长，驻顺德大良。第九支队驻大良、容奇期间，与当地农民自卫军合作，截获了走私煤油800罐。

1926年　23岁

3月中旬 带领第九支队从顺德返回广州休整，在省港罢工委员会机关驻地东园驻扎。驻扎期间，黄甦目睹蒋介石发动的“中山舰事件”。后来黄甦在红军大学周士第的课上，讨论蒋介石学希特勒法西斯的具体表现在哪里时说：“我看不是蒋介石学希特勒，而是希特勒学蒋介石。……希特勒诬赖共产党烧国会、逮捕季米特洛夫等同志是1933年，蒋介石诬赖共产党搞暴动，逮捕共产党员，包围省港罢工委员会和苏联顾问处是1926年，比希特勒早7年，这不是希特勒学蒋介石吗？……当时如按毛泽东同志的方针去做，蒋介石不会有今天这样猖獗，中国革命的形势也可能好些。”[①]

4月16日 香港各工会代表在广州召开全港工会代表大会，成立香港总工会，到会代表600多人，代表香港140多个工会组织。香港总工会取代省港罢工前夕成立的“全港工团联合会”。

① 周士第在《关于蒋介石制造三月二十日反革命事变的一些情况》一文中回忆，“第九支队刚从顺德返回广州休整，支队长黄甦，广东人，共产党员，香港电灯工人，参加过香港罢工和广州起义，后来，党派他到中央苏区工作，曾任红军师政治委员。”参见《周士第回忆录》，北京：人民出版社，1979年，第127页。

5月1日　加入新成立的香港金属业总工会[1]。罗登贤任总工会党团书记。

6月27日　中华全国总工会创办的劳动学院在广州东园训育亭开学，院长为邓中夏。课程包括世界职工运动、中国职工运动、工会组织法、罢工战术、帝国主义侵略史、世界革命史、社会主义、三民主义浅说、中国民族解放运动、农民运动、第三次劳动大会决议案、省港罢工、广东工会问题等。以“王苏”之名参加考试，并作为劳动学院备取生参加第一届学习，聆听刘少奇在开学典礼上的致辞。

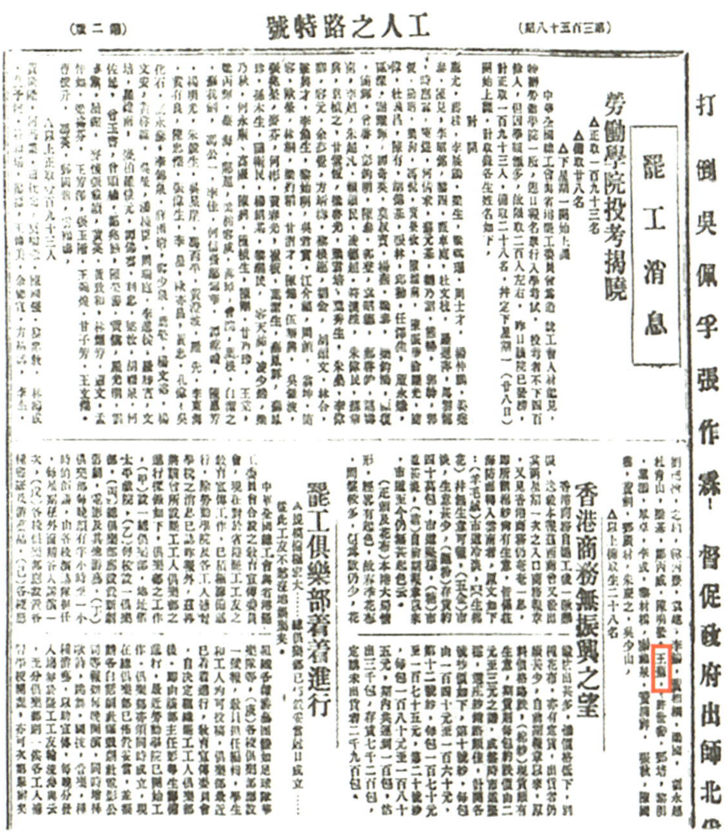
工人之路特號

打倒吳佩孚張作霖！督促政府出師北伐

罷工消息

勞動學院投考揭曉

香港商務無振興之望

罷工俱樂部着着進行

黄甦以“王苏”名义报考劳动学院

① 据饶卫华《回忆华南交通总站的建立和工作情况》中称：黄甦是“香港金属业工人，广东省委委员、香港区委委员”。

7月9日　国民革命军誓师北伐。省港罢工委员会积极支持北伐、巩固后方：一方面组织数千名罢工工人组成运输队、宣传队、卫生队、慰劳队等随军出征，给北伐军以巨大支援。其中香港金属业工人和粤汉铁路工人成立了铁路交通队，沿途修建铁路交通，运送北伐部队和物资。

10月10日　省港罢工委员会为停止封锁发表宣言，并发布命令，将各港口纠察队一律撤回，暂行停止封锁。结束封锁后，为了保障罢工工人的利益，省港罢工委员会、罢工工人代表大会等机构仍然保留，各种活动仍继续进行。自决定停止封锁港口后，各地纠察队员转入各地农运，300余人调至广州虎门集中训练后，成立“缉私卫商团”武装组织，该组织后驻守芳村一带。

10月16日　省港罢工委员会纠察队委员会签发《纠察特别训练所章程》，成立纠察特别训练所，“教授下级干部必需之军事政治学识，以造成健全之下级干部”。特别训练所设立下级干部队和军士队，各队的小队长以上编成下级干部队，纠察队中的班长、积极分子参加军士队，共计200人。

10月26日　纠察下级干部队和军士队在东园纠察队训育亭举行开学典礼，到会者80余人。开会时，全体唱国际歌和少年先锋歌。29日，纠察干部队在东园训育亭举行考试，考验各队员的政治认知和政治素质。

10月　加入下级干部队学习军事。

12月21日　国民党政治会议广州分会成立，以李济深等7人为委员，全权负责国民政府北迁后广东、广西、福建3省政务。李济深与新桂系控制广东的党、政、军权力。

1927年　24岁

4月12日　蒋介石在上海发动“四一二”反革命政变。

4月15日　李济深在广州出动军队，搜查和封闭中共广东区委、中华全国总工会广州办事处、省港罢工委员会、广州工代会、海员工会等机关，解除罢工工人纠察队武装，逮捕中共党员及革命群众共5000余人，其中屠杀2100余人。广州市军政当局强制规定，凡公共团体举行集会都必须得到警备队和公安局的许可，并禁止任何形式的罢工。

4月17日 广东区委秘书长赖先声召集在广州的区委成员穆青、杨殷、冯菊坡、罗绮园、周文雍、吴毅等召开紧急会议，商讨对策。会议决定区委机关暂时撤离广州，迁往香港，在广州另成立中共广州市委。会议还决定发展工人赤卫队十人小组的秘密组织，周文雍[①]负责广州各工会党支部工作，罗登贤[②]负责省港罢工各工会党支部工作，加强广东济难总会工作，设法营救被捕的革命同志和工人。

4月 加入“省港罢工工人利益维持队”，成为一名地下武装干部，受中共广州市委领导。

6月19日 中共广州市委和省港罢工委员会组织二万工人召开纪念省港大罢工两周年大会，会后举行示威游行。

6月23日 任香港“六二三”示威游行一路指挥，被外国巡捕团捉

① 周文雍（1905—1928），1925年加入中国共产党。从事青年运动和工人运动，并参加省港大罢工，曾任中共广东区委工委委员、广州工人纠察队总队长。1927年四一五反革命政变后，任中共广州市委组织部长兼市委工委书记、中共广东省委候补委员，参与领导广州起义，任起义总指挥部委员兼广州工人赤卫总队总指挥。后任广州苏维埃政府人民劳动委员。广州起义失败后，1928年1月当选中共广东省委常委兼广州市委常委，与中共两广区委妇委委员陈铁军在广州重建党的秘密联络机关，对外假称夫妻。2月被国民党当局逮捕，不久与陈铁军一起就义。

② 罗登贤（1905—1933），原名光，广东南海人。1925年加入中国共产党，曾参加省港大罢工和参与领导广州起义。1928年5月至7月任中共中央临时政治局委员、常委。同年7月在中共六届一中全会上当选中央政治局候补委员。1929年任中共江苏省委书记。1930年任中共广东省委书记、中华全国总工会党团主任、中共中央南方局书记。1931年3月任中共中央军事部委员、书记。九一八事变前后，任中共中央驻东北代表，11月当选中华苏维埃共和国第一届中执委委员，12月任中共满洲省委书记兼组织部长，领导东北人民创建抗日武装。1932年底任中华全国总工会上海执行局党团书记。1933年3月在上海因叛徒告密被国民党当局逮捕，8月被杀害于南京雨花台。

住，侥幸逃脱。

6月29日　广东国民党当局在广州进行了第二次“清党”大搜捕，建筑业、金属业等50多个工会及中山大学等被反动军警包围搜查，全市被捕的共产党员、学生和工人约200人。

8月1日　以周恩来为书记的中共前敌委员会和贺龙、叶挺、朱德、刘伯承等领导北伐部队两万余人，在南昌举行武装起义。

8月7日　中共中央在共产国际帮助下，在汉口召开紧急会议。会议总结大革命失败的经验教训，纠正和结束陈独秀右倾投降主义在中央的统治，确定实行土地革命和武装反抗国民党反动派的总方针，并把发动农民举行秋收起义、建立工农革命政权、解决农民土地问题作为当前党的最主要的任务。会议选出以瞿秋白为首的中共中央临时政治局。

8月9日　中央临时政治局召开第一次会议，决定成立南方局，以加强对广东、广西和闽南等地的武装斗争和政治、军事工作的领导。南方局设军事委员会，周恩来为主任，并决定撤销中共广东特委，成立中共广东省委，张太雷任书记。中央常委会于10日决定张太雷赴粤的任务：一、传达中央紧急会议之决议；二、准备全省特别是东江地区的暴动。

广州起义旧址纪念馆

10月　中共香港市委成立，冯菊坡任香港市委书记，罗登贤、罗珠等任委员，联络、整顿、改造香港地区党的组织，发展城市、工运和民众工作。

11月9日—10日　中共临时中央政治局在瞿秋白领导下于上海召开扩大会议。会议错误地认为当时的革命形势仍在高涨，反对退却，要求继续进攻，命令少数共产党员和群众组织城市武装暴动。张太雷参加了这次会议，会后中央领导和张太雷共同研究了组织广州起义的问题。

11月26日　广东省委召开了常委会议。会议一致赞成中央决议，决定利用粤军主力调往西江，市内兵力空虚之机，立即在广州举行暴动，夺取政权。会议还部署了暴动前的准备工作：筹备总同盟罢工；组织工人赤卫队，筹备武装暴动，加紧张发奎军队内部的工作；发动市郊农民暴动，海陆丰发动起义向广州方向移动等等。

12月11日　凌晨，张太雷、叶挺、叶剑英、周文雍、聂荣臻等领导国民革命军第四军教导团、警卫团一部和工人赤卫队七个联队共五千余人发动广州起义，分数路向广州市各要点发起攻击。任敢死队队长，带领队员，配合起义副总指挥叶剑英率领的教导团第一连，成功攻下广州市公安局。

12月18日　中共中央任命李立三为广东省委书记，并委派其立即赴香港设立省委，恢复党的工作，并继续全面贯彻执行11月会议的各项政策。

12月中旬　起义失败后转移香港。

12月20日　参加在坚尼城（西环）羲金台23号4楼召开的广东省委会议，李立三主持会议。与会的还有聂荣臻、恽代英、陆定一、叶剑英[①]等。

① 聂荣臻，时任中共广东省委军委书记。恽代英，时任中共广东省委宣传部长。陆定一，时任共青团中央宣传部长。叶剑英，广州起义时任第四军军官教导团团长兼军事指挥部副总指挥。见《访问陆定一谈话记录（1989年4月）》，载《叶剑英年谱（一八九七——一九八六）上卷》，北京：中央文献出版社，2007年，第56页。

12月下旬　任香港摩托车职工总会党团书记，直接负责汽车、电厂、灯泡、煤气、洋务等单位的工运工作。

12月　中共香港市委向省委汇报《职工情况与工作方针》，对香港工人群众做了分析，海员、西业、街市、织造业工人组织和力量尚不足，目前有能力进行组织的只有金属业工人，在最短的时间内金属业工人可以引领香港职工运动。

1928年　25岁

1月1日—5日　在香港召开的广东省委全体会议总结了广州起义的经验教训，通过了《中共广东省委关于广州起义问题决议案》《目前党的任务及工作方针》，改变首先夺取广州的策略，提出将党的工作重点转移到农村，继续普遍推行暴动政策和开展土地革命，实现以东江、西江、北江、南路为中心地区的“农村割据”和“包围广州”策略。会议还改组省委机构，选出李立三、张善铭、李源、沈青、罗登贤、王强亚、黄谦7人为常委，李立三任书记。

1月　根据广东省委1月全体会议关于在北江地区以清远暴动为中心，努力发展花县、英德各县游击战争，形成割据局面的指示精神，成立中共北江特委，下属花县、清远、曲江、英德、南雄、仁化县委和乐昌坪石支部，特委机关设在韶关，由省委常委张善铭[1]任特委书记，张善铭、刘一声、赵自选、卢克平、王果强（2月补）等为特委委员。特

① 张善铭（1900—1928），1921年8月加入中国共产党，是中共广东支部早期党员之一。1927年，四一二反革命政变后，任中共东江特委书记，与彭湃等策划了东江地委武装起义，建立海陆丰工农民主政权，并创立东江革命根据地。任中共广东省委委员兼东江特派员并参加了广州起义。广东省委书记张太雷牺牲后，代理省委书记，并当选为广东省委常委、军委主席。1928年5月，担任东江特派员前往恢复海陆丰苏维埃政权时被捕，在汕尾被国民党杀害，年仅28岁。

委制定《关于各县暴动工作纲领》，指导北江各地农民斗争。省委派候补委员周其鉴为北江巡视员，协助特委工作，但周其鉴1月23日在清远被捕，1月26日遇害。

2月上旬 受中共广东省委委派，任北江巡视员，到北江地区协助北江地委工作。到北江地区后，一是开展调查研究，受北江特委委派，前往曲江调查十一区、十三区、十四区情况①，再决定确实的游击战争办法，但是因为同志及农民大部分都恐慌退缩，找不到人来谈相关情况，也找不到人带到各乡村去视察，所得很少，17日返回北江特委。二是加强政治指导，纠正北江特委《关于各县暴动工作纲领》中“左”的偏差。三是整顿、改造基层党组织，会同北江特委取消曲江一区区委，由曲江县委直接管理支部，在召开支部会议改组前，黄甦于3月1日在曲江一区和特委同志一道找当地党员进行了谈话。3月下旬，北江地区各县暴动先后失败或受挫，桂系军阀势力控制北江地区，北江土地革命暂时转入低潮。广东省委将张善铭、刘一声、赵自选等调往东江，北江特委实际解体了。

2月1日 因关于广州起义问题决议案问题的分歧，中共中央令李立三回沪讨论，改派邓中夏赴港代理广东省委书记。

2月20日 广东省委机关被破坏，邓中夏及罗登贤、王强亚、黄谦4人被捕。

2月24日 李立三返回香港，组织新的省委常委会：李立三、张善铭、李源、沈青、陈郁（兼香港市委书记）、王灼（黄焯，3月中旬被捕，由恽代英补为常委）、黄钊7人。

---

① 1928年曲江全县设十六区：一区治所在县城，辖城厢以内；十一区治所在马坝，辖马坝、安山、石堡、小坑、南华、濛溪、汤村、山子背、演山、小江、陶马墩等乡；十三区治所在枫湾，辖枫湾、五社、小坑、火山等乡；十四区治所在周田，辖周田、平甫、上道、大桥、古洋、柳周陂、较坑等乡。

3月　完成北江巡视回香港，与杨绩、黎胜、梁梅枝等人配合到港的周恩来多方奔走援引，成功援救邓中夏出狱，并一起送邓中夏登船返沪①。

4月13日　参加广东省委第一次扩大会议，并当选为广东省委委员。广东省委第一次扩大会议在香港召开，李立三主持会议，中共中央代表周恩来出席扩大会议。会议认为广东的革命仍处于高潮，党的总策略是继续扩大各地的暴动，以实现全省总暴动。强调要加强城市领导工作，推进党的组织布尔什维克化以及无产阶级和农民群众组织革命化等。

4月　任中共香港市委组织部长，协助市委书记陈郁工作。

6月18日—7月11日　中国共产党第六次全国代表大会在莫斯科近郊五一村召开。会议认为当时中国革命依然是资产阶级性质的民主主义革命，党的中心工作不是千方百计地组织暴动，而是做艰苦的群众工作，积蓄力量。这两个重要问题的解决，基本上统一了全党的思想，对中国革命的复兴和发展起了积极作用。但是，中共六大对中国社会的阶级关系缺乏正确的认识，仍然把党的工作重点放在城市，对中国革命的长期性估计不足，同时在组织上片面强调党员成分无产阶级化和“指导机关之工人化”。

6月23日　参加香港市委举行的“六二三”纪念日群众大会，宣传演讲革命精神，并在香港中环、油麻地集合工人举行示威游行活动，所用传单、标语多公开用党的名义，参加活动的多是党的工作人员，真正的工人群众却很少②。

8月10日　参加省、市联席会议，并进入新成立的临时管理支部委员会。广东省委、香港市委召开省、市联席会议，根据省委第50次常委

① “我们及时准备好汽车，等候中夏同志出狱。接他出狱时，有杨绩、黎胜、袁松、王苏、梁梅枝等同志。”见《省港大罢工的回忆》（1962年5月15日），载《广东文史资料存稿选编·第三卷》，广州：广东人民出版社，2005年，第129页。

② 见《中共广东省委给中央的报告（第四号）》（1928年7月4日），载中央档案馆，广东省档案馆：《广东革命历史文件彙集（一九二八）（四）》，1982年，第28页。

会议精神，通过《关于香港党组织的决议案》，撤销香港市委，由广东省委指派三人成立临时管理支部委员会，辖支部20多个、党员400余人。

9月　为形成粤赣湘边界的割据，广东省委决定接受《中央通告六十一号》指示精神，恢复设立中共北江特委，彭天维任特委负责人。

10月8日　中共中央下发《中央通告第五号——巡视条例》，对各级党部的巡视员人数、人选的决定，巡视员的条件、职责，巡视的时间、任务等都作了具体明确的规定。规定广东省须设巡视员六人以上，省委巡视员每次巡视期最多四十天，强调巡视员政治忠诚和工作能力、经历经验等。

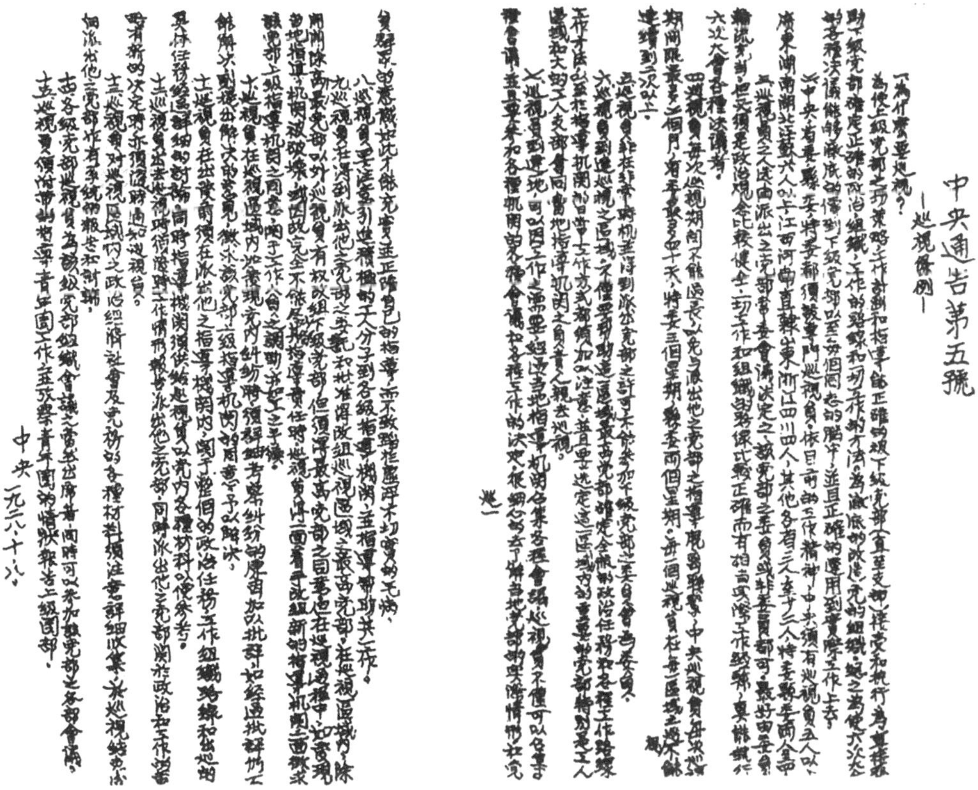
中央通告第五號
—巡視條例—

1928年10月8日《中央通告第五号——巡视条例》

11月16日—24日　广东省委在香港召开第二次扩大会议。中共中央巡视员贺昌到会指导。会议传达贯彻党的六大精神，认为广东革命形势和全国一样处于“两个革命高潮”之间，党的任务是争取群众、积聚力量，迎接新高潮的到来。党的第一位工作是香港、广州、汕头等城市和铁路、海员等行业。会议选举产生新的省委领导机构：黄钊、卢永炽、杨石魂、聂荣臻、陈郁、周颂年、冯菊坡7人任常委，黄钊任书记，卢永炽任候补书记兼组委（兼管巡视派遣）及中华总工会南方办事处（职委撤销），杨石魂任宣委兼农委，聂荣臻任军委。省委第二次会议按照党的六大精神，产生土地革命时期广东省委第一个监察机构——审查委员会，监督省委之财政、会计及省委机关之工作，选举黄甦、周洪、朱宝庭为审查委员。

11月　撤销香港临时管理支部委员会，设香港东区、香港西区、九龙区三个区委，由省委常委会直接领导。

12月　受中共广东省委委派，再次巡视北江地区，指导开展党的各项工作：一是继续在曲江县普遍恢复发展党的基层组织，截至12月，韶关环城各区都建立了党组织。二是贯彻省委11月份指示，指派一名北江特委特派员（巡视员）到乐昌、仁化等粤赣湘边一带发展党的组织，在1928年底召开乐昌县党代会，改选县委，李光宗任县委书记，县委机关驻地黄圃；筹组坪石市委，收编湘南来的党员[①]。

12月　巡视北江期间生活简朴[②]，严守工作生活纪律，被省委评价为“工作能力甚好”[③]。

① 中共韶关市委组织部，中共韶关市委党史办公室，韶关市档案馆：《中国共产党粤北（北江）地区组织史料（初稿）》，1982年，第21页。

② 1928年12月，《中共广东省委经费开支报告表》中，北江12月经费50元，北江巡视员12月份生活费和活动费33元，黄甦衣服费10元，北江来回2人来回旅费32元，除开销外，省委仅存155元。

③ 1928年12月，中共广东省委的《干部分子调查表》上对黄甦的记录：成分为产业工人，过去担任省委北江巡视员，现在担任北江巡视员，工作能力甚好，活动范围为工农运，无职业。

1929年　26岁

1月18日　因省委常委杨石魂、冯菊坡调中央，省委改组并调整工作分配：常委为黄钊、卢永炽、聂荣臻、陈郁、周颂年，递补甘卓棠、黄学增，共7人，黄钊任书记，卢永炽候补书记兼组委，中央巡视员贺昌兼宣传（无农委），聂荣臻军委，陈郁任中华全国总工会南方办事处书记。香港党组织工作分配：黄钊负责海员支部、卢永炽负责香港九龙区委、聂荣臻负责香港西区区委、陈郁负责香港东区区委。

1月25日　广东省委发出《关于改进支部工作给香港党组织通告》，传达贯彻省委与香港东、西及九龙三区委联席会议决议精神，要求香港各区委、支部“凡有工会中有我们同志的须速即成立党团组织”，并提出基层支部按期开会、注意发展党员同志、改善党的出版物散发等等。

1月30日　参加广东省委与香港东、西及九龙三区委联席会议。会议决定合并东、西区委成立中共香港区委，与九龙区委直辖于广东省委。

1月　任香港区委书记[1]。

3月1日　广东省委发出《中共广东省委特别通知（第二号）——秘密工作问题》，要求切实执行地下工作保密制度，包括经常更换姓名、禁止如实登记同志姓名地址、禁止同志之间街头相会接洽、不得遗失党的文件等具体事项。

3月17日　参加广东省委召集的香港区委、九龙区委联席会议。会议总结了两区1929年年初的工作，指出两区组织工作不注意党的发展、

① 一种说法是中共香港区委书记是邓发，其实不正确。1929年1月，广东省委决定组织一个常驻香港的新一届广州市委，由宋石锋（宋维静）、卢永炽、邓发组成，宋石锋任书记。但由于宋石锋不同意市委设在香港，被调任省委秘书，广州市委书记一职未到任。同月，省委鉴于广州党的工作具有重要地位，而广州市委机关却屡遭破坏，遂派具有丰富白区工作经验、正担任香港区委书记的邓发到广州重新组织新的市委并任书记。但不久，邓发又被调回省委，担任省委常委兼组织部长。

宣传工作方面完全停顿、忽视职工群众工作等问题，确定以创造精神整顿支部健全支部、组建香港宣传委员会经常讨论香港宣传工作、组织青年妇女工作讨论等等[①]。

3月31日 被中共中央指定为广东省委常委。

4月27日 中央常委会批准广东省委、候补常委名单，并作组织分工：书记卢永炽、宣传贺昌、组织陈郁、军委聂荣臻，另妇委江蕙芳，黄甦兼任香港区委书记。

5月1日 根据省委发表的“号召一切劳苦群众们参加五一总示威”的《五一劳动节宣言》，同邓发组织香港工人城市贫民的五一纪念活动。聂荣臻回忆称：“五一那天，我到游行队伍集结的地点一看，来的都是些骨干，有的还是区委的负责同志，差不多是清一色的党员和干部，没有什么群众。”[②]

6月23日 省委秘密组织工人纠察队二十多人，群众三四百人，准备举行纪念省港罢工及“六二三”示威游行，后因到会人数太少，临时停止。

6月25日—30日 中共六届二次全会在上海召开，肯定了六大以来的路线和工作的正确，提出了加强反帝反军阀斗争，继续深入土地革命，开展游击战争，扩大苏维埃区域，建立和扩大红军等15项政治任务。

7月24日 中共中央根据聂荣臻“六二三”示威情况报告，致函广东省委，指出省委在“六二三”运动中犯了官僚主义的错误。当日示威的时候到场三四百人，省委觉得太少，临时把他们停止，更是极严重的错误。

① 见《中共广东省委给香港通告（第六号）——关于香港、九龙两区工作的决议》（1928年7月4日），载中央档案馆，广东省档案馆：《广东革命历史文件彙集（一九二九）（一）》，1982年，第207—218页。

② 聂荣臻：《聂荣臻回忆录（上）》，北京：解放军出版社，1984年，第105页。

7月28日 同邓发举行拥护苏联的示威，宣讲反对世界大战，拥护苏联和中国革命，作为“八一”政治总示威的演习。当天下雨，到场人数很少，活动无法按计划执行。至8月1日，群众到场仅200人。港英当局来捉人（被捕3人），群众害怕，纷纷散去，示威活动无法按计划执行，以失败告终[①]。

7月31日 广东省委决定取消全国总工会南方办事处（代职委），成立省委工委，由陈郁、邓发、共青团一人、九龙区一人、香港区一人共5人组成，陈郁任书记，邓发兼香港工代会党团书记。黄甦任省委工委委员。

7月 香港工人代表大会成立。由香港太古船厂、码头、煤炭、清道夫、九龙货舱、黄埔船厂、过海小轮船、烟业、半岛酒店、洋务、木匠等11个工会联合会组织，会员1293人，大会主席周洪（1930年10月后为梁广）、党团书记邓发（后为黄甦）。

9日11日 广东省委成立香港行动委员会[②]，作为香港工运的发动机关。由陈郁、贺昌、黄甦、邓发和香港、九龙两区委书记、工代会代表组成，下辖香港区委、九龙区委，支部21个、20个，党员300余人。香港区委有书记黄甦以及水师、太古、电汽的代表和饶君强（饶卫华）共5人。

9月 广东省委派一夫（叶锡康）为中共曲江县委负责人。曲江县委代管北江党的工作，县委机关设在韶关，实际上起了中心县委的作用。10月13日，由于共青团北江特派员陈策被捕后叛变，曲江县委机关被破坏，一夫被捕。此后曲江县委曾短期解体，但不久即恢复。

10月中旬—11月中旬 巡视北江地区，指导党组织恢复重建和开展工农运动等工作。实地调研，熟悉情况，领导和恢复曲江、英德、乐

① 见《中共广东省委给关于“八·一”工作总报告》（1929年9月11日），载中央档案馆，广东省档案馆：《广东革命历史文件汇集（一九二九）（二）》，1982年，第320—347页。

② 实际是香港工作委员会。

昌、清远4个县委以及建立始兴县1个特支，至11月，全北江地区有党支部51个，党员300多人，成分多系农民，其次为工人，再其次为知识分子。在韶关城区、粤汉铁路的工人中发展工会组织，筹划工人运动等。

11月2日 向广东省委提交《北江政治形势及各县概况的报告》。报告说北江地区政治情形“乌石以下，余汉谋驻防。马坝以上就是谭道源驻防。现在北江军事上非常紧张”。陈述北江各县情形：清远“同以前在香港报告的情形相差很远。原来十成只有一成真的”；英德“有部分同志很好，很愿意出来负责的”；曲江“现在工作未有受重创”；等等。

11月中旬 与继任北江巡视员李一鸣交接工作，带领李一鸣熟悉各县交通路线和交通工作，交接完成后返回省委。

11月23日 任省委候补常委兼中路巡视员。广东省委常委会议对省委工作重新分配：卢永炽任书记，贺昌任宣传，邓发任组织，聂荣臻负责军委，陈郁负责工委，黄甦巡视中路。同时，恢复成立中共香港市委，邓发任省委常委、组织部长兼香港市委书记。12月初，经中央批准，卢永炽、贺昌、邓发、陈郁4人为常委，聂荣臻、黄甦2人为候补常委。省委11月分工不变。

12月28日 参加中共广东省委常委全体会议，讨论《中央通告第六十号——执行武装保护苏联的实际策略》。与会人员有卢永炽、贺昌、聂荣臻、陈郁、邓发、黄甦、陈复、罗章龙、王灼。在谈到武装保护苏联问题时黄甦指出：尽管帝国主义表现出进攻苏联的趋势，但瓜分中国同样是其主要目标，且可能引发太平洋战争。在中国国内，军阀混战加剧，蒋介石与地方军阀之间存在复杂的权力争夺，而日本和美国分别支持不同势力，进一步加深了中国内部的分裂。在此背景下，党需要加强自身建设和群众工作，尤其在广东地区，通过组织工人纠察队、赤卫队等措施，武装拥护苏联，推动革命形势的发展，并密切关注和引导工人、农民、士兵等群体的斗争。此外，还需重视兵运工作，在农村地区发展游击战争，以应对可能的帝国主义战争和国内政治局势的变化。

1930年　27岁

2月3日　罗登贤任中共广东省委书记，卢永炽为候补书记。

2月12日　中共中央决定，李富春来广东省委任组织部长，李子芬任宣传部长，陈郁任工委兼海委书记，贺昌、聂荣臻调中央另分配工作。

2月26日　中共中央发出第七十号通告，对革命形势作了过高的估计，规定“反帝国主义”“武装保护苏联”“反对军阀战争”“实行土地革命”“反抗资本进攻”作为党“目前迫切的中心任务”，以“配合这一切斗争的领导，汇合这一斗争走向‘变军阀战争为国内的阶级战争’，以推翻国民党统治，以建立苏维埃政权”为总的政治路线，并制定了“集中力量积极进攻，确定组织工人政治罢工，组织地方暴动，组织兵变，扩大红军，为目前动员群众、组织群众、准备暴动”的中心策略。

3月13日　《中央通告第七十一号——组织“五一”劳动节的全国总示威运动》指出：“现在特别加紧组织‘五一’示威，决不是以实现‘五一’示威为目的，而是要使这一伟大的政治示威推进革命更快的向前发展。”与此同时，“红色五月运动”和“红五月运动”这一提法在党内开始被广泛使用。

3月20日　以省委候补常委身份参加罗登贤主持召开的省委常委会会议。会议同意公开举行“五一”纪念会和公共号召“五一”示威。

3月26日　广东省委发出《中共广东省委通告（第二号）》，传达中央的“五一”工作总路线和中心策略，即：组织“五一”总示威，推动新的革命浪潮迅速走向直接革命形势，以及在群众斗争中坚决采取武装冲突的形式。

5月25日—26日　以广东省委中路巡视员的身份在香港主持召开中路会议，顺德、南海、中山、花县、东莞等地负责人参加。会议讨论部署各县工作，特别是安排从“五卅”到“六二三”的总示威活动。

5月30日　根据广东省委指示，香港原计划于当天组织数百名工人及纠察队20个分队举行示威游行活动。结果到会者约120人、7个纠察分队，会后举行游行示威，沿路散发传单等。因群情激动，港英当局一时没有干涉镇压。

5月　为组织开展香港“红五月”工人运动，广东省委成立香港市行动委员会，以卢永炽、黄甦、陈郁、岳栋及太古支部、印务支部、手车夫支部、织造支部代表共8人组成，卢永炽任书记（后邓发继任），下设组织和宣传委员会。香港市行动委员会积极发展赤色工会组织，截至5月底可以统计的赤色工会会员有800余人，能经常调动的纠察队组织有二十八九个小队（每队5人）[①]。

6月初　香港市行动委员会发布《组织同盟罢工纪念“六·二三”告同志书》，号召工人行动起来，组织“六二三”同盟罢工运动。

7月18日—22日　全国组织会议在上海举行，通过了《目前政治形势与党的组织任务》的决议案，提出党的任务和中心策略是：应积极准备武装暴动，组织总同盟罢工；要求党员和党的组织军事化，决定在红色区域建立工农革命委员会；决定将党、团、工会的各级领导机关合并，组成从中央到地方的各级行动委员会。

8月5日　因罗登贤、邓发等赴沪未归，广东省委召开临时常委会，改组省委，卢永炽、李富春、林道文任常委，递补黄甦、陈舜仪为候补常委，书记为卢永炽，李富春任组织部长，林道文任宣传部长，陈舜仪任组织部副部长，职委黄甦、卢永炽，香港工代会党团书记，香港海员代表，广州工代会代表，军委杨剑英、李富春、黄甦、祝蕙、共青团省委代表，妇委江慧芳、景芳、蔡畅。

8月6日　中共中央在上海成立指挥全国武装暴动和总同盟罢工的最高机构——总行动委员会。

① 见《中共广东省委五月工作报告》（1930年6月17日），载中央档案馆，广东省档案馆：《广东革命历史文件汇集（一九三〇）（二）》，1982年，第127页。

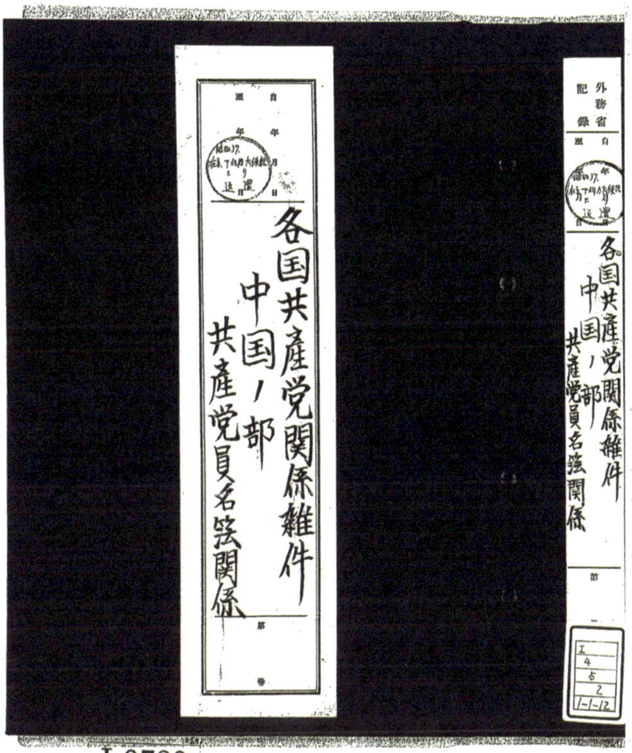

外務省記録

各国共産党関係雑件
中国ノ部
共産党員名簿関係

I-0780

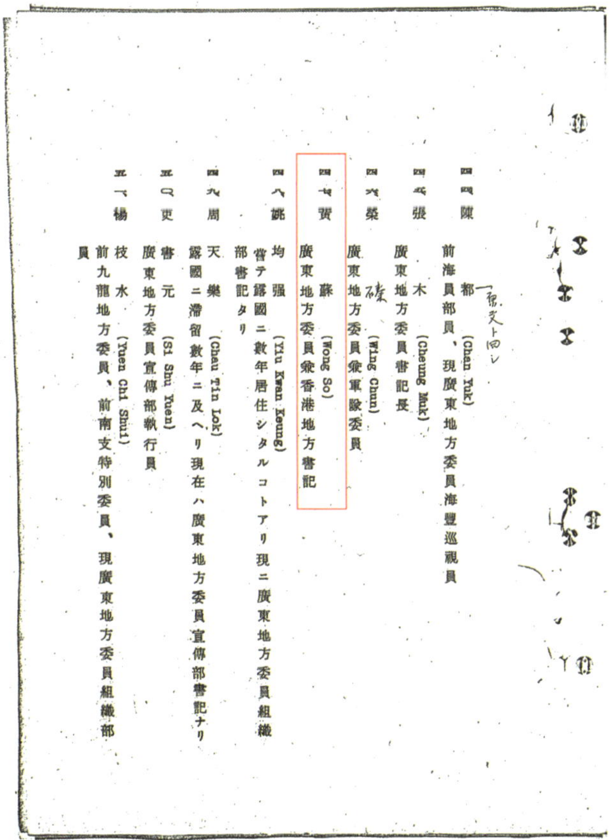

四四 陳　都（Chan Yuk）
前海員部員、現廣東地方委員海豐巡視員

四五 張　木（Cheung Muk）
廣東地方委員書記長

四六 榮（Wing Chun）
廣東地方委員兼軍隊委員

四七 黄　蘇（Wong So）
廣東地方委員兼香港地方書記

四八 姚均强（Yiu Kwan Keung）
嘗テ露國ニ數年居住シタルコトアリ現ニ廣東地方委員組織部書記タリ

四九 周天樂（Chau Tin Lok）
露國ニ滯留數年ニ及ヘリ現在ハ廣東地方委員宣傳部書記ナリ

五〇 史書元（Si Shu Yuen）
廣東地方委員宣傳部執行員

五一 楊枝水（Yuen Chi Shui）
前九龍地方委員、前南支特別委員、現廣東地方委員組織部員

I-0780

日本外务省档案《共产党员名簿关系（香港、广东、广西地方关系）》，黄苏（黄甦）名字在列

8月12日　中共中央南方局在香港成立，管辖粤、桂、闽等地党组织，以及滇、黔、赣南等地。罗登贤任书记兼工委书记，黄甦、岳栋、许植、刘达潮、江蕙芳任工委委员；南方局军区主任李富春、参谋长杨剑英，军区委员黄甦、黄强、林昌云、陈子岐、杨剑英（秘书）。

8月16日　与李富春、陈家齐等组建南方局军区，召集第一次会议，布置和进行工作。

8月25日　中共中央南方局和广东省委为贯彻李立三"左"倾冒险主义路线，把党、团、妇联、工代会的领导机构合并，组成了"广东省行动委员会"，由罗登贤（后改为李富春）为总负责人。各县、市也相应成立了各自的行动委员会。广东省行动委员会全力贯彻中央总行动委员会号召，指示白区各地在纪念节日举行罢工和示威游行、组织飞行集会，实施总同盟罢工和武装起义等，使党的组织完全陷于孤立；命令东江、琼崖以及广西方面的工农红军盲目进攻大城市，使工农红军遭受重大损失。

9月24日—28日　中共六届三中全会在上海召开，批评以李立三为代表的"左"的冒险主义路线错误，停止了李立三等组织全国总起义和集中全国红军进攻中心城市的冒险行动，结束了以李立三为代表的"左"的错误在党中央的统治。

10月17日　中共中央召开临时会议，决定建立苏区中央局和中央革命军事委员会。苏区中央局由项英、毛泽东、周恩来、任弼时、朱德、吴振鹏、余飞，再加上当地二人组成，周恩来为书记。经周恩来的提议，苏区军委会由项英、毛泽东、任弼时、朱德、彭德怀、贺龙、黄公略、周逸群、叶剑英、张云逸、邓中夏、曾中生、邓发、邓小平、黄甦、袁国平、刘伯承、周恩来、关向应、恽代英、李富春等25人组成。

10月　到九龙望角区中共广东省委发行科检查工作时遭特务追捕，

与敌人搏斗受伤，从三楼跳下，侥幸脱险，受香港市委组织部长梁广①搭救。经过一个月的精心治疗，才恢复健康。

11月3日 广东省委下发《关于取消各级行委组织，划分党、团组织的通知》，恢复广东党、团及工会原有的系统组织。

11月7日 中共中央派施简到龙岩，召开总行委、第二十一军、红校校委联席会议，决定第二十一军、第二十军编为新第十二军，下辖3个步兵团，共1600支枪，2600余人。左权任军长（20日到任），贺声洋为代军长，施简为政委，李力一为政治部主任。

11月1日—12月初 中共中央委员邓发在东江特委驻地大南山大溪坝村主持召开闽粤赣边区第一次党员代表大会（实际只有粤区党代表），传达六届三中全会的决议及党中央确定的方针、任务和工作计划，着重讨论进一步巩固和发展闽粤赣苏区的问题；会议决定撤销东江特委，成立中共闽粤赣特委，邓发为特委书记。12月初，在闽西特委驻地龙岩召开闽粤赣边区第一次党员代表大会（包括东江、闽西苏区党代表），正式成立闽粤赣边区特委和闽粤赣军事机关（中共闽粤赣边区特委军事委员会、红军闽粤赣军区司令部），邓发任司令员兼政委，下辖东江红十一军和闽西新第十二军。

11月29日 前往闽西革命根据地新第十二军驻地龙岩。随后，协助闽粤赣特委书记邓发开展闽粤赣边区党、政、军机关建设工作及反“围剿”斗争。其中，自港赴闽途中，遭遇国民党包围党的交通机关，和6个同志带着一支驳壳枪冲出去，6个同志牺牲了，只有黄甦一人安全到

① 梁广（1909—1990），1925年参加省港大罢工，1927年加入中国共产党。同年12月起参与组织、接待和安置广州起义失败后转移至香港的共产党员和革命者。1928年起任中共香港市委组织部长、香港工代会主席、中华全国五金职工委员会委员长。1931年夏转入中央革命根据地，任中华全国总工会苏区中央执行局主任，后改任中华全国总工会组织部长。1933年夏曾兼中国工农红军工人师政治委员。1934年任中共福建省委常务委员兼职工部长。1935年冬赴苏联入列宁学院学习兼中国部支部书记与工会主席。

达闽西苏区。

12月15日—翌年2月下旬 参加闽西第一次反“围剿”斗争。

1931年 28岁

1月7日 中共六届四中全会扩大会议在上海举行。黄甦并未参会，在共产国际远东局和中共中央政治局的建议下，被补选为中央委员。

1月15日 中共苏区中央局在宁都小布成立，由项英代理书记。同时建立中央革命军事委员会，项英为主席，朱德、毛泽东为副主席，黄甦任中革军委委员。

2月27日 邓发主持召开中共闽粤赣苏区特委第一次常委扩大会议，强调肃清反动政治派别（社会民主党、改组派、第三党——国际社会党、托陈取消派）。此时在2月、3月间，闽西苏维埃政府接连发布4个关于肃反的布告：第九号《反动政治犯自首条例》、第十号《肃清各种反革命派，粉碎敌人进攻苏维埃》、第二十二号《加紧肃清国际社会民主党的活动》、第二十五号《关于加紧肃反与审问工作》。期间，新第十二军代军长贺声洋、政委施简反“社会民主党”不力被扣押审判。由左权、黄甦分任新第十二军军长、政治委员。

3月1日—2日 闽西苏维埃政府在永定虎岗召开闽西工农兵审判反革命社会民主党分子代表大会，以林一洙为主审的“革命法庭”，对新第十二军第一百团政委林梅汀等17人，以“社会民主党”罪名加以处决，开始了闽西根据地内部“肃社”这一冤假错案的严重事件的处理。经肃反之后，新第十二军战斗兵力大量减少，指挥员十分缺乏，士气大为降低。

3月15日 由任弼时、王稼祥、顾作霖3人组成的中共中央代表团到达永定县虎岗。

3月20日 在虎岗召开中共闽粤赣特委常委会第二次扩大会议，传达六届四中全会决议，提出了许多以王明“左”倾错误为特征的对内对外方针政策：在土地改革中实行“地主不分田、富农分坏田”的办法，实行单纯防御的“保卫龙岗、虎岗”保守主义战略方针等，完全脱离闽粤赣根据地的斗争实际。会议还提出：“以肃反为中心”，促使闽西苏区的反“社会民主党”的肃反运动更加严厉。

4月4日 闽粤赣特区军委、新第十二军军部以及各县县委召开联席会议，通过《关于闽粤赣苏区军事会议决议案》，确定“中心策略是冲破敌人的包围”，会议要求党政军领导机关把扩充闽西红军主力新第十二军作为当前最迫切的任务。

4月—5月 闽西苏区军民积极投入第二次反“围剿”斗争，新第十二军在“保护春耕，夺回湖雷”的口号下，与永定县动员的2000多名赤卫军、少先队地方武装配合作战，两次强攻坎市未果。与长汀1000多人的警卫连、赤卫队地方武装配合进攻温坊不下，再攻打大、小池强敌，打硬碰硬的消耗战，部队受挫，损失很大，闽西根据地大大缩小。闽西的岩、杭、永中心革命根据地区域由原有48个区缩小到22个区。

5月21日 闽西苏维埃政府在永定虎岗召开第三次扩大会议，提出巩固现有苏区、恢复失去的苏区，以巩固中央苏区后方的总任务；并提出两个月内新第十二军扩充2000人、各县赤卫团扩大到1000人以上，普遍建立赤卫队、少先队等计划。

5月27日 “坑口兵变”爆发[①]。

① 5月27日，驻上杭县坑口的中共杭武县委直属武装第三大队大队长李真等人因对乱捕乱杀“社会民主党”持反对意见，扣留了前来坑口检查“肃社”工作的闽粤赣边特区苏维埃政府筹委会主任罗寿春，并将被关押的坑口“社会民主党”分子全部释放。闽粤赣省委书记邓发得知“坑口事变”消息，立即认定属于“反革命暴动性质”，随即抽调新第十二军进攻杭武第三区。至29日，除少数人逃亡外，第三大队的大部分人员被缴械逮捕，两天前刚被释放的人员又再次被捕。

5月 左权调任红一方面军总前委参谋处处长，游端轩[1]代理红新第十二军军长。黄甦继续担任新第十二军政治委员。

6月初 中共苏区中央局决定，中共闽粤赣苏区特委改组为中共闽粤赣苏区临时省委（亦称闽粤赣苏区省委），邓发任书记，罗明任省委组织委员、李明光任宣传部长。

6月16日 根据红一方面军总前委的命令，闽西新第十二军攻克汀州；19日，再次击败重占汀州的地方军阀卢新铭部，迫使其向蔡坊、邱坊、刘源一带溃退。

6月22日 红一方面军总前委成立中共闽赣边界工作委员会，领导红一军团第十二军军委、中共闽粤赣临时省委以及汀州、连城、石城、瑞金等县党组织，周以栗任书记。会后，红十二军奉命入闽，6月27日攻取宁化县城，7月1日再下汀州，然后转入归化、清流、宁化、连城、石城、长汀等县开展分兵活动，开辟了闽西北新的根据地，迫使围攻闽西的闽粤两省国民党军阀收缩战线，打破国民党对闽西苏区的第二次“围剿”。

7月15日 闽西苏维埃政府发布第三十二号通告《关于成立政治保卫处问题》，决定撤销闽西肃反委员会，成立闽西政治保卫处，其任务是“巩固政权”“镇压反动”“保护工作人员及群众性命的安全”，郭滴人任保卫处处长，林一株任副处长；各县成立县政治保卫处，区成立区政治保卫科。

7月中下旬 邓发调离闽西，由卢德光（即卢永炽，后潜逃）接任。闽粤赣省委、军委和军区司令部确定“向北发展”的军事战略方针，即发展闽西北。

① 游端轩（1901—1934），1928年参加红军，并参加湘南起义。1930年后，任红军新编第十二军第一团团长，红十二军第三十四师师长，红十二军代理军长兼第三十四师师长，福建军区参谋长兼红十二军参谋长、第三十四师师长，中共福建省委军事部长兼省苏维埃军事部长。

8月 闽西第三次反“围剿”开始。在闽粤赣军委、军区参谋长兼彭杨军事学校校长萧劲光的指导下，闽西红军新第十二军、红军虎岗警卫营和军事政治学校的指战员，发起庐丰、蓝家渡、丰稔战斗，三战三捷，击溃国民党汀属武装“救乡团”钟绍葵部3个中队、1个教导队，恢复上杭县大片红色区域。闽粤赣省委从永定虎岗北移上杭白砂。

9月8日 新第十二军在连城朋口打垮闽西地方军阀卢新铭旅一个团和大股地主武装，歼敌700余人，收复军事要地长汀县钟屋。经过庐丰、蓝家渡、丰稔、朋口四战四捷。

9月15日 新第十二军克复长汀，9月下旬转入连城县一带，消灭闽西地方军阀易启文团大部，将革命根据地扩大到（长）汀连（城）地区，闽西第三次反“围剿”取得胜利。

10月 红一方面军第一军团第十二军与闽西红军新第十二军在长汀会师，两军合编，仍称红十二军，下辖第三十四、第三十六师，驻地龙岩虎岗。军长罗炳辉，政治委员谭震林，政治部主任谭政。原新第十二军缩编为红十二军第三十四师，师长游端轩（后为龚楚）、政治委员黄甦、参谋长毕占云①、政治部主任蔡钟②，师部在长汀县河田镇。下辖第一百团、一〇一团、一〇二团，每团辖三个步兵连，一个机关枪连，师直属队有特务连、步炮连、通讯队、卫生队，全师指战员有三千人。

11月7日—20日 中华工农兵苏维埃第一次全国代表大会在江西瑞金叶坪村召开。出席会议的代表共610人，其中包括中央、闽西、湘鄂赣、湘赣、湘鄂西、豫东北、琼崖等苏区的代表，红军第一、第三军

---

① 毕占云（1903—1977），1929年起，历任红军新编第十二军第一〇二团团长、军参谋长、代理军长，红七军第十九师参谋长，红二十二军第六十六师师长、军参谋长，红一军团第一师参谋长、补充第一师师长。

② 蔡钟（？—1935），1930年冬在红十二军三十四师任第一百团团政治委员；1933年3月成立闽西红十九军，任第五十六师政治委员。6月全军统一编制，任第三十四师政治部主任、代理师政治委员。

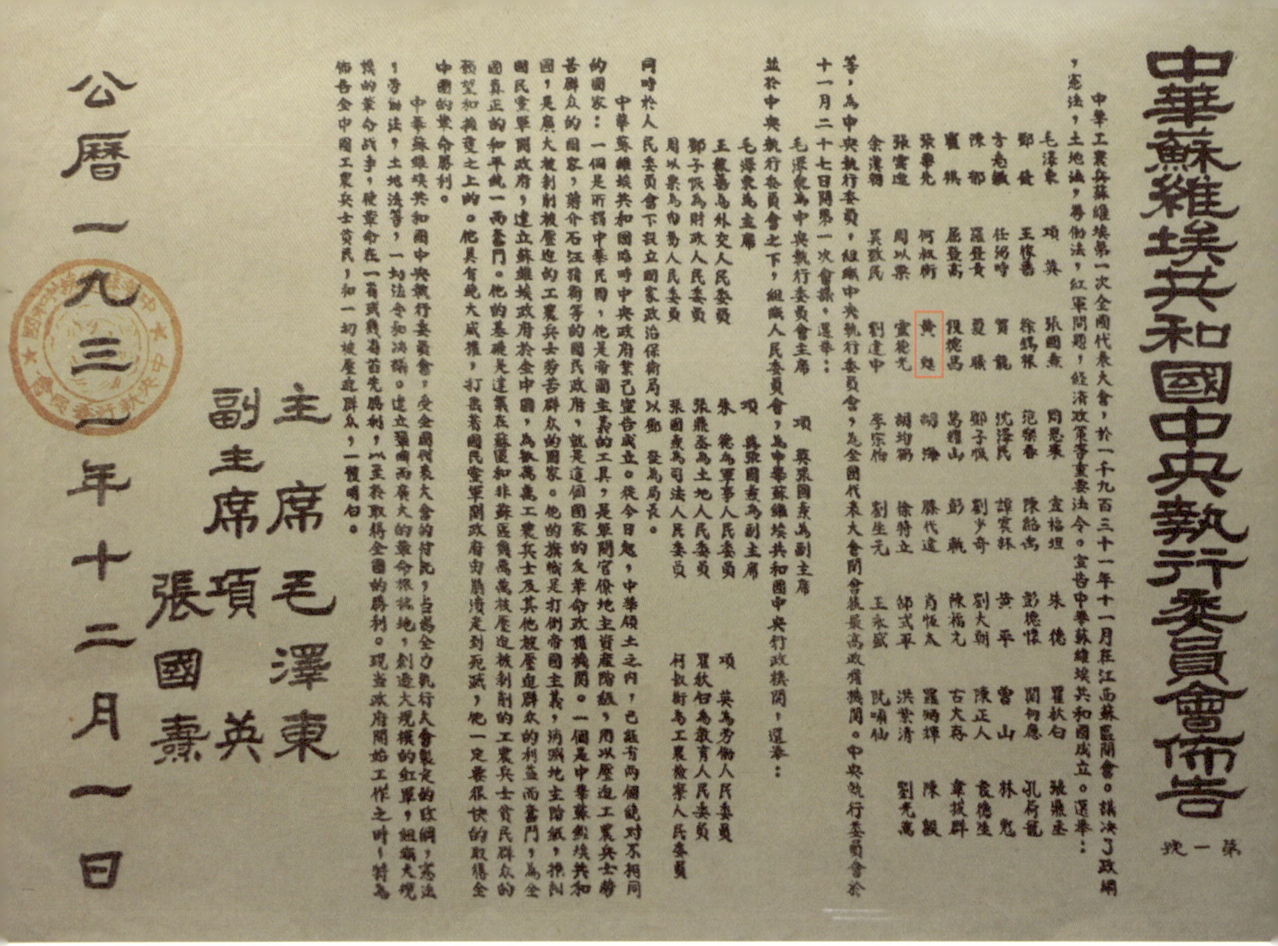
中華蘇維埃共和國中央執行委員會佈告

第一號

中華工農兵蘇維埃第一次全國代表大會，於一千九百三十一年十一月在江西蘇區開會。議決了政綱，憲法，土地法，勞動法，紅軍問題，經濟政策等重要法令。宣告中華蘇維埃共和國成立。選舉：

毛澤東　項　英　張國燾　周恩來　盧福坦　朱　德　瞿秋白　張鼎丞
鄧　發　王稼嗇　徐錫根　范樂春　陳紹禹　彭德懷　關向應　孔荷寵
方志敏　任弼時　賀　龍　沈澤民　譚震林　黃　平　曾　山　林　彪
陳　郁　羅登賢　夏　曦　鄧子恢　劉少奇　劉大朝　陳正人　袁德生
崔　琪　屈登高　段德昌　葛耀山　彭　湃　陳梅元　古大存　韋拔群
張華先　何叔衡　黃　甦　胡　海　滕代遠　肖恆太　羅炳輝　陳　毅
張雲逸　周以栗　盧德光　胡均鶴　徐特立　郭式平　洪紫清　劉光萬
余漢濤　吳致民　劉建中　李宗伯　劉生元　王永盛　阮嘯仙

等，為中央執行委員，組織中央執行委員會，為全國代表大會閉會後最高政權機關。中央執行委員會於十一月二十七日開第一次會議，選舉：

毛澤東為中央執行委員會主席　項　英張國燾為副主席

並於中央執行委員會之下，組織人民委員會，為中華蘇維埃共和國中央行政機關，選舉：

毛澤東為主席　項　英張國燾為副主席

王稼嗇為外交人民委員　朱　德為軍事人民委員　項　英為勞働人民委員
鄧子恢為財政人民委員　張鼎丞為土地人民委員　瞿秋白為教育人民委員
周以栗為內務人民委員　張國燾為司法人民委員　何叔衡為工農檢察人民委員

同時於人民委員會下設立國家政治保衛局以鄧　發為局長。

中華蘇維埃共和國臨時中央政府業已宣告成立。從今日起，中華領土之內，已經有兩個絕對不相同的國家：一個是所謂中華民國，他是帝國主義的工具，是軍閥官僚地主資產階級，用以壓迫工農兵士勞苦群众的國家，蔣介石汪精衛等的國民政府，就是這個國家的反革命政權機關。一個是中華蘇維埃共和國，是廣大被剝削被壓迫的工農兵士勞苦群众的國家。他的旗幟是打倒帝國主義，消滅地主階級，推翻國民黨軍閥政府，建立蘇維埃政府於全中國，為數萬萬工農兵士及其他被壓迫群众的利益而奮鬥，為全國真正的和平統一而奮鬥。他的基礎是建築在蘇區和非蘇區數萬萬被壓迫被剝削的工農兵士貧民群众的願望和擁護之上的。他具有絕大威權，打倒國民黨軍閥政府由崩潰走到死滅，他一定要很快的取得全中國的革命勝利。

中華蘇維埃共和國中央執行委員會，受全國代表大會的付託，當竭全力執行大會製定的政綱，憲法，勞働法，土地法等，一切法令和決議。建立鞏固而廣大的革命根據地，創造大規模的紅軍，組織大規模的革命戰爭，使革命在一省或幾省首先勝利，以至於取得全國的勝利。現當政府開始工作之時，特為佈告全中國工農兵士貧民，和一切被壓迫群众，一體明白。

主　席　毛澤東
副主席　項　英
　　　　張國燾

公曆一九三一年十二月一日

中华苏维埃共和国中央执行委员会布告第一号，黄甦当选为中央执行委员

福建省第一次工人代表大会代表证

团，第二、第六军，第十六军及各独立师，以及全国总工会、全国海员工会均派代表出席。19日，大会选出毛泽东、周恩来、朱德、刘少奇等63人为中央执行委员，组成中华苏维埃共和国执行委员会，作为全国代表大会闭幕后的最高政权机关。当选为中央执行委员。

1932年　29岁

1月7日　在周恩来的主持下，中共苏区中央局通过《关于苏区肃反工作决议案》，以自我批评的精神，总结、承认了在反所谓“AB团”“社会民主党”斗争和肃反工作中路线错误的领导责任问题。

2月1日　福建军区（又称闽西军区，惯称闽粤赣军区）成立，由红十二军兼军区总指挥部，直辖于中革军委，下辖红军第十二军（辖第三十四师、第三十六师）、独立第七师（后改为第三十五师）和随营学校（后改称彭杨红军学校）。罗炳辉任总指挥，谭震林任政治委员兼政治部主任，游端轩任参谋长。20日，福建军区总指挥部在长汀宣告正式成立。下属各师部分兼汀清连（福建军区第二军分区，驻新泉）、杭永岩（福建军区第一军分区，驻太拔）、宁清归（福建军区第三军分区，驻宁化）军分区指挥部，各军分区均成立独立团。第三十四师师部兼汀清连军分区指挥部，黄火星任司令员，黄甦任政委。驻地连城县新泉。

2月20日—23日　红十二军奉命向南发展，击溃国民党汀属武装“救乡团”钟绍葵部主力，克复武平、上杭县城以及周围大片红色区、乡，又转兵向武平以西发展游击战争，恢复武平西部至闽粤边境的部分红色区、乡，迫使闽西地方军阀张贞部退守龙岩、永定县城及湖雷、坎市、龙岩一线等的主要据点。闽粤赣根据地大部分区域恢复，赣南和闽西苏区连成一片，中央革命根据地正式形成。

3月2日　周恩来在《红色中华》发表《红军十二军占领杭武的意义》，表彰红十二军“自从去年开到闽西以后，所向无敌，他开到什么地方，什么地方的军阀团匪便望风而逃，这次攻下了武平、上杭，更证明十二军有铁一般的坚固，火一般的威声，他已成为巩固闽西苏区积极向外发展的一支主力队伍……”。

3月14日—17日　中共闽粤赣临时省委第二次代表大会在长汀的中华基督教堂召开，决议改中共闽粤赣临时省委为中共福建省委，选举罗明为代理书记。会议通过《目前政治形势与闽粤赣苏区党的任务》。在纠正肃反错误和土地革命路线的错误偏向等方面，作出了若干切合闽西斗争的决定，并在地方政权与武装建设等方面提出了正确的主张。

3月18日—21日　出席福建省第一次工农兵苏维埃大会，当选为福建省苏执行委员。大会通过《福建省第一次工农兵代表大会决议案》并报中华苏维埃共和国中央执行委员会批准；一致选举出35名福建省苏执行委员，选举张鼎丞、阙继明、张思垣、范乐春、李六如、郭滴人、钟显光、张华先、谭震林等9人为福建省苏主席团，张鼎丞同志为省苏主席。

福建军区成立旧址——长汀大同十里铺师福村赖宅

4月—5月　中央红军东路军[1]2万多人入闽作战，一举攻克龙岩，攻占漳州城，歼灭漳州军阀张贞部大部，并分兵协助组织地方政权和武装、开展打土豪分田地活动。闽西军民乘势反攻。红十二军三十四师在地方武装配合下，迅速收复湖雷、坎市、塘背，恢复了永定苏区。闽西苏区掀起扩红（军）和建立地方主力红军热潮。

5月　原广东饶平、大埔和福建平和县因暴动受挫失去联系后来漳州做工的200多人，成立饶（平）（平）和（大）埔独立大队，由张大伟任队长，温仰春任政委，准备回原地开展游击战争，后因交通阻隔未去，编入红军第十二军三十四师。

6月下旬　红一方面军第一、第五军团主力撤离漳州回赣南。红十二军军部及所属第三十六师随红一军团离闽入赣。红十二军与福建军区分开，归红一方面军领导。第三十四师、第三十五师（由福建军区独立第七师改编）继续留在福建。第三十四师部署在（上）杭永（定）（龙）岩地区，防止粤十九路军进攻；第三十五师推进闽北，向宁化、连城一带发展。

7月初　红十二军三十四师及永定独立第一团向永定坎市团匪发动攻击，攻破大小坚固土楼十余座，并且还攻毁了铜锣坪大炮楼7个。红军还攻入龙潭东兴的大炮楼，活捉团匪首领“猫子”，土豪数人，缴枪10余支，并救出被团匪捆缚在楼房准备烧死的群众百余人。

10月初　中革军委决定将红十二军军部及第三十六师编入红二十二军，罗炳辉任军长、旷朱权任政治委员，担负赣东、闽北地区的发展任务。以第三十四师、第三十五师合编为新的红十二军，黄甦任政治

① 中革军委于1932年3月18日发布训令，将中央红军分成中路军（红一、红五军团）和西路军（红三军团），“夹赣江而下，向北发展”。3月27日至28日，周恩来在江西瑞金召开苏区中央局会议，重新研究中路军行动方针，决定改中路军为东路军东征福建，毛泽东随东路军入闽，指挥作战。

委员，萧克任军长（萧克并未赴任，张宗逊[①]12月上旬到任），兵力约3000人，担任巩固闽西苏区，发展闽西宁化、清流、归化及闽南梅属的任务。

10月14日 红一方面军总部下达“建黎泰计划”，分别以红三、红一和红二十二军为左、中、右纵队，在国民党军第四次“围剿”部署未定采取守势情况下，集中优势兵力，择敌弱点，以较小代价占领建宁、黎川、泰宁、邵武、光泽等广大地区，发动群众，征集资材，打开了赣东、闽北局面。11月3日，红二十二军停驻邵武、光泽，与将乐、顺昌、建阳、资溪一线之敌相峙。至此，建黎泰战役结束。

10月29日 闽西红十二军分别出击，占领清流、归化两个县城。在进攻归化县城时，将建宁、石城、归化、宁化四县的团匪包围在归化城中一举歼灭，并缴获长枪60余支，驳壳枪5支，军用品无数。

1933年 30岁

1月13日 中共苏区中央局决定红十二军沿连城、归化一线进入闽北将乐县，准备参加第四次反“围剿”作战。

1月15日 红十二军第三十四师一部作为先头部队进入黄潭，第二次解放黄潭，相继恢复黄潭区、乡红色政权。时值春节即将来临，红三十四师分兵发动群众，打土豪、分粮食、分猪肉。

1月16日 红一方面军党务委员会成立，任党务委员。委员袁国平、朱德、林彪、王稼祥、蔡树藩、刘伯坚、乐少华、陈阿金、罗荣桓、黄甦。红一方面军总政治部副主任袁国平兼任书记。

1月16日—18日 率红十二军由连城、归化进入将乐南部的白莲、

① 张宗逊（1908—1998），1927年9月参加湘赣边界秋收起义，1930年后，任红十二军代理参谋长、第三十六师师长、红十二军军长，红一方面军独立第一团团长，红五军团第十四师师长，红军大学校长。

南口、黄潭、万全等地，打击“进剿”将乐苏区的敌军和保安队，帮助这一区域的乡镇恢复苏维埃政权和建立贫农团、农会、游击队等群众组织和地方武装。

1月25日 红十二军第三十四师攻打将乐县城，由于城墙坚固，部队又撤回南口，军（队）地（方）战士和群众联欢过年。

2月12日 红一方面军主力强攻南丰城。

2月13日 周恩来、王稼祥致中共苏区中央局“黄甦负伤，无政治部主任，决以刘希平任政治部主任并代理政委”①。

2月23日 红十二军随红一方面军主力撤围南丰，秘密转移到东韶、洛口地区，待机歼敌。

2月25日 周恩来、王稼祥在第四次反“围剿”前夕向各军团和各独立军师发出《政治工作是争取胜利的先决条件》十五条指示，要求各部队利用战前或作战中的间隙进行政治动员和宣传鼓动，提高部队士气，并号召全体指战员“以最大的决心与勇气争取第一仗的大胜利，给反革命的进攻以迎头痛击”。

2月27日—28日 在黄陂战斗中，红十二军作为红一方面军总司令部的预备队，随红二十二军在右翼作战，配合友军围歼敌第五十九师。战至次日，歼敌第五十二师和第五十九师大部，敌师长以下官兵约1万人。

3月6日 同张宗逊作《检阅这次黄陂战役的优缺点》军事总结。

3月15日 为寻找战机，红一方面军总司令部根据敌情，派红十一军东渡抚河，向黎川方向佯动，诱敌轻进。将主力部队分为左右两翼队，以红五军团、红十二军及宜黄独立团为右翼队，隐蔽于广昌之东阪草台岗南侧地区；以第三军团、第一军团、第二十一军、独立第五师为

①《周王致中央局电》，1933年2月13日。

左翼队，向北移动，准备侧击敌军后纵队。

3月20日 收到红一方面军首长下达的作战的命令，“第十二军（附宜黄两独立团）应于20日黄昏时到斜蕃附近，21日取捷路到侯坊上游适当地点渡河，占领灵埂山、三角砦一带，侧击侯坊、徐庄、雷公崃之敌，并以一部领导宜黄老独立队往石背、摇篮寨游击东陂之敌。新独立团往新丰市西南地带。挖毁由东向西的交通路（防敌回援），并警戒我右侧背”。当天夜里，红军各部队进入各自的攻击位置。

3月21日—22日 参加草台岗战斗，同张宗逊率红十二军，与红五军团之第十五军、第三十九师为右翼队，向霹雳山、雷公崃和摇篮寨之敌发起进攻。此战红军歼敌近一个师，打破了国民党军队对中央根据地的第四次“围剿”。在草台岗战斗中负伤，被送到后方医院去治疗[①]。

5月12日 中革军委遵照中华苏维埃共和国临时政府的决定，由前方移至瑞金。前方成立中国工农红军总司令部兼红一方面军司令部，任命朱德为红军总司令兼第一方面军司令员，周恩来为红军总政治委员兼第一方面军政治委员，并增加博古、项英为中革军委委员，规定中革军委主席朱德在前方指挥作战时，以项英暂行代理主席职务。

6月7日 红一方面军按照中革军委确定的中国工农红军新编制在乐安南部的藤田、大湖坪、善和地区实行整编。原第三军、第四军、第二十二军和瑞金模范师编为红一军团，林彪任军团长，聂荣臻任政治委员，杨宁（即毕士悌）任参谋长，罗荣桓任政治部主任，李卓然任副主任。取消军一级组织机构，辖3个师：第一师，罗炳辉任师长、蔡树藩任政治委员。第二师，徐彦刚任师长，胡阿林任政治委员；第三师[②]，周昆任师长，伍修权任政治委员。原红十二军军部及第三十四师被整编为红一方面军独立第一团，张宗逊任团长，刘希平任政治委员。

---

① 《周恩来致闽赣省委电——中央局同意肖劲光任闽赣军区指挥兼政委》（1933年5月20日）。

② 由瑞金模范师中央警卫团、东南战区模范团和军团教导团等合编。该师实际未编入红一军团而是由方面军直接指挥，单独执行任务，后来编入新组建的红九军团。

7月1日 中革军委代主席项英下达命令，以中国工农红军第三军团为基干和红十九师临时组编成东方军，由司令员彭德怀、政委滕代远、参谋长邓萍等率领入闽作战。红一、红三军团留在抚河与赣江间的吉水、永丰、乐安、崇仁、宜黄等地，破坏敌军联系，进行钳制性作战，配合东方军行动。

7月上旬 伤愈，任红一方面军第一师政治委员。

7月7日 同第一师师长罗炳辉[①]率红一师进入永丰古县地区。

7月8日—9日 同罗炳辉率红一师渡永丰河，发动枫坪战斗，战斗规模虽然不大，"毙敌营长、义勇队长一名，伤毙敌连长、排长及士兵四五十名"，但"敌人遭此打击后，退入吉水城内固守，永吉新的交通断绝，粮食缺乏，甚形恐慌，且疑我有攻吉安企图，对调动敌人上有相当作用，使我游击等区域扩大"[②]。战斗结束后，即在乌江枫坪、张家坪工作，发动群众征集资材。10日红一师主力移到八都、劳桥之线工作，留一团兵力保护浮桥及交通。

8月1日 红军中央警卫师（工人师）在瑞金宣告成立。工人师由12600多名工人群众组成，编成三个正规团、一个补充团，每团下设营、连、排、班，实行三三建制，归中央军委直接领导。刚组建时梁广担任该师师长兼政治委员（后由李干辉担任政治委员），后调孙超群[③]担任师长。

---

① 罗炳辉（1897—1946），1929年7月加入中国共产党。同年11月率部起义参加红军。后任江西红军独立第五团团长，红六军第二旅旅长、第二纵队副司令员、司令员，红三军第二纵队纵队长，红十二军代理军长、军长，闽西军区总指挥兼红十二军军长，福建省苏维埃政府执行委员，中华苏维埃中央执行委员，红二十二军军长，红一军团第一、第三师师长，红九军团军团长。1935年9月随红九军团留在红四方面军，后任红三十二军军长，援西军副司令员。

② 罗炳辉，黄甦：《红一军团第一师枫坪战斗经过详报》（1933年7月）。

③ 孙超群（1906—1967），1929年8月参加红军。1930年加入中国共产党。曾任红四军战士，红军学校第一分校班长，红二十二军军部通信排排长，江西军区永丰独立营连政治委员，独立第五师第十四团政治委员，独立第四师师长，红二十二军第六十四师师长，中央军事政治学校营长，红一方面军教导团团长，中央警卫师（工人师）师长，红八军团第二十三师师长。

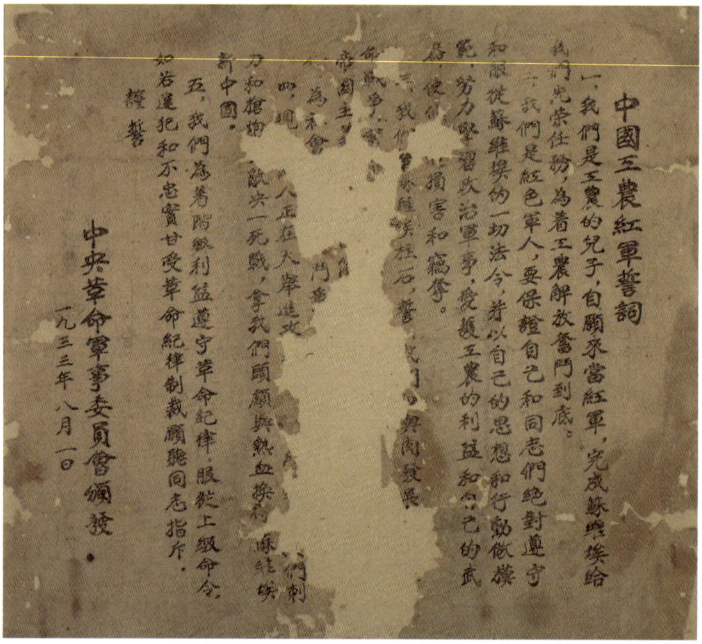
中國工農紅軍誓詞

一、我們是工農的兒子，自願來當紅軍，完成蘇維埃給我們光榮任務，為着工農解放奮鬥到底。

二、我們是紅色軍人，要保證自己和同志們絕對遵守和服從蘇維埃的一切法令，并以自己的思想和行動做模範，努力學習政治軍事，愛護工農的利益和自己的武器，使不損害和竊奪。

三、我們……蘇維埃柱石，誓……與……發展……命戰爭……帝國主義……為不會……們要

四、現……人正在大舉進攻……刀和槍炮……決一死戰，拿我們頭顱與熱血換得……蘇維埃……們制新中國。

五、我們為着階級利益遵守革命紀律，服從上級命令，如若違犯和不忠實甘受革命紀律制裁願聽同志指斥。

謹誓

中央革命軍事委員會頒發

一九三三年八月一日

中革军委 1933 年 8 月 1 日颁发的《中国工农红军誓词》

8月2日—3日　参加红一方面第一次庆祝“八一”建军节系列活动之军事政治竞赛，并担任活动评委。

8月13日—14日　同罗炳辉率红一师参加张家坪附近战斗。溃敌国民党第二十七师、第九十三师，固守吉水城附近及太平山上工事。红一师驻守枫坪、红山、坝里、珠山、塘头一带，均未能大量歼敌[1]。

8月15日　根据中革军委和红一方面军总部的命令，正式组成由林彪任司令员、聂荣臻任政治委员的中央军，指挥红一军团和红十四师及独立第一、第三、第四团活动于永丰至吉水、永丰至乐安南北地区，以配合东方军作战。

8月31日　同罗炳辉率红一师（欠第一团）参加中央军发起的乌江

① 罗炳辉，黄甦：《八月十四日张家坪附近战斗详报》（1933年11月）

圩战斗，经八江、桑园秘密绕道乌江圩西北地区，发起突然攻击；与此同时，红二师和红一师第一团在军团炮兵营的支援下，从东北向乌江圩进攻，很快击溃守敌，攻占乌江圩。此战，共歼国民党军第八十师约4000人，俘旅长以下2000余人，缴获枪2600余支（挺）、迫击炮8门、无线电台2部及大批军用物资。

9月1日 中革军委致电中央军全体指战员："热烈庆祝你们乌江的光荣新胜利，这一胜利是有力地配合了东方军胜利"。

10月9日 第五次反"围剿"开始后，策应东方军发起强攻硝石战斗，同罗炳辉率红一师随中央军活动于抚河以西，钳制新丰街附近之敌，以配合东方军作战。

10月13日 东方军攻硝石5日不克，被迫撤出战斗后。红一军团主力奉命暂时转移到抚河之东，寻机歼敌。自此，深入敌堡垒地域，与敌激战于资溪桥、石峡、洵口、湖坊等地区，损失严重，实力受到很大削弱。

10月17日 中革军委发出《关于改编红军学校的命令》，"以原红军学校的高级班上级班，改为红军大学校"。设高级指挥、上级政治、上级指挥、上级参谋四个科，学员都是从各部队调来的军政领导干部。校长兼政委先后有何长工、周昆、张宗逊等。

10月29日 中革军委调整中央军，由红一军团和红九军团第十四师及独立第一、第四团组成。红一师师长罗炳辉调任红九军团军团长，李聚奎[①]代理红一师师长、黄甦继任红一师政治委员；吴群任第二师师长、胡阿林任政治委员。

① 李聚奎（1904—1995），1926年参加国民革命军。1928年7月参加平江起义，同年加入中国共产党。后任红五军排长、第三大队中队长、第八大队大队长，参加了湘鄂赣、湘赣边区的游击战争。1930年后，任红六军第三纵队第四队大队长、代理纵队长，第九支队支队长，红三军第九师第二十七团团长，第九、第八、第七师师长，红一军团第一师第二团团长、第一师师长，红七军团第二十师师长，红一军团第一师师长。

11月17日 红一方面军之中央军第一、第九军团等部发起云盖山、大雄关战斗，在宜黄县东南的云盖山、大雄关地区阻击国民党军第五纵队共5个师的进攻，伤亡重大，完全陷入被动的境地，被迫于19日撤出战斗向苏区内转移。战斗中，联同李聚奎率红一师向大雄关以东木鱼嵊、西山岭高地的国民党军发起猛烈攻击，遭受较大伤亡后，向南转移到朱坊、沙岗上及新丰市一线[①]。此后，中央军的番号实际被取消。

11月18日 为专门培养军长、师长一级干部，朱德、周恩来与博古、李德商定了4名政治干部、6名军事干部作为红军大学第一期高级指挥科学员名单，并报送项英。黄甦作为政治干部在选送名单之列。其余选送干部有彭雪枫、刘亚楼、唐天骥[②]、周建屏、周昆、梅林、黄永胜、陈伯钧、张宗逊、程子华。

12月20日 中革军委下达《关于转移突击方向和组织三个军及各军动作的指示》，决定以红五、红七军团及独立第六十一团和东北各地方等部队编为东方军，留在建宁、黎川、泰宁、邵武、光泽、金溪一带开展游击战争，消耗东线之敌；红九军团和独立第一、第四团编为中央军，在东方军左翼活动以牵制敌人；红一、红三军团和独立第二、第三、第十一、第十三团编为西方军，转移到永丰地区相机消灭敌人。同时决定：红一方面军总部移驻瑞金并入中革军委，所属部队由中革军委直接指挥。

12月25日 西方军红一军团乘“福建事变”之际，西进永丰地区，发起丁毛山战斗，遂行中革军委恢复和扩大苏区的反攻计划。红一军团以红一师为主力，红二师警戒，同敌军展开堡垒对堡垒的“短促突击”，鏖战近10天，遭受较大伤亡，于1934年1月4日被迫撤出战斗。

---

① 李聚奎，黄甦：《关于云盖山大雄关沙岗上等地战斗经过详报》（1933年11月19日）。

② 疑为红一方面军第九军团第十四师代师长唐天际。

1934年 31岁

1月15日—18日 中共六届五中全会在江西瑞金沙洲坝召开，会议通过了《中共五中全会政治决议案》等文件，使“左”倾错误发展到顶点。会上，黄甦被选为中央候补委员。

1月下旬 “福建事变”后，蒋介石大军压境，福建人民政府派第十九路军参谋处长尹时中到苏区求援。为争取蔡廷锴等人进入苏区，黄甦奉命去龙岩大池与蔡廷锴的代表林植夫磋商统一战线问题。但是，在蒋介石的军事讨伐、政治分化下，福建人民革命政府宣告解体，第十九路军被遣散，部分部队改编为国民党第七路军。“福建事变”遂告失败。

1月21日—2月1日 出席在瑞金沙洲坝中央大礼堂举行的中华苏维埃共和国第二次全国代表大会，再次当选为中央执行委员会委员。

2月7日—12日 参加在江西瑞金沙洲坝中央大礼堂召开的中国工农红军第一次全国政治工作会议。7日下午5时举行开幕式，总政治部主任王稼祥致开幕词。朱德、周恩来分别致辞，强调“政治工作是红军的生命线”。

2月18日 工人师奉命改编为中国工农红军第二十三师，隶属红军西方军建制。师长孙超群，政治委员李干辉[①]，政治部主任周桓，下辖第六十七团、第六十八团、第六十九团，开赴广昌前方参加第五次反“围剿”战斗。

春 调红军大学第一期高级指挥科学习。

4月初 国民党军向广昌、建宁发动进攻，中央苏区保卫战开始。

---

① 李干辉（1904—1974），1925年加入中国共产党。曾任全国海员总工会党总支书记。1929年被党组织派到广西工作，同年12月参加百色起义，后任红七军第三纵队营政治教导员，军政治部宣传队队长。到达中央苏区后，历任红二十二军第六十四师政治委员，红三军团第三师政治委员，第四师第十二团政治委员，中央警卫师（工人师）政治委员，红八军团第二十三师政治委员，红三军团第十三团政治委员。

4月21日，中央苏区南大门筠门岭失守。

4月28日　中央苏区的北大门广昌失守，中央苏区形势日趋恶化。

5月1日　被朱德总司令任命为红一军团第一师政治委员。

△中共中央和中革军委决定开展“红五月扩大红军突击运动”，计划在5月间扩大红军27000人。至5月底，实际扩大红军30000人。

5月4日　到达建宁地区，同李聚奎率红一师参加西方军的建宁保卫战，依托马元桥、同元桥一带阵地，抗击敌第八纵队南进。5月15日，防线被突破。16日，红军放弃建宁，向宁化地区转移休整。建宁失守后，国民党军转向苏区中心进攻，中共中央和中革军委被迫实行红军“六路分兵”“全线抵御”，陷入更加被动境地。

8月25日　中革军委决定成立中国工农红军第二十一师，以第六十一、第六十二团和由赣江独立团改编的第六十三团合编组成，任周昆为师长，黄甦为政委，唐浚[①]（后张云逸）为参谋长，罗荣桓为政治部主任，国家保卫局任命杜理卿为特派员。在第六十三团内，编入第七军团归队兵的1个营（4个连）。第二教导团全部（军政干部64名，战士1307名，工作员187名，步马枪286支，重机枪2挺，及其他军用品）统补入第二十一师。

8月31日　同李聚奎率红一师参加温坊战斗[②]。该战斗由林彪、聂荣臻直接指挥，红一军团、红九军团、红二十四师协同作战，在两三天内全歼敌第三师第八旅及援敌一个团，毙敌2000余人，俘敌2400余人，缴获一大批枪支弹药。温坊战役，是中央红军第五次反“围剿”以来取得

① 唐浚（1896—1935），北伐战争时期加入中国共产党。1930年2月参加龙州起义。后任红八军参谋处处长，红七军连长、营长、军参谋处处长。参加了右江苏区革命斗争和红军远征到达中央苏区后，任红七军参谋长，中央革命军事委员会第五局局长，闽赣军区第二十师参谋长，中央教导第二团团长，红八军团参谋长兼第二十一师参谋长。1935年在长征途中牺牲。

② 1934年8月，参与“围剿”中央红军的国民党东路军步步为营、节节推进，逼近松毛岭，打响松毛岭战役。此役分为两个阶段，即9月1日至3日的温坊战斗和9月23日至29日的松毛岭阻击战。

的一次大捷。邓小平主编的《红星报》在第64期第三版以《温坊战斗的胜利》为题，以整版篇幅集中报道温坊大捷。

9月8日 红军第二十一师在兴国崇贤乡崇义村松隐寺正式成立，由中革军委直辖。全师共4300余人。红军第二十一师成立后，即开赴良村前线，与赶来的红二十三师在雄口、雄岭、古龙冈一带构筑工事，以阻止国民党军薛岳第六路军之第七纵队由龙岗向古龙岗推进，掩护中央红军主力准备突围。

9月21日 中革军委命令以第二十一师、第二十三师在兴国县合编组建中国工农红军第八军团，第二十一师领导机关兼军团领导机关，周昆任军团长兼二十一师师长、黄甦任政治委员兼第二十一师政委，唐浚任参谋长兼第二十一师参谋长，罗荣桓任政治部主任兼第二十一师政治部主任，不另组军团直属队。第二十三师师长孙超群，政治委员李干辉，下辖第六十七、第六十八、第六十九团。军团成立时有7000人。

9月22日 国民党军在薛岳的亲自指挥下，采取“轮番攻击，交替前进”的战术，在飞机大炮的掩护下，对雄岭下一带发起进攻。9月23日向雄口一线又发动了新一轮的攻势。面对敌人强人的攻势，黄甦同周昆率红八军团遵照中革军委指示，依托工事，一边顽强阻击敌人，一边往古龙冈方向撤退。9月29日，红八军团退守在古龙冈以北的天子嵊、镇寇塔、歼飞坡、太阳峰、冷水坳地区，利用险峻的山势，顽强阻击南进之敌。

9月29日 张闻天在《红色中华》上发表战略社论《一切为了保卫苏维埃！》，预示红军即将进行战略转移。社论发表后，10月5日红军总政治部发布《“一切为了保卫苏维埃”讨论提纲》，要求全军学习，就即将开始的军事行动，在部队中进行充分的宣传解释工作。

10月2日 中革军委通报成立红军第八军团。

10月7日 中革军委命令留在中央苏区继续斗争的红二十四师及地方部队接替中央红军主力的防务，红一、红三、红五、红八、红九军团

红八军团成立地

红二十一师成立师部旧址

组成野战军，向兴国、瑞金、于都地区集结，准备实行战略转移。

10月8日 同周昆收到军委电令，指示红八军团所辖部队整理和集中的时间与地域，特别指示第二十三师“八日晨以前到达油岭坳地域，当敌继续前进时则遏阻之，以保证其他部队的集中和整理”。当晚，红八军团撤离兴国县古龙冈西北战场，集结古龙冈休整补充，随后经于都县北部之平安、桥头、银坑南移。期间，大量兴国社富、留龙、九山、杰村、江背洞等地的兴国子弟纷纷入伍参军。统计军团人数9022人。

△中革军委完成野战军人员武器弹药补充工作，确定参加战略转移的有中央红军第一、第三、第五、第八、第九军团，以及由中共中央、中革军委机关直属队编成的军委第一、第二纵队，总共86859人。

10月9日 同周昆收到红军总司令朱德来电，命令红八军团向集中地域于都移动。“甲、八军团于今九日晚由现地出动，并于十二日拂晓前到达杰村、澄龙、社富地域。乙、移动的秩序如下：（A）九日夜，八军团应到达古龙岗南岸之水南南路石桥地域，而后方机关则应到达黄沙、平安寨。（B）十日夜，八军团司令部随二十一师应到达桥头地域，而二十三师及后方机关则应到达银坑地域。（C）十一日夜，则全部隐蔽的到达指定集中。”

10月10日 中共中央、中革军委率领中央党政军机关及直属部队离开瑞金，向于都地区集中，开始实行战略转移。同时，重新恢复红一方面军编制，军团长林彪、政委聂荣臻、参谋长左权、政治部主任朱瑞。

10月12日 当晚，红八军团由平安、桥头、银坑转移到杰村、澄龙、社富地域，并开始在集中地进行整理、补充和军政训练。

10月13日 中革军委规定军委及各部队对外均用代号。红八军团代号济南，红二十一师、第二十三师分别为定南、龙南。

10月17日 红八军团从杰村、澄龙、社富地区出发，由兴国五龙圩经村头、大坑至于都仓前坳背，再经罗坳镇古嶂村往西方向至蛇口，在孟口集结休整，准备在孟口渡口渡河。

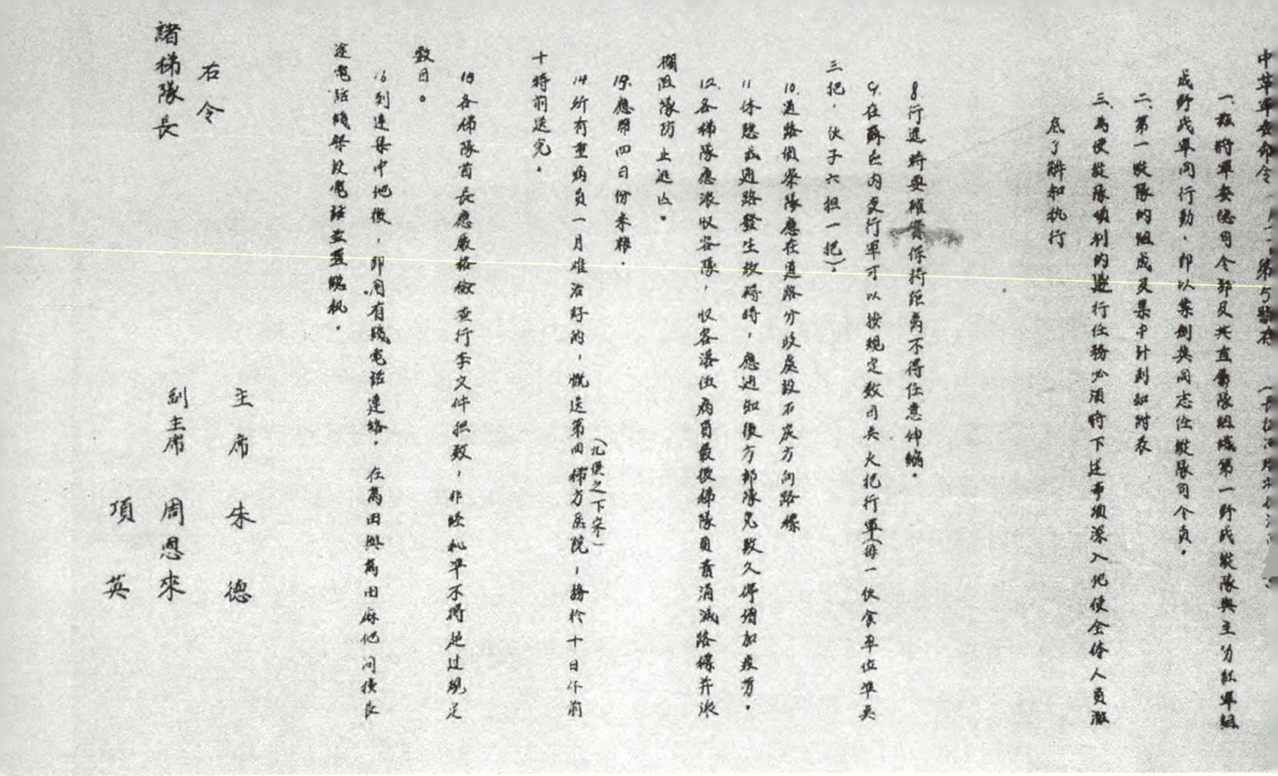

中革军委命令（……）第5号发布

一、根据军委总司令部及其直属队组成第一野战纵队与主力红军组成野战军同行动，即以叶剑英同志任纵队司令员。

二、第一纵队的组成及集中计划如附表

三、为使纵队顺利的进行任务，必须将下述事项深入地使全体人员澈底了解和执行

8.行进时要维[illegible]保持距离不得任意伸缩。

9.在苏区内夜行军可以按规定数目去火把行军（每一伙食单位准点三把，伙子六担一把）。

10.道路应由先头部队在道路分歧处设立方向路标

11.休息或道路发生故障时，应通知后方部队免致久停增加疲劳。

12.各梯队应派收容队，收容落伍病员并须使梯队负责消灭路标并派拦阻队防止逃亡。

13.应带四日份米粮。

14.所有重病员一月难治好的，概送第四梯方医院（九堡之下宋），务于十日午前十时前送完。

15.各梯队首长应严格检查行李文件担数，非必要不得超过规定数目。

16.到达集中地后，即用有线电话连络，在高田与高田麻地间须设长途电话线架设电话交换机。

右令

诸梯队长

主席 朱德

副主席 周恩来 项英

中革军委发布的长征命令

中共苏区中央局旧址（第一次无线电密码通讯、红八军团指挥部旧址），1934年10月9日，红八军团军团指挥部曾驻于此

10月18日　傍晚，红八军团从孟口渡河踏上长征之途，作为中央红军的右翼，随红三军团后跟进。出发时全军团共10922人，军团长周昆，政治委员黄甦，参谋长张云逸，政治部主任罗荣桓，政治保卫局局长许建国（杜理卿），后勤部长左叶，供给部长孔祝三，卫生部长侯友成（侯政），医务主任宋杰。19日白天在罗家渡、太坪、长洛地域。19日晚上，抵黄沙坑、黄朱排及营田地域，达到中央苏区的边缘。

10月20日　同周昆收到朱德《关于总攻击改在二十一日夜至二十二日晨举行致各军团电》，电令要求："为保证各军团行动之协调及同时动作，总攻击改在二十一日夜至二十二日晨举行"。当天黄昏，红八军团以二十三师为右翼队，进至王母渡南之寨下、下港地域；以第二十一师为左翼队，开进至长演坝、大树下，形成对敌钳形，完成突围的准备。

10月21日—25日　中央红军各军团开始突围，至25日，由王母渡、韩坊、金鸡、新田之线渡过桃江（信丰河）西进。红八军团先头师在21日晚由王母渡、立濑圩之间渡信丰河。22日，同周昆率部渡过信丰河，突破粤军防守的国民党军第一道封锁线，向新城前进，主力集结于大龙、坳头。

△刘少奇奉令作为中央代表，参加中央红八军团领导工作。

10月23日—31日　率部先后到达凹头、大摆坑、杨眉寺、过埠、石玉地区。红八军团紧随红三军团之后，由于担负全军右翼掩护任务，每天急行军，还有国民党的追兵，加上"大搬家"式突围，尽管战士英勇顽强，仍摆脱不了被动挨打的局面，部队损失很大。当部队突破敌人第一道封锁线继续前进时，干部战士中出现了许多思想问题。鉴于此，黄甦在一次政工干部汇报会上，鼓动大家："一些干部对一年来的斗争有意见，这是完全可以理解的。目前的事实说明了这一点，不承认这点，那是闭着眼睛说瞎话。但是谁说红军失败了，不行了，那也是胡说八道。因为我们党还在，红军还在，中国这么大，东方不亮西方亮。跟着党，跟着红军，哪里好粉碎敌人的'围剿'，我们就走到哪里去。我们

中央红军长征出发地纪念园雕像

一定能克服困难，红军一定能战胜敌人。”[①]和罗荣桓商议后，决定按照毛泽东倡导的政治工作原则，实事求是、扎扎实实地开展思想政治工作，发挥党组织的战斗堡垒作用和共产党员的先锋模范带头作用，带动部队去夺取胜利。

11月1日　同周昆率部到达赣湘两省交界处的上堡，向桂东大汾左岸方向警戒。2日，进入湖南汝城猪头圩、樟溪地域。

11月2日　中央红军攻占粤北城口，3日包围汝城，监视汝城之敌。4日，中革军委决定中央红军由汝城到城口间，分三路西进：第一、第九军团走左路，第三、第八军团走右路，中路是红一师当先锋，接着是军委第一、第二纵队，第五军团殿后，突破国民党军设置的第二道封锁线。

---

① 曾国方：《黄苏》，载星火燎原编辑部：《解放军将领传（四）》，北京：解放军出版社，1987年，第376—396页。

中央红军长征初期序列

（1934年10月—12月）

- 中央革命军事委员会
  - 主　席　朱　德
  - 副主席　周恩来、王稼祥
- 中国工农红军
  - 总司令　朱　德
  - 总政治委员　周恩来
  - 总参谋长　刘伯承
  - 总政治部主任　王稼祥、李富春（代）
  - 军委第1纵队
    - 司令员　叶剑英
    - 政治委员　叶剑英（兼）
    - 参谋长　钟伟剑
    - 政治部主任　王首道
    - 第1梯队
      - 队长　彭雪枫
      - 政治委员　彭雪枫（兼）
    - 第2梯队
      - 队长　罗　彬
      - 政治委员　罗　彬（兼）
    - 第3梯队
      - 队长　武　亭
      - 政治委员　武　亭（兼）
    - 第4梯队（干部团）
      - 团长　陈　赓
      - 政治委员　宋任穷
  - 军委第2纵队
    - 司令员　罗　迈（李维汉）
    - 政治委员　罗　迈（兼）
    - 副司令员　邓　发
    - 副政治委员　邓　发（兼）
    - 参谋长　张宗逊、张经武（后）、姚　喆（代）
    - 政治部主任　邵式平
    - 第1梯队
      - 队长　张经武
      - 政治委员　张经武（兼）
    - 第2梯队
      - 队长　何长工
      - 政治委员　何长工（兼）
    - 第3梯队
      - 队长　贺　诚
      - 政治委员　贺　诚（兼）
    - 第4梯队
  - 第1军团
    - 军团长　林　彪
    - 政治委员　聂荣臻
    - 参谋长　左　权
    - 政治部主任　朱　瑞
    - 第1师
      - 师长　李聚奎
      - 政治委员　赖传珠
      - 第1团、第2团、第3团
    - 第2师
      - 师长　陈　光
      - 政治委员　刘亚楼
      - 第4团、第5团、第6团
    - 第15师
      - 师长　彭绍辉
      - 政治委员　萧　华
      - 第43团、第44团、第45团
  - 第3军团
    - 军团长　彭德怀
    - 政治委员　杨尚昆
    - 参谋长　邓　萍
    - 政治部主任　袁国平
    - 第4师
      - 师长　洪　超、张宗逊（后）
      - 政治委员　黄克诚
      - 第10团、第11团、第12团
    - 第5师
      - 师长　李天佑
      - 政治委员　钟赤兵
      - 第13团、第14团、第15团
    - 第6师
      - 师长　曹德清
      - 政治委员　徐　策
      - 第16团、第17团、第18团
  - 第5军团
    - 军团长　董振堂
    - 政治委员　李卓然
    - 参谋长　刘伯承
    - 政治部主任　曾日三
    - 第13师
      - 师长　陈伯钧
      - 政治委员　罗华民（罗华明）
      - 第37团、第38团、第39团
    - 第34师
      - 师长　陈树湘
      - 政治委员　程翠林
      - 第100团、第101团、第102团
  - 第8军团
    - 军团长　周　昆
    - 政治委员　黄　甦
    - 参谋长　张云逸、毕占云（后）
    - 政治部主任　罗荣桓
    - 第21师
      - 师长　周　昆（兼）
      - 政治委员　黄　甦（兼）
      - 第61团、第62团、第63团
    - 第23师
      - 师长　孙超群
      - 政治委员　李干辉
      - 第67团、第68团、第69团
  - 第9军团
    - 军团长　罗炳辉
    - 政治委员　蔡树藩
    - 参谋长　郭天民
    - 政治部主任　黄火青
    - 第3师
      - 师长　罗炳辉（兼）
      - 政治委员　蔡树藩（兼）
      - 第7团、第8团、第9团
    - 第22师
      - 师长　周子昆
      - 政治委员　黄开湘
      - 第64团、第65团、第66团

中央红军长征初期序列表

11月8日　同周昆率部在汝城至大坪间突破国民党军的第二道封锁线。进入湘南、粤北地区。10日，开到良田，一度担任迟滞国民党军第十五师由郴州向红军堵击的任务。12日后，先后开进天南溪、宝和圩、老铺上、新铺上、嘉禾等地。15日，在良田、宜章间突破由何键、陈济棠部共同防守的第三道封锁线，进至临武、蓝山、嘉禾地区。

11月17日　中革军委发出《关于八、九军团进行改编给各军团各纵队的命令》，将红八、红九军团各改编为一个师的编制（师以下不设团，直辖五个营），并对红八军团的第二十一师及红九军团的第二十二师进行分编，刘少奇和红三军团选派的军政干部各一人负责八军团的改编；凯丰和红一军团选派的军政干部各一人改编九军团。红八军团首长担任第二十三师首长，黄甦任红八军团政委兼第二十三师政委。编后多余人员，分别充实到各军团、各纵队，这一工作限五日内完成。由于部队在战略战役途中，改编工作并未完成。

11月28日　中革军委电令红八军团从湖南道县附近插入广西灌阳县水车地区，与红三军团第六师取得联络。由于追兵紧随在后，加之去水车又要返转再走道县，部队未及动员，便匆匆忙忙地边搜索边前进，行军队阵出现稍许杂乱。

11月29日　率红八军团到达水车宿营，红三军团第六师已奉命赶往湘江，第八军团与担负全军后卫的第五军团第三十四师相遇，无形之中也成为全军的后卫之一，基本与中央失去联系。此时部队要掩护携带大批行李、笨重机器的机关，途中因联络差，又走了许多冤枉路，已十分疲惫，不少新战士开了小差[①]。

① 据张宜步回忆，“由于急行军部队二天二夜吃不上饭，又不能停下休息，战士们非常疲劳，行军时，战士们走着走着，便一头栽倒在路旁呼呼睡着了，怎么喊也喊不醒。面对如柴禾摆列的一长串“睡兵”，军团政委黄甦急得双眼冒烟，用马鞭子朝躺着的战士们一鞭鞭劈去，可这也收效甚微，抽醒了这一个，那一个又躺下了”。参见《红八军团组建始终》。

黎平会议旧址

12月1日　红八军团先头部队抵达湘江边，此时界首渡口已被桂军占领，界首浮桥已被炸毁。在敌人围攻和飞机轰炸扫射中，黄甦率红八军团从位于界首下游12公里的凤凰嘴徒涉过，摆脱桂军的追击，部队损失惨重。当晚，收容过江人员、整理队伍，发现红二十一师完全垮掉，红二十三师减员严重，全军团战斗人员仅剩600余人，连挑夫、勤杂人员等，只有1000人。

12月13日　收到中革军委取消红八军团的番号、余部并入红五军团的电令：第八军团全部人员除营以上干部外应编入第五军团第十三师各团，周昆、黄甦待改编完后即回军委，罗荣桓为第五军团政治部主任（未到职，奉命到红三军团任代理政治部主任），改编限18日前全部完成。此时，红五、红八军团到达土溪，翌日进驻深渡。

12月15日　中央红军突破黔军防线，占领贵州黎平、老锦屏地区。

12月16日　红一军团主力前出至柳霁，准备渡清水河，沿黔湘边界北上，同红二、红六军团会合。奉命到黎平红一师驻地，听取李聚奎、代政委赖传珠、政治部主任谭政关于部队行军路线、战斗任务、作战能力及当前部队的悲观失望情绪和游击主义习气等情况介绍，详细了解情况后，即随红一师第三团行动。

12月18日 中共中央政治局召开黎平会议，研究红军的战略方针问题。会议接受了毛泽东关于改变红军北出湘西的原定计划，改向敌人兵力薄弱的黔北发展，寻机在川黔边建立根据地。

12月28日 同李聚奎率红一师进占余庆，立即指挥部队分散到各县打地主土豪，筹集粮草，支援大部队过境。

12月29日 在余庆县万寿宫，谭政主持召开全师连以上军政干部会议，李聚奎、黄甦作了出征以来的军政报告，分析了形势。黄甦还传达了中央政治局黎平会议精神，红军要打到遵义去，创造新的根据地。接着，黄甦针对部队思想状况，在会上做思想动员工作，指出："新区的建立，只有在艰苦的斗争中，才能创造出来。摆在眼前的第一件事是战胜一切困难，在1935年1月3日渡过乌江。"

12月30日 收到中革军委下发的"红一师务必在1月3日前强渡乌江"的十万火急电。

12月31日 部队隐蔽休息。军委命令红一、红三军团分别在江界河、袁家渡、清水口三个渡河点架桥。

12月31日—1935年1月1日 中央政治局召开猴场会议，剥夺了博古、李德的军事指挥权，初步形成了以毛泽东为核心的军事指挥中心。会议决定兵分左、中、右三路，分别由余庆回龙场、瓮安江界河、开阳茶山关强渡乌江，进占遵义。

1935年　32岁

1月1日　6时，林彪、聂荣臻致电红一军团作战科长兼第一师参谋长聂鹤亭，命令：红一师主力进至余庆回龙场及其附近区域，以1个团占领乌江对岸阵地，向湄潭、袁家渡方向警戒；并指挥工兵架桥以便红一军团主力渡江。根据敌情，红一师师部决定：以红一团强渡回龙场渡口，红三团为第二梯队，配合一团行动。红一团团长杨得志、政委黎林、参谋长胡发坚研究决定：以一营（营长孙继先）战斗力较强的二连为主，由连长熊尚林率领担负强渡乌江天险的任务。经过动员，许多同志自告奋勇要求参加突击队。最后，黄甦挑选了红一团、红三团30多名熟悉水性的同志（其中红三团12名）组成一支强渡队，每人携带木板和若干条绳子。下午6时，利用天黑下雨做掩护，开始试渡。

1月2日　同李聚奎从清晨到中午，率红一师冒雨在梁家渡、迴龙渡等渡口实施佯攻的同时，一面在迴龙渡口用火力侦察对岸守敌的火力点，一面派员在南岸寻找渡船，为部队作渡江准备。红一师三团在岩门找到船工安清和，安清和与7名红军战士不顾严寒，潜到对岸从江底捞起3艘沉船。

1月4日　同李聚奎率红一师渡过乌江，攻占湄潭后，向虾子场集中，预备协助红二师攻取遵义城[①]。

1月6日　红一师政治部在高台镇召开会议，传达猴场会议通过的《中央政治局关于渡江后新的行动方针的决定》，重申红军渡过乌江后的中心任务是：建立川黔边新根据地，有计划有步骤地开展赤化工作，武装群众，扩大红军，搜集资财，建立政权，然后向四川发展，力争同红四方面军会师。

① 中国工农红军第一方面军史编审委员会：《中国工农红军第一方面军史》，北京：解放军出版社，1992年，第514—515页。

1月7日　红二师攻占遵义城。与李聚奎率红一师集结在遵义城东北之新街，对部队进行入城注意事项的教育，组织部队总结行军作战的经验，表彰先进，要求部队做好群众工作。

1月15日　红二师占领新站。同李聚奎率领红一师追击溃敌，于16日占领松坎。

1月15日—17日　中共中央政治局扩大会议在遵义召开。会议批评第五次反“围剿”和长征以来中共中央在军事领导上的错误，肯定了毛泽东等关于红军作战的基本原则。会议增选毛泽东为政治局常委，取消博古、李德的最高军事指挥权。会议根据黔北的实际情况，决定改变黎平会议关于在川黔边建立根据地的计划，北渡长江，到成都西南或西北建立根据地。会后，常委进行分工，由张闻天代替博古负总责，由毛泽东、周恩来、王稼祥组成3人军事指挥小组，负责指挥红军的行动。遵义会议结束了王明“左”倾教条主义在中共中央的统治，实际上确立了毛泽东在党和红军中的领导地位。

1月17日　红一军团集中在松坎地区进行整编，将红十五师分别编入红一师、红二师，于19日整编完毕。

1月18日　红一师在清水溪休整，代政委赖传珠[①]另调军团政治部工作，黄甦正式接任红一师政委之职。

1月23日　同李聚奎率领红一师从松坎地区清水溪出发，作为先头部队向赤水急进，攻占土城。27日进抵赤水县的黄坡洞、复兴场一带，被先入赤水城的敌川军两个旅阻击，撤出战斗，折回元厚。

1月29日　从土城渡河前，同李聚奎、谭政面见毛泽东。毛泽东向他们传达了遵义会议精神，通报军委关于部队缩编的决定，要求部队运用机动灵活的作战方法。毛泽东赞扬红一师作战英勇顽强，还能随机应

---

① 《赖传珠日记》载：“一月十八日……由八军团政委黄甦来接替我师政委之职。”见赖传珠：《赖传珠日记》，北京：解放军文艺出版社，2000年，第14页。

变，灵活贯彻军委的意图，大量杀伤了敌人，完成了任务，并向李聚奎、黄甦表示部队要缩编："你们当团长、团政委行不行？"又对黄甦说："你可当过军团政委啊，现在名义是师政委，实际是团政委，才3000多人"。黄甦听完毛泽东的话语，表示："只要您来领导我们的党，我们的红军，就是当一名普通的士兵，我也心甘情愿。"

2月7日　中共中央和中革军委鉴于国民党军已加强长江沿岸防御，并以优势兵力分路进逼红军，遂决定缓渡长江，改取以川、滇、黔边境为发展地区，向扎西地区集中。9日，同李聚奎率部到达扎西。

2月10日　中革军委发布《关于各军整编的命令》。中央红军在扎西地区进行整编：全军除干部团外，共编为16个团。红一军团缩编为2个师6个团。其他各军团取消师一级机构，红三军团缩编为四个团，红五、红九军团各编为3个团。红军的战斗力和机动性大大增强。

2月18日—21日　遵照中革军委的指示，中央红军分别由古蔺县太平渡、二郎滩等渡口东渡赤水（二渡赤水），向敌兵力薄弱的贵州桐梓地区急进。

2月24日　指挥红一师第一团占领桐梓县城高桥镇。

2月下旬　红一师在高桥召集全师营以上干部会。会议由谭政主持，黄甦传达遵义会议精神。黄甦指出，自1931年以后，尤其是第五次反"围剿"以来，机会主义认为敌人过于强大，"围剿"根本不能粉碎，在军事行动上是保守主义拼命主义，折损了红军主力。最后又是逃跑主义，丢掉了中央苏区，来了个大搬家。"遵义会议指出，我们虽然受到损失，但中国的工农革命还是在前进，我们的许多有利条件依然存在，敌人方面的矛盾与困难大大增加了，我们的困难，在全体同志努力之下，是可以克服的。"传达会结束后，分组讨论了两天。根据两天来的讨论，黄甦解答了很多问题，并表示坚决拥护毛主席回到领导岗位上来，坚决拥护军委组成三人小组统率全军，渡过难关，走向胜利。

2月28日　红一军团协助红三军团重占遵义。随红一师师部进至

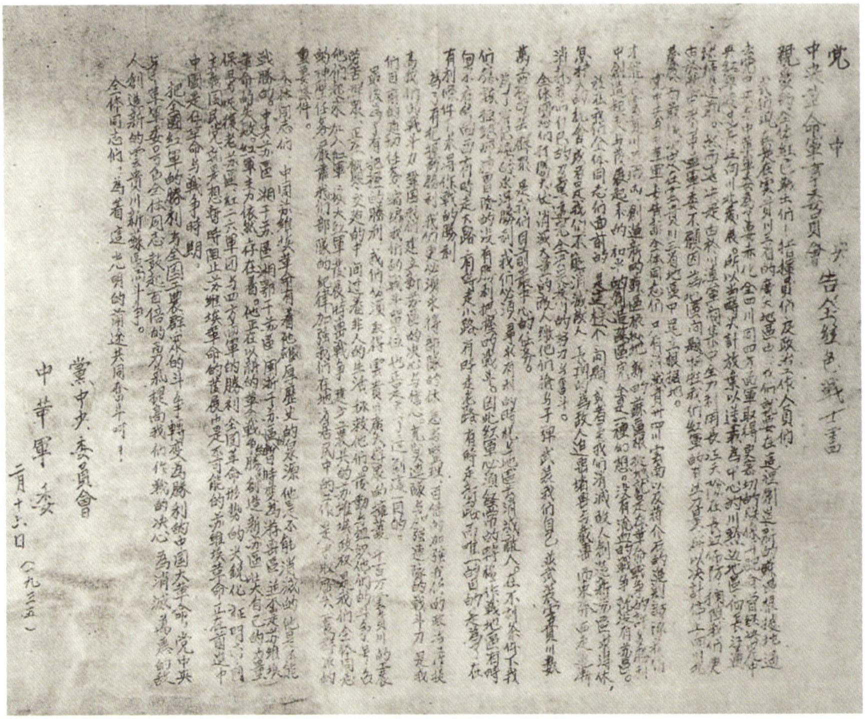
党中央
中革军委 告全体红色战士书

党中央委员会
中华军委
二月十六日（一九三五）

1935年2月16日，中共中央、中革军委在二渡赤水途中发布的《告全体红色战士书》

二渡赤水渡口之一——太平渡

鸭溪。

2月 遵义会议后，两渡赤水，就此“弯弯绕”式的奇特行军，黄甦与耿飚开玩笑说：“你这当参谋长的，可得给咱找个好地方开会哟。”耿飚说：“要得嘛，没别的，大地主四合院，拣最好的作会场，警戒放出去20里，保证会议开得舒服、安全。”

3月1日 红一军团部在五里堡召集各师长、师政治委员、师参谋长等临时作战会议。林彪下令追歼残敌，现场区分任务：第二师向南追，乌江为界；第一师向西，沿鸭溪、白腊坎方向猛打猛扫。

3月5日 中革军委决定红军主力集中于鸭溪及其附近地区，寻歼位于仁怀、鲁班场一线的国民党军周浑元纵队，力争再打一个大胜仗。在红一师全师战斗动员大会上发言：“这场战斗一定要打好，而且能打好，因为敌人都装入我们的大口袋了”。

3月16日 中央红军由贵州茅台及其附近地区三渡赤水河，重入川南古蔺、叙永地区，摆出北渡长江的态势。蒋介石误判红军要北渡长江，急令各部队向川南进击。

3月20日—22日 中央红军以一个团伪装主力向古蔺前进，诱敌向西；主力则由镇龙山突然折向东北，于21日晚至22日由太平渡、九溪口、二郎滩等地第四次东渡赤水河。

3月21日 同李聚奎率红一师乘夜色秘密地由太平渡、林滩过赤水。

3月29日 23时，收到中革军委急电：“据悉周（浑元）敌正经太平场向我尾追，我军必须迅速在乌江完成渡桥，方便机动。”“你们须督率工兵及第三团，以最大努力务于明30日9时前在江口架好浮桥一座，不得迟误。”随之，红一军团工兵连配属红一师第三团在乌江口、大塘口架设浮桥。

4月15日 同李聚奎率红一师（缺第二团）及红一军团直属队和军委纵队前梯队，经紫云进至甲西、平寨地域。

4月24日 同李聚奎率红一师进入云南境内，随红一军团由喧场出

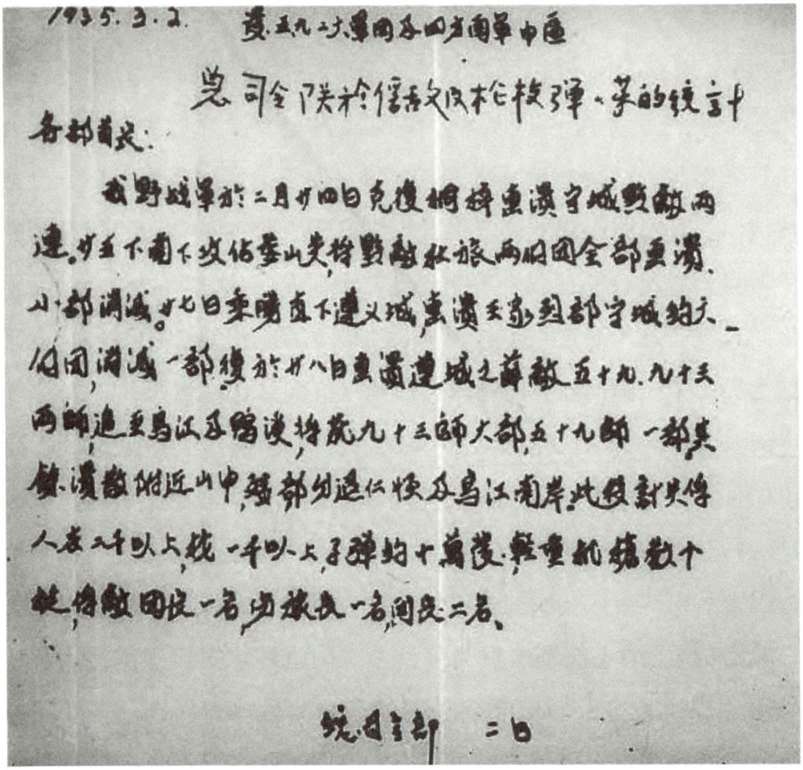
1935.3.2.

总司令部关于俘敌及枪枝弹药等的统计

各部首长：

我野战军于二月廿四日克复桐梓，击溃守城黔敌两连。廿五下午攻占娄山关，将黔敌杜旅两个团全部击溃、小部消灭。廿七日乘胜攻下遵义城，击溃王家烈部守城约六个团，消灭一部，复于廿八日击溃遵城之薛敌五十九、九十三两师，追至乌江，俘获九十三师大部、五十九师一部，其余溃散附近山中，残部则退往乌江南岸。此役计共俘人员二千以上，枪一千以上，子弹约十万发，轻重机枪数十挺，俘敌团长一名、参谋长一名、团附二名。

总司令部 二日

红军总司令部关于遵义战役的战绩统计

发，经小黑泥沙向益肠营、曲靖方向前进。13时，红一师先头团在白云山附近与滇军独立第二团遭遇，经激战，打成对峙。25日拂晓，红一师主力主动撤离，继续向曲靖前进，留一个团监视敌并防其退至曲靖。

4月29日 中共中央、中革军委发出《关于我军速渡金沙江在川西建立苏区根据地》的指示，部署红一军团、第五军团及军委纵队、第三军团分左、中、右三路纵队抢占金沙江渡口，迅速渡过金沙江。

5月1日 同李聚奎率红一师巧取禄劝，并派一个团向武定攻击。在红二师先头部队协同下于5月2日袭占武定。

5月3日 同李聚奎率红一师占领元谋，其先遣部队进至龙街，抢占渡口，搜集渡船。

5月4日　红一军团主力经武定、元谋到达龙街，因此处江宽水急，敌机经常低空袭扰，架设浮桥没有成功。奉命沿江而下，赶到皎平渡过江。红军一共找到6只木船，在当地船工大力支援下，昼夜不停来回摆渡。

5月9日　中央红军2万多人，在毛泽东、周恩来、朱德和刘伯承的直接指挥下，全部从皎平渡渡过金沙江，继占会理，跳出几十万国民党军围追堵截的圈子。

5月16日　红一军团向德昌攻击前进。当日黄昏，红一师第一团在半站营、八斗冲击溃敌刘元璋部3个团各一部的拦阻，并乘胜追击，与红二师第五团向德昌发起进攻，17日3时占领德昌。

5月18日　红一军团军团长林彪、政委聂荣臻统一指挥红一、红五军团向西昌开进，派红一师第三团为先头部队向西昌侦察前进。

5月24日　红一师第一团冒着大雨兼程北进，经过80多公里急行军，到达安顺场，一举击溃安顺场守敌，把河边唯一的一艘渔船夺了过来。李聚奎、黄甦随同刘伯承、聂荣臻及时赶到，进行大渡河强渡的动员安排。

5月25日　红一师第一团一营二连连长熊尚林等17名勇士在大渡河安顺场渡口强渡大渡河，成功控制渡河点。临战前，黄甦端起大碗，为勇士们敬酒，并说："强渡大渡河，关系着数万红军的生命和革命的成绩，祝勇士们奋勇前进，船开得胜！"强渡大渡河成功后，红一师和干部团跟进，继与西岸主力沿江北上，抢占泸定桥。

5月27日　红一师和干部团由安顺场渡河，沿大渡河左岸北上，其先头部队红二团在老铺子与敌一个营遭遇，将敌击退。

5月29日　随红一师第三团到达泸定城郊安乐坝，歼敌一个营，攻进泸定城内，支援了右岸由杨成武任政委的红二师第四团，组织夺取泸定桥。

△中央红军第一军团第二师第四团二连22名勇士组成突击队，在连长廖大珠的率领下，夺占泸定桥。

6月2日 中央红军主力经泸定桥全部渡过大渡河，继续北上。

6月4日 红一师政治部召开政工会议，由谭政主持，黄甦传达中革军委指示：继续北上，要打几仗，翻过雪山到懋功去同红四方面军会师；同时提出几点要求：（一）要充分理解北上会师的意义；（二）要整顿纪律，加强组织纪律性，克服在白区行动大半年造成的松懈现象；（三）加强党支部的堡垒作用，坚决执行党的阶级路线，注意群众纪律，人人都理个发，穿好点，振作精神，准备过雪山后同红四方面军会师。

6月8日 同李聚奎率红一师主力奇袭邛崃、雅安通向夹金山的要塞芦山，策应红九军团攻占天全，突破了川军杨森部设置的天全、芦山防线。

6月10日 参加了军团首长在天全县政府召开的师以上干部会议。会上，军团长林彪首先传达了军委《关于一、四方面军会合以开展新局面的战略任务的指示》。接着，左权参谋长宣布了行军序列，陈光率第四团带电台先行，刘亚楼带第五团、第六团跟进，接着是军团部，第一师和第三军团第五师。

6月13日 同李聚奎率领红一师第二、第三团翻越空气稀薄，天气寒冷的大雪山夹金山，进抵达维。

6月18日 中共中央、中革军委、中央红军主力到达懋功（今小金）地区，与红四方面军会师。红军总兵力10万余人，是为懋功会师。

6月21日—24日 随红一军团进抵两河口、凉水井地域，并率部筹粮，以解决部队给养困难。红一师抵达两河口时已断炊两天，个人所带的少量干粮也所剩无几，此时有同志提议说摘地里的豌豆苗吃，黄甦认为这是违犯群众纪律，不同意。后来政治部主任谭政建议，“为了不损害群众的利益，可以在摘采群众的豌豆苗后，在地头上放上几块钱作为赔偿，并插上木牌说明。”[①]黄甦最终同意了这一没有办法的办法。

① 李聚奎：《李聚奎回忆录》，北京：解放军出版社，1986年，第154—155页。

红军强渡大渡河的渡口——安顺场

大渡河上的泸定桥

6月25日　参加在两河口举行的红一、红四方面军会师大会，进行联欢。

6月26日—28日　中共中央政治局扩大会议在懋功两河口召开，作出《关于红军第一、第四方面军会合后战略方针的决定》，决定红军继续北上，创建川陕甘苏区。

6月27日　同李聚奎率红一师先于中央红军主力，翻越第二座大雪山梦笔山，于28日晨到达卓克基、腊脚沟一线。

6月29日　同李聚奎率红一师第二团在梭磨筹粮。

7月1日—2日　同李聚奎率领红一师随红二师第四、第五团之后，翻越长板山雪山，向黑水、芦花前进，于2日进至马河坝。接着，翻越打鼓山、拖罗冈雪山。

7月9日　到达松潘以西的毛儿盖地区，率部参与强攻和夜袭毛儿盖军事行动，未奏效。

7月16日　同李聚奎率部参加红一军团主力和红三十军一部攻占毛儿盖的战斗。此战，歼敌胡宗南部第一师补充旅约1个营，俘敌300余人，缴枪220余支，电台1部。战斗结束后，红一师在毛儿盖、哈龙等地驻扎下来，一驻就是近一个月，并就地筹粮。

7月21日　中革军委重新确定了松潘战役的第二步计划。决定以红军第四方面军总指挥部为红军前敌总指挥部，徐向前兼总指挥，陈昌浩兼政治委员，叶剑英为参谋长。将红一方面军的第一、第三、第五、第九军团依次改为第一、第三、第五、第三十二军。

7月30日　李聚奎调任红四方面军第三十一军参谋长，红二师政委刘亚楼任红一师师长，黄甦仍任政治委员。

8月3日　红军总部下达《夏洮战役计划》，决定以红五、红九、红三十一、红三十二、第三十三军为左路军，由总司令朱德、总政治委员张国焘统一指挥，经阿坝北进；以红一、红三十军为右路军，由前敌总指挥徐向前、政治委员陈昌浩统一指挥，经班佑、阿西北进；红三、红四军为总预备队和钳制部队，随右路军北进，以争取进占夏河、洮河流域。

8月4日—6日 中共中央政治局在毛儿盖附近的沙窝召开会议，通过《中央关于一、四方面军会合后的政治形势与任务的决议》，重申两河口会议确定的创造川陕甘根据地的战略方针。决定恢复红一方面军总部，周恩来任红一方面军司令员兼政治委员，陈昌浩任红军总政治部主任，周纯全任副主任。会后，红军第一、第四方面军正式混合编组为左、右两路军。毛泽东、张闻天、周恩来等率中共中央机关随右路军行动。

8月15日 参加中革军委在毛儿盖附近斜藏召开的红一、四方面军团以上干部会议。回到师部，刘亚楼对黄甦讲："横跨草地，北出甘南，出敌不意，又是一着好棋。问题是抓紧时间，做好准备"，提出"（一）深入动员，讲清意义；（二）备足干粮，准备御寒衣物；（三）听从指挥，遵守纪律；（四）共产党员、共青团员要发挥模范带头作用"。红一师以深入思想动员和筹集粮食为工作重点，开始过草地的具体准备。

8月17日 红一军在扎窝附近，筹足平均每人15斤粮食，经乌木树、波罗子、卡英，18日返回毛儿盖及其附近地区。

8月23日 同刘亚楼率红一师及红一军直属队过松潘草地北上，军委纵队、红三军、红军大学随后跟进。抵达色既坝后，黄甦发动大家挖野菜、找柴火。当晚，黄甦和刘亚楼、谭政等同志躺在小掩体内露宿。半夜，黄甦等人被雷雨惊醒，从掩体里爬起来，冒雨向部队走去。由于雨势太大，又无遮挡，黄甦同刘亚楼决定，与其站着被雨淋湿，不如冒雨行军。

8月27日 经过四五天的艰苦跋涉，同刘亚楼率红一师走出了数百公里的茫茫草地，抵达班佑。8月29日至31日红军右路军第三十军和第四军一部，在班佑地区发起包座战斗。红一军第一师、二师及直属队均为预备队，经过三天激战，歼国民党军胡宗南部第四十九师及包座守军大部共4800余人，取得红一、四方面军会师后的大胜利，打破了敌军阻止红军北上企图。

9月2日　根据前敌总指挥部命令，红一军主力由巴西出发，进至拉界。4日进至茶里、公坝、俄格一线。5日拂晓，先头部队进至甘肃迭部县达拉沟，沿达拉河而下，到达迭部县俄界。主力部队在当日深夜到达俄界。期间，黄甦同刘亚楼率红一师在拉界修复被国民党军及土司番兵破坏的通往俄界道路上的桥梁，并派红三团占领及守备，为后续部队北上创造条件。

9月7日　同刘亚楼率红一师主力进驻莫牙，向林彪、聂荣臻发电汇报进驻莫牙情况[①]。8日，红一军在俄界、俄座寺、莫牙等地集中进行整理训练，征集资材，打击土司番兵袭扰，并搜集了大批牛羊皮和给养。

9月10日　凌晨2—3时，中共中央率红三军和军委直属纵队秘密离开巴西，先行北上。于11日拂晓到达阿西，下午到达俄界，与红一军胜利会合。徐向前、陈昌浩不知情。

9月11日　同刘亚楼收到林彪、聂荣臻来电："朱德、张国焘10日4时电，除你们亲阅外，不许有任何泄漏，目前党内争论以后面告。"[②]

9月12日　中共中央政治局在俄界召开扩大会议，讨论同张国焘的斗争及行动方针问题。会议通过《中央关于张国焘同志的错误的决定》，一致同意中央继续北上的方针。会议通过了彭德怀提议的缩小军队编制的提议，决定将红一、红三军改编为中国工农红军陕甘支队，继续北上。陕甘支队司令员彭德怀，政治委员毛泽东，政治部主任王稼祥。由毛泽东、周恩来、彭德怀、林彪、王稼祥成立五人团进行军事领

---

① 《刘亚楼、黄甦关于红一师主力进到麻牙的情况致林彪、聂荣臻电（1935年9月7日15时）》，载中国人民解放军历史资料丛书编审委员会：《红军长征·文献》，北京：解放军出版社，1995年，第664页。

② 1935年9月10日凌晨4时，张国焘以朱德、张国焘名义致电林彪、聂荣臻、彭德怀、李富春并转周恩来、张闻天、博古、毛泽东、王稼祥："闻中央有率一、三军单独东进之意，我们真不为然""一、四方面军已会合，××忽又分离，党内无论有何讨论，决不应如是。只要能团结一致，我们准备牺牲一切。一、三军刻已前开，如遇障碍仍请开回。不论北进南打，我们总要在一块，单独东进恐被敌击破。"

导；由李德、叶剑英、邓发、蔡树藩、李维汉组成编制委员会，主持部队整编工作。

9月12日至13日 同刘亚楼率红一师由莫牙出发，经罗达进至银固花园。

9月14日 同刘亚楼收到林彪、聂荣臻来电："一师全部应迅速以主力占领哈麻、黑尕寺地域，以一部占领拉子口、车眼，以作我军北上之据点。"并接通报，"我们拟十七时出发向莫牙前进，你们须待我们到后，对行动最后商决时才可动作"。

9月16日 红一军乘虚疾进甘南之西固、岷县、临潭一线，派先头部队第二师第四团进攻腊子口。17日攻占腊子口，突破了红军北上甘南的最后一道险关。

9月18日 红军抵达哈达铺休整。20日，张闻天主持召开中央政治局常委会议，讨论决定部队整编方案、组织部工作和干部问题。在哈达铺从报纸上看到关于陕西红色革命势力活动的报道后，中央政治局改变前往新疆的计划。经过周密研究和讨论，决定将红军长征落脚点放在陕北。9月22日，在哈达铺关帝庙前的院子里召开团以上干部会议，毛泽东同志作了《关于形势和任务的政治报告》，宣布红一方面军正式改编为陕甘支队，并向陕北进军。

△中国工农红军陕甘支队正式成立，彭德怀为司令员，林彪为副司令员，毛泽东为政治委员，叶剑英为参谋长，张云逸为副参谋长，王稼祥为政治部主任，杨尚昆为副主任，下辖3个纵队：红一、红三军分别改为第一、第二纵队，第一纵队司令员林彪，政治委员聂荣臻；第二纵队司令员彭雪枫，政治委员李富春，副司令员刘亚楼；原中央机关、红军总政治部等机关组成第三纵队，叶剑英兼任司令员，邓发任政治委员，张经武任参谋长，蔡树藩任政治部主任。部队整编后，红一师部取消，黄甦随第一纵队第二大队行动（大队长李英华、政委邓华）。

9月23日 陕甘支队主力由哈达铺等地出发，乘机向北急进。第一纵队东进间井镇，佯攻天水，以调动敌人。

9月26日　中共中央及红军领导人毛泽东、周恩来、王稼祥、张闻天、彭德怀、叶剑英等同志率领中国工农红军第一方面军长征抵达榜罗镇，并于27日在原榜罗小学召开了中共中央政治局常委会议。会议改变了俄界会议制定的在接近苏联地区创建革命根据地的既定方针，正式作出将红军长征的落脚点放到陕北、以陕北为大本营领导中国革命的重大决定。

9月28日　陕甘支队在原榜罗小学门前打麦场上召开了连以上军政干部千人大会，毛泽东同志做了形势报告，阐述了北上抗日的伟大意义，提出了尽快到达陕北苏区的行动方针。

9月29日　第一纵队攻占通渭城，缴获食盐1.5万余斤。部队在通渭地区休整，发动群众，扩大红军。

10月7日　陕甘支队分3路翻越六盘山，向固原青石咀前进。第一纵队在青石咀附近侧面迂回，正面突击东北军何柱国部，歼敌骑兵第七师2个连，缴获战马100余匹，并以这批战马装备一个侦察连，从此红军有了自己的骑兵部队。

△同李英华收到林彪、聂荣臻关于青石咀战况及我军8日行动计划。电令要求10月8日李、黄所属第二大队应提早出发，以急行军经固

吴起中央红军长征胜利纪念园全景图

红一军团与红十五军团会师遗址

城、大石沟跟第一纵队直属队行进路前进。

10月19日　随第一纵队第二大队到达陕甘苏区的保安县（今延安）吴起镇。至此，历时1年，途经11个省，行程二万五千里的中央红军长征，宣告胜利结束。

10月21日　第一纵队正面迎击、第二纵队左翼侧击，击溃了马鸿逵、马鸿宾的骑兵跟踪，俘获敌军一批马匹和马术教官、兽医、钉马掌修马鞍等人员，充实到红军骑兵连队。

10月25日　参加中国工农红军陕甘支队团以上干部会议，听取毛泽东作的《关于目前形势及当前任务的报告》。

11月3日　陕甘支队南进甘泉下寺湾，与红十五军团胜利会师。中央政治局会议决定成立西北革命军事委员会。毛泽东为主席，周恩来、彭德怀为副主席，由中共中央直接领导。西北革命军事委员会发布命令恢复红一方面军番号，彭德怀为司令员，毛泽东为政治委员，叶剑英为参谋长，王稼祥为政治部主任，辖第一、第十五军团，共1万多人。原第一、第三军团合编为第一军团，林彪任军团长，聂荣臻任政治委员，政治部主任朱瑞，副主任罗荣桓，政治部组织部长黄甦①；第十五军团编入第一方面军序列，徐海东任军团长，程子华任政治委员。

11月8日　正式恢复红一军团的番号，下辖第二、第四师和第一、

① 据1945年中组部和总政治部编印的《军队烈士英名录》记载，黄甦在直罗镇战斗牺牲时任红一军团组织部长。

第十三团。刘亚楼任第二师师长、萧华任政治委员，陈光任第四师师长、彭雪枫任政治委员。红一军团共计5150余人。

11月中旬 兼任红二师第四团代理政治委员。红一军团直属队到达湾子村、红树庄，红二、红四师和红一、红十三团分别进至石咀、凤凰头、毛家庄、龙家庄、上下莫河地区，准备攻击直罗镇。

△探望正在养病的红二师第四团政委杨成武①，两人坐在炕头，促膝而谈。黄甦说："这次我们打好直罗镇一仗，便可以彻底粉碎国民党对陕北的第三次'围剿'，红军便可以在陕北站稳脚跟，从而争取东北军停止内战，为民族革命战争打开一个新的局面。"

11月20日 下午到红二师第四团报到。当晚，接到命令：红一军团从北往南，红十五军团从南往北，于21日拂晓前包围直罗镇的敌人。红四团担任从北往南的主攻。接受任务之后，黄甦回第四团马上召开了干

参加直罗镇战役的红十五军团手枪连

① 杨成武后来回忆："代理政委黄甦同志那时刚刚到任，他是带着组织介绍信直接上阵地的。我们在路上相见，说了几句话，便匆匆分手了。哪知道，就在这天夜里向敌人发起总攻的时候，他壮烈牺牲了。黄甦同志曾任一军团红一师政治委员。前两天，他还专程来探望过我，就坐在老乡的炕头上和我促膝谈心，怎知道，匆匆一别，竟再也见不到他了。可他那英勇地为革命献身的精神，却始终在我脑海里萦绕着。"参见杨成武：《杨成武回忆录》，北京：解放军出版社，1987年，第320页。

部会议，由团长陈正湘传达上级命令，做战斗部署，黄甦做战斗动员。动员之后，黄甦与陈正湘等分头下到各连检查准备落实情况。半夜，黄甦同陈正湘一起烤火聊天，表示："上级让我来和你搭伙合作的，不是来领导你的，你的情况我了解，军事上你大胆抓，我配合好你的工作。"这使陈正湘消除了顾虑。

11月21日 红一方面军对进至直罗镇的敌第一〇九师发起进攻，战至下午2时歼其大部。随后，红一方面军以少数兵力围困第一〇九师残部，主力向西迎击由黑水寺向直罗镇增援之敌第五十七军另两个师。黄甦在一座山梁查看敌情的时候，被敌人击中腹部，壮烈牺牲。随后，红四团召开全团干部会，陈正湘要求大家化悲痛为力量，以更大的胜利来悼念黄甦同志。陈正湘晚年追忆黄甦："他个子不高，稍微有些胖，圆圆的脸，皮肤有些黑……我们在一起虽然只是短短的两天，但是他给我留下了很深的印象。他对同志热情，对工作负责，作战十分勇敢，处处表现出成熟的政治工作者的风范。他的牺牲的确是我军的一大损失。"

11月30日 毛泽东在富县东村一天主教堂召开的红一方面军营以上干部大会上，作《直罗镇战役同目前的形势与任务》的报告，总结了直

富县东村会议旧址

黄甦烈士墓碑

罗镇战役的重要性和胜利的原因。聂荣臻介绍了黄甦身先士卒，顽强作战的事迹和他的斗争历史。毛泽东在总结发言时指出："我们时刻准备牺牲，我们的牺牲是换得全国全世界工农的解放，我们的牺牲，是有意义的。黄甦同志是中央委员，他的牺牲是有意义的。"

12月2日　毛泽东、彭德怀致电张闻天、周恩来，通报直罗镇战役情况，告知黄甦同志牺牲。

12月中旬　邓发在《斗争》第78期发表《追悼我们的黄甦同志》（脱稿于12月11日，广州暴动七周年纪念日）一文，纪念黄甦："在红军中与他同事的每个红色指战员都盛称他的勇敢，不管在哪一战斗中，从未表示过丝毫动摇。他在红军中服从上级命令，执行纪律，艰苦工作的作风，更获得同志们的钦佩和信仰"。

后　记

《佛山黄甦——一位红军高级将领的革命史录》一书是广东省委党史研究室党史规划课题“黄甦革命史料征集与研究”项目的主要成果之一。

本书由佛山市委党史研究室、市政协文史委、市新闻传媒中心联合编纂，历时近两年完成，收录黄甦年谱、传记、档案文献及历史图片等资料，史料翔实，计文字20余万，图片100多张。本书特色鲜明，“档案文献”部分，注重史料的出处记载注释，按时间编排清晰易读；“年谱”部分，以档案材料为主要依据，而且能够考证到的都用史料来标明，单证或孤本的也经多方考证进行比较。这是迄今为止对黄甦档案文献史料收集最齐全、对黄甦生平研究最系统的党史类书籍。

调研组在陕西富县直罗烈士陵园向黄甦烈士献花

调研组与军史专家陈力（右二）座谈交流

佛山市委一直高度重视党史工作，相关领导多次听取情况汇报并提出工作要求，强调要集合多方力量开展黄甦革命资料征集与研究，发掘与传承佛山红色基因，弘扬革命精神。市政协充分发挥文史工作资源和职能优势，积极推动和参与黄甦历史资料的搜集、整理、挖掘。市政协领导多次参加黄甦研究工作座谈会及听取联合调研组的工作汇报，对调研工作始终高度关注和大力支持，给予了很多的宝贵意见和建议，还积极协调禅城区、南海区政协等相关单位参与寻找黄甦烈士祖籍地、出生地及成长地的工作。

广东省委党史研究室对黄甦革命史料征集和研究工作给予了极大的支持，评审确定该项目为2023年广东省党史研究规划课题，积极协助联合调研组衔接中央党史和文献研究院、中央档案馆、中国人民解放军档案馆，取得北京调研成果突破。本课题得到来自全国各地的专家学者积极响应，我们荣幸邀请到原中央党史研究室第一研究部主任、华南师范大学特聘研究员、博士生导师蒋建农，中国人民解放军军事科学院原研究员陈力，井冈山干部学院原二级巡视员、教授肖居孝担任课题组指导专家。

本书由佛山市委常委、组织部长周紫霄与佛山市政协副主席麦洁华担任编委会主任，规划、指导全书的编纂工作。陈力研究员和周紫霄常委分别为本书撰写序言。佛山市委党史研究室主任朱月嫦任本书执行主编，负责统稿终审，统筹目录编排、版面设计、图片筛选等工作；室副主任张政殿负责书稿初审；室四级调研员卢继纲提出书稿编纂建议。张群、李航负责黄甦年谱的撰写，刘裕强、李航负责史料甄核、图片征集与分类汇编等工作。郭文杰、王晨力、蒋春香、苏文凯、郑锐鑫、许仪、陈楚明、程肖力等同志参与文字校对等工作。全书由蒋建农教授审稿，并提出审读意见。

市委办、市人大办、市府办、市委组织部、市委宣传部以及佛山军分区政治处等部门对本书编纂鼎力支持，提出相关建议。中央党史和文献研究院、中央档案馆、中央人民解放军档案馆，以及与黄甦烈士、战斗及牺牲地点相关的闽粤赣黔陕等地的党史部门，如龙岩市委党史研究室、赣州市委党史研究室、韶关市史志办公室、黔东南州委党史研究室以及延安市委党史研究室等史志部门，不仅倾力支持我们的调研考证工作，还为本书编纂提供了大量宝贵的一手资料和专业建议，在此一并表达我们由衷的感谢。值此本书出版之际，也一同向所有给予我们关心、支持和帮助的单位和人士表示诚挚的谢意。

由于编写者水平有限，书中不当之处在所难免，恳请读者批评指正。

本书编委会

2024年12月